2022

# 中国渔业统计年鉴

农业农村部渔业渔政管理局
全国水产技术推广总站　中国水产学会　编制

中国农业出版社
北　京

# 《中国渔业统计年鉴》编辑委员会

# 编　者　说　明

一、《中国渔业统计年鉴》以正式出版年份标序。其统计数据起讫日期：渔民家庭收支调查起讫时间为2020年11月1日至2021年10月31日；渔业科技统计数据起讫时间为2020年1月1日至2020年12月31日；其他数据起讫时间为2021年1月1日至2021年12月31日。

二、统计数据中，远洋渔业数据按照远洋渔业管理办法进行统计；国家级水产原良种场数据来源于渔业渔政管理局养殖处；渔港数据来源于2021年全国沿海渔港核查工作；水产品贸易数据来源于中国海关统计；渔业科技数据来源于农业农村部相关统计资料；技术推广数据来源于全国水产技术推广总站、中国水产学会；其余数据来源于31个省、自治区、直辖市渔业主管部门和中国农业发展集团总公司。

三、主要统计指标数据执行2021年度国家统计局批准执行的统计指标体系（国统制〔2021〕15号）。

四、度量衡单位均采用国际统一标准计量单位。涉及水产品产量数字一律采用1996年制定的水产品产量统计新标准统计。

五、部分数据合计数或相对数由于单位取舍不同而产生的计算误差，均未做机械调整。

六、全国统计数据中，均未包括香港特别行政区、澳门特别行政区和台湾省。

七、各表中的"空格"表示该项统计指标数据不足本表最小单位数、数据不详或无该项数据。

八、本年鉴数据如有误列，敬请及时指正。

# 2021 年全国渔业统计情况综述

2021 年，面对新冠肺炎疫情和国内外经济发展复杂多变的环境，全国渔业系统以习近平新时代中国特色社会主义思想为指导，贯彻落实党中央、国务院和农业农村部党组有关决策部署，统筹疫情防控和渔业经济发展，坚持稳字当头、稳中求进工作总基调，全面贯彻新发展理念，围绕稳产保供重点任务，推动渔业高质量发展，渔业经济保持较好发展态势。统计数据显示，全年渔业经济持续回暖，水产品产量稳步增长，水产品消费市场供需两旺、价格冲高回落，水产品进出口贸易量额双增，渔民收入呈现较快增长。

## 一、全社会渔业经济总产值

按当年价格计算，全社会渔业经济总产值 29 689.73 亿元，其中渔业产值15 158.63亿元、渔业工业和建筑业产值 6 155.16 亿元、渔业流通和服务业产值8 375.93亿元，三个产业产值的比例为 51.1：20.7：28.2，如图 1 所示。渔业流通和服务业产值中，休闲渔业产值 835.56 亿元，同比上升 1.19%。

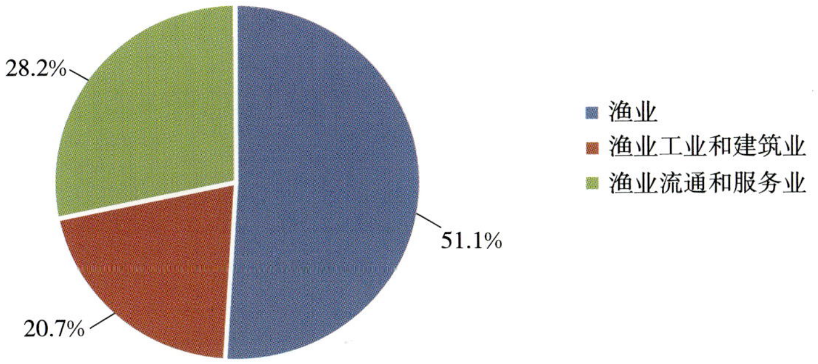


图 1　2021 年渔业经济总产值构成

渔业产值中，海洋捕捞产值 2 303.72 亿元，海水养殖产值 4 301.70 亿元，淡水捕捞产值 336.56 亿元，淡水养殖产值 7 473.75 亿元，水产苗种产值 742.90 亿元（渔业产值以国家统计局年报数据为准）。

渔业产值中（不含苗种），海水产品与淡水产品的产值比例为 45.8：54.2，养殖产品与捕捞产品的产值比例为 81.7：18.3。

## 二、渔民人均纯收入

据对全国近 1 万户渔民家庭当年收支情况调查，2021 年全国渔民人均纯收入23 442.13元，比上年增加 1 604.97 元、增长 7.35%。

## 三、水产品产量及人均占有量

2021 年，全国水产品总产量 6 690.29 万吨，同比增长 2.16%。其中，养殖产量 5 394.41 万吨，同比增长 3.26%，捕捞产量 1 295.89 万吨，同比下降 2.18%，养殖产品与捕捞产品的产量比例为 80.6∶19.4，如表 1、表 2 所示；海水产品产量 3 387.24 万吨，同比增长 2.20%，淡水产品产量 3 303.05万吨，同比增长 2.11%，海水产品与淡水产品的产量比例为 50.6∶49.4。

**表 1　2021 年全国水产养殖产量**

| 指　　标 | 养殖产量（万吨） | 海水养殖 | | 淡水养殖 | |
|---|---|---|---|---|---|
| | | 产量（万吨） | 同比（%） | 产量（万吨） | 同比（%） |
| **全国总计** | **5 394.41** | **2 211.14** | **3.55** | **3 183.27** | **3.06** |
| 鱼　　类 | 2 824.66 | 184.38 | 5.37 | 2 640.28 | 2.08 |
| 甲 壳 类 | 643.91 | 185.49 | 4.50 | 458.41 | 7.66 |
| 贝　　类 | 1 545.67 | 1 526.07 | 3.11 | 19.60 | 5.20 |
| 藻　　类 | 272.29 | 271.46 | 3.80 | 0.83 | 33.30 |
| 其 他 类 | 107.88 | 43.73 | 6.05 | 64.15 | 11.63 |

**表 2　2021 年国内捕捞产量**

| 指　　标 | 国内捕捞产量（万吨） | 海洋捕捞 | | 淡水捕捞 | |
|---|---|---|---|---|---|
| | | 产量（万吨） | 同比（%） | 产量（万吨） | 同比（%） |
| **全国总计** | **1 071.24** | **951.46** | **0.43** | **119.78** | **−17.82** |
| 鱼　　类 | 737.18 | 645.15 | −0.56 | 92.03 | −17.01 |
| 甲 壳 类 | 198.45 | 186.14 | 2.79 | 12.32 | −23.90 |
| 贝　　类 | 50.05 | 35.94 | −0.71 | 14.11 | −17.64 |
| 藻　　类 | 2.05 | 2.03 | −6.69 | 0.02 | −35.98 |
| 头 足 类 | 58.55 | 58.55 | 3.65 | | |
| 其 他 类 | 24.96 | 23.65 | 4.22 | 1.31 | −13.91 |

2021 年，远洋渔业产量 224.65 万吨，同比下降 3.03%，占水产品总产量的 3.36%。

2021年，全国水产品人均占有量47.36千克（全国人口数为141 260万人），比上年增加0.97千克、上涨2.09%。

## 四、水产养殖面积

2021年，全国水产养殖面积7 009.38千公顷，同比下降0.38%。其中，海水养殖面积2 025.51千公顷，同比增长1.50%；淡水养殖面积4 983.87千公顷，同比下降1.12%；海水养殖与淡水养殖的面积比例为28.9∶71.1，如表3、表4所示。

**表3　2021年全国海水养殖面积**

| 指　　标 | 海水养殖面积（千公顷） | 同比（%） | 占总面积比重（%） |
|---|---|---|---|
| **全国总计** | **2 025.51** | **1.50** | |
| 鱼　　类 | 76.36 | -3.19 | 3.77 |
| 甲 壳 类 | 300.07 | 1.66 | 14.81 |
| 贝　　类 | 1 224.03 | 2.22 | 60.43 |
| 藻　　类 | 140.06 | -1.23 | 6.91 |
| 其 他 类 | 284.99 | 0.96 | 14.07 |

**表4　2021年全国淡水养殖面积**

| 指　　标 | 淡水养殖面积（千公顷） | 同比（%） | 占总面积比重（%） |
|---|---|---|---|
| **全国总计** | **4 983.87** | **-1.12** | |
| 池　　塘 | 2 604.63 | -0.79 | 52.26 |
| 湖　　泊 | 663.40 | -7.94 | 13.31 |
| 水　　库 | 1 439.30 | 1.30 | 28.88 |
| 河　　沟 | 147.51 | 0.04 | 2.96 |
| 其　　他 | 129.03 | 2.25 | 2.59 |

## 五、渔船年末拥有量

2021年，年末渔船总数52.08万艘、总吨位1 001.58万吨。其中，机动渔船35.70万艘、总吨位977.48万吨、总功率1 845.20万千瓦；非机动渔船16.39万艘、总吨位24.10万吨。

机动渔船中，生产渔船34.23万艘、总吨位862.47万吨、总功率1 606.62万千瓦。辅助渔船1.47万艘、总吨位115.00万吨、总功率238.58万千瓦。

## 六、渔业人口和渔业从业人员

2021 年，渔业人口 1 634.24 万人，比上年减少 86.53 万人、下降 5.03%；渔业人口中传统渔民为 517.16 万人，比上年减少 38.28 万人、下降 6.89%。渔业从业人员 1 184.63 万人，比上年减少 54.96 万人、下降 4.43%。

## 七、水产品加工与贸易

截至 2021 年年底，全国水产加工企业 9 202 个，水产冷库 8 454 座。水产加工品总量 2 125.04 万吨，同比增长 1.64%。其中，海水加工产品 1 708.81 万吨，同比增长 1.76%；淡水加工产品 416.23 万吨，同比增长 1.15%。用于加工的水产品总量 2 522.68 万吨，同比增长 1.84%。其中，用于加工的海水产品 1 951.10 万吨，同比下降 0.10%；用于加工的淡水产品 571.57 万吨，同比增长 9.04%。

据海关总署统计，2021 年我国水产品进出口总量 954.82 万吨、进出口总额 399.49 亿美元，同比分别增长 0.72% 和 15.41%。其中，出口量 380.07 万吨、出口额 219.26 亿美元，同比分别下降 0.28% 和增长 15.13%；进口量 574.74 万吨、进口额 180.23 亿美元，同比分别增长 1.39% 和 15.75%。贸易顺差 39.03 亿美元，比上年同期增加 4.30 亿美元。

## 八、渔业灾情

2021 年，由于渔业灾情造成水产品产量损失 54.67 万吨，受灾养殖面积 388.53 千公顷，直接经济损失 106.49 亿元。

# 2017—2021 年主要统计指标统计图

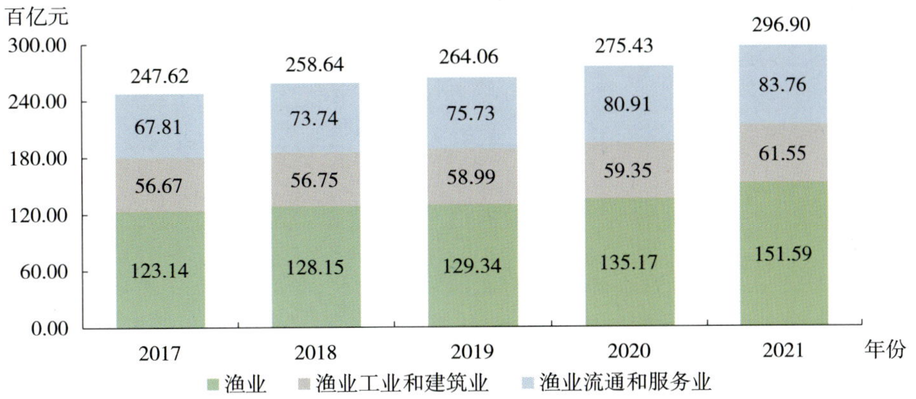


图 1　2017—2021 年全国渔业经济总产值及构成

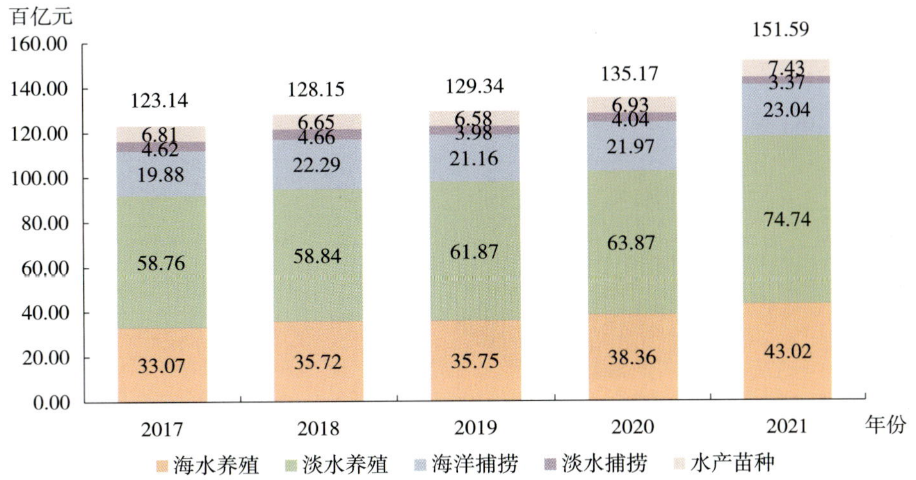


图 2　2017—2021 年全国渔业产值及构成

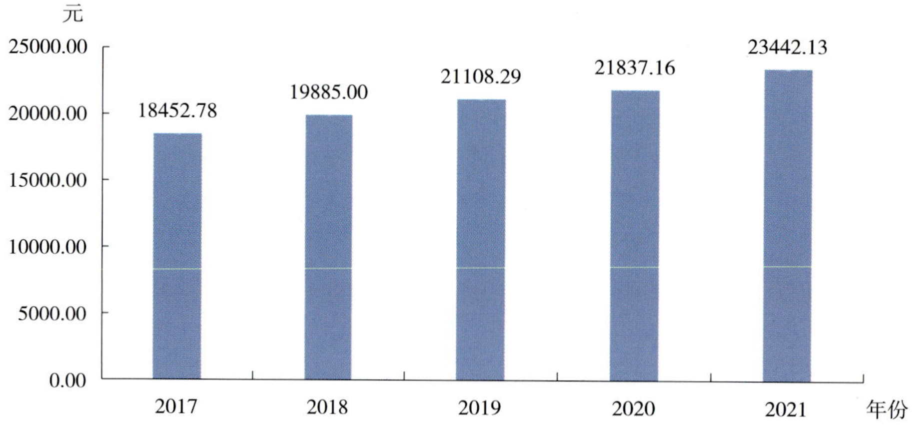


图 3　2017—2021 年全国渔民人均纯收入

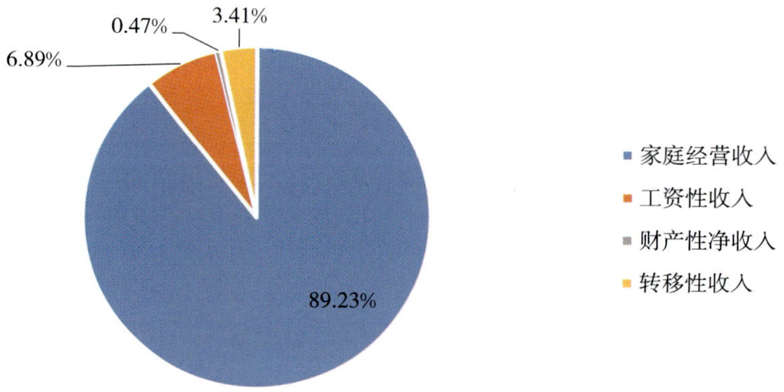


图 4　2021 年全国渔民家庭人均总收入构成

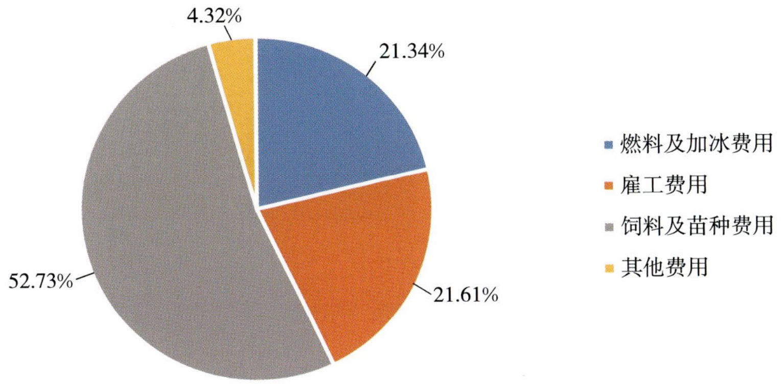


图 5　2021 年全国渔民家庭经营渔业人均支出构成

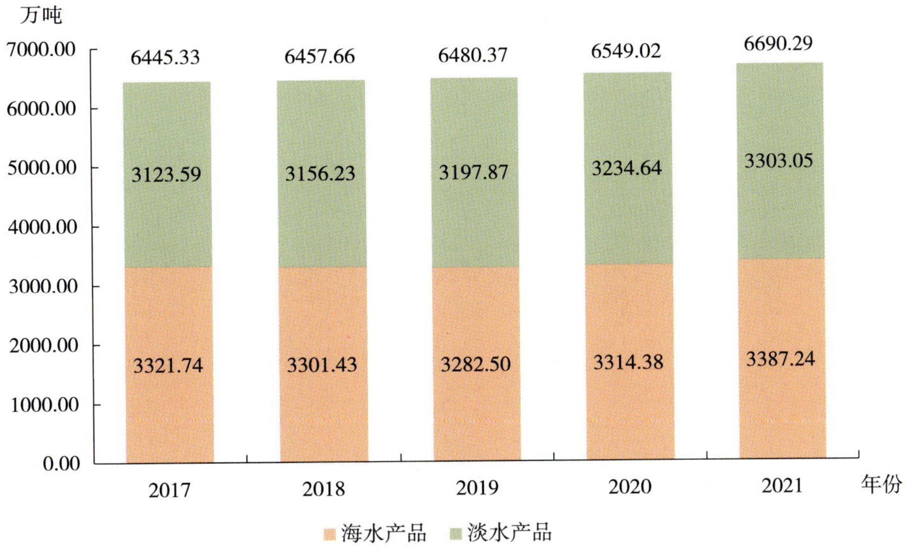


图 6　2017—2021 年全国水产品产量及构成

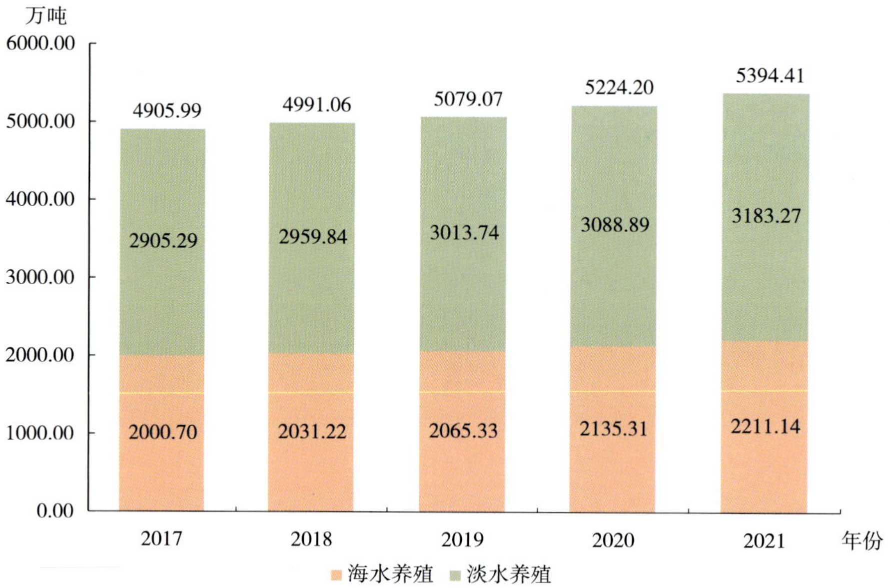


图 7　2017—2021 年全国养殖产品产量及构成

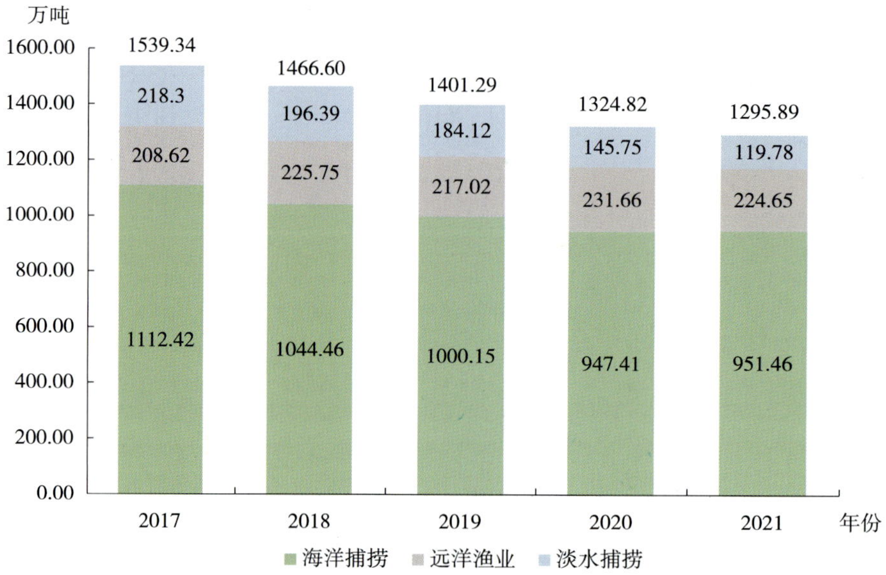


图 8　2017—2021 年全国捕捞产品产量及构成

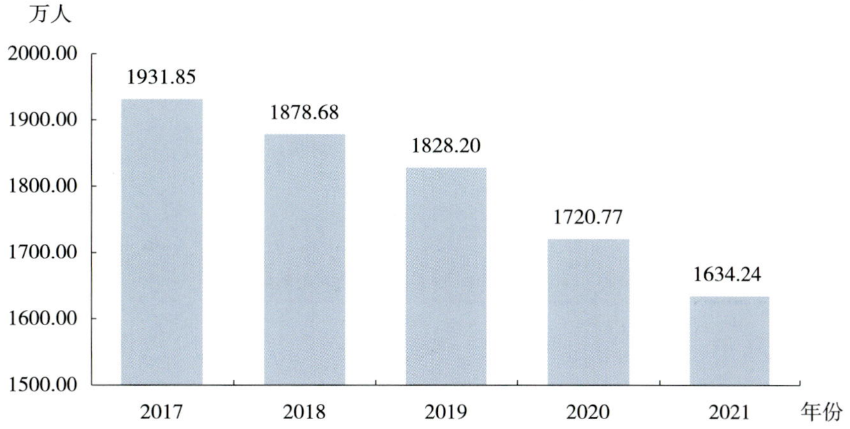


图 9　2017—2021 年全国渔业人口数量

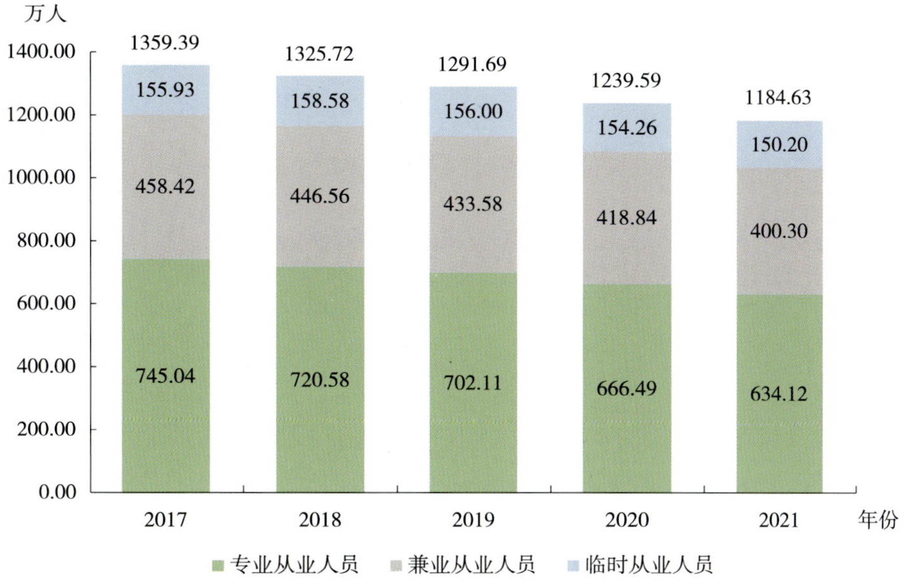


图 10　2017—2021 年全国渔业从业人员数量及构成

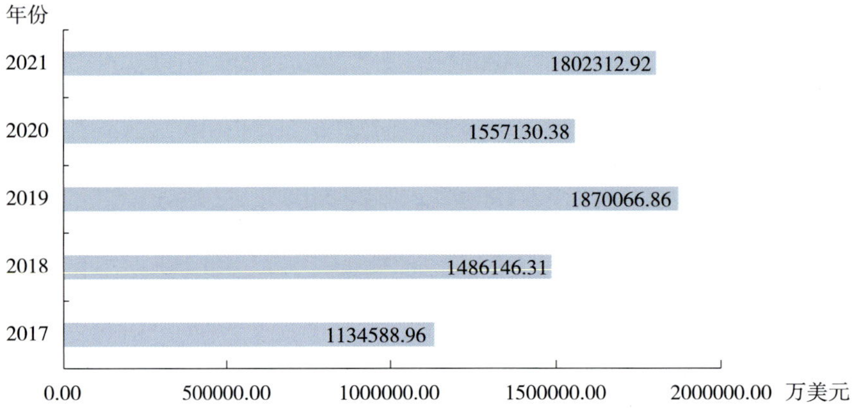


图 11　2017—2021 年全国水产品进口额

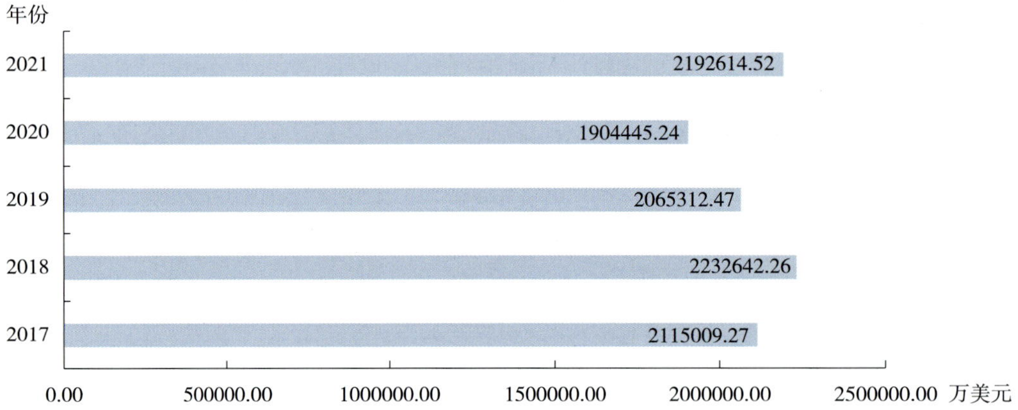


图 12　2017—2021 年全国水产品出口额

# 目　　录

# 第一部分

# 经济核算

# 1-1　总产值

## 全国渔业经济总产值
## （按当年价格计算）

单位:万元

| 指　　标 | 2021 年 | 2020 年 | 2021 年比 2020 年增减(±) |
|---|---|---|---|
| **渔业经济总产值** | **296 897 263.70** | **275 434 669.36** | **21 462 594.34** |
| 1. 渔业 | 151 586 282.09 | 135 172 365.47 | 16 413 916.62 |
| 其中:海水养殖 | 43 017 007.14 | 38 361 985.60 | 4 655 021.54 |
| 淡水养殖 | 74 737 522.48 | 63 871 516.20 | 10 866 006.28 |
| 海洋捕捞 | 23 037 181.11 | 21 971 998.25 | 1 065 182.86 |
| 淡水捕捞 | 3 365 597.77 | 4 039 442.71 | -673 844.94 |
| 水产苗种 | 7 428 973.59 | 6 927 422.71 | 501 550.88 |
| 2. 渔业工业和建筑业 | 61 551 634.31 | 59 350 774.44 | 2 200 859.87 |
| 其中:水产品加工 | 44 962 174.89 | 43 541 924.34 | 1 420 250.55 |
| 渔用机具制造 | 4 088 847.46 | 3 950 351.14 | 138 496.32 |
| 其中:渔船渔机修造 | 2 508 171.63 | 2 414 257.41 | 93 914.22 |
| 渔用绳网制造 | 1 372 627.39 | 1 334 170.74 | 38 456.65 |
| 渔用饲料 | 8 935 711.00 | 8 335 029.59 | 600 681.41 |
| 渔用药物 | 335 286.03 | 279 149.20 | 56 136.83 |
| 建筑业 | 2 305 477.16 | 2 272 674.92 | 32 802.24 |
| 其他 | 924 137.77 | 971 645.25 | -47 507.48 |
| 3. 渔业流通和服务业 | 83 759 347.30 | 80 911 529.45 | 2 847 817.85 |
| 其中:水产流通 | 67 515 883.16 | 65 589 018.81 | 1 926 864.35 |
| 水产(仓储)运输 | 5 309 133.15 | 4 710 666.33 | 598 466.82 |
| 休闲渔业 | 8 355 635.93 | 8 257 151.15 | 98 484.78 |
| 其他 | 2 578 695.06 | 2 354 693.16 | 224 001.90 |

# 各地区渔业经济总产值、渔业产值
## （按当年价格计算）

单位：万元

| 地区 | 2021 年 | | 2021 年比 2020 年增减（±） | | 渔业产值占农业产值比重（%） |
|---|---|---|---|---|---|
| | 渔业经济总产值 | 其中：渔业产值 | 渔业经济总产值 | 其中：渔业产值 | |
| **全国统计** | **296 897 263.70** | **151 586 282.09** | **21 462 594.34** | **16 413 916.62** | **9.9** |
| 北京 | 394 302.21 | 41 561.96 | 233 407.50 | 4 181.26 | 1.6 |
| 天津 | 870 890.00 | 828 884.00 | 143 262.10 | 129 699.00 | 15.9 |
| 河北 | 3 667 346.42 | 3 134 088.67 | 634 556.13 | 559 139.55 | 4.2 |
| 山西 | 151 109.80 | 91 240.57 | 59 920.05 | 23 803.27 | 0.4 |
| 内蒙古 | 258 638.14 | 188 622.21 | 10 998.12 | 3 999.10 | 0.8 |
| 辽宁 | 13 283 559.00 | 7 091 705.00 | 242 950.00 | 449 541.00 | 14.6 |
| 吉林 | 1 601 635.00 | 561 966.44 | 35 874.00 | 65 578.25 | 1.8 |
| 黑龙江 | 1 770 664.90 | 1 358 773.95 | 219 856.60 | 55 882.95 | 2.1 |
| 上海 | 492 219.39 | 442 972.93 | -36 363.95 | -34 706.67 | 17.7 |
| 江苏 | 38 017 011.07 | 19 196 256.15 | 2 045 675.49 | 656 038.15 | 22.1 |
| 浙江 | 23 307 403.00 | 12 111 816.00 | 1 067 646.00 | 775 730.00 | 33.2 |
| 安徽 | 10 181 051.77 | 6 488 862.67 | 936 639.11 | 693 849.85 | 10.4 |
| 福建 | 34 522 685.34 | 16 754 169.16 | 3 166 709.56 | 2 527 799.90 | 31.2 |
| 江西 | 11 527 484.63 | 5 835 881.03 | 911 282.26 | 693 811.76 | 13.7 |
| 山东 | 40 502 165.74 | 17 324 586.50 | -973 713.99 | 1 669 303.48 | 14.4 |
| 河南 | 2 230 516.24 | 1 552 963.00 | 262 576.97 | 260 336.00 | 1.4 |
| 湖北 | 32 360 445.00 | 15 560 442.00 | 4 787 924.00 | 3 175 291.00 | 17.6 |
| 湖南 | 9 454 842.91 | 6 050 632.92 | 2 058 177.49 | 961 804.63 | 7.4 |
| 广东 | 40 877 058.00 | 17 862 410.00 | 2 469 923.16 | 1 774 523.24 | 21.0 |
| 广西 | 11 775 088.76 | 5 811 147.24 | 945 510.01 | 472 427.21 | 8.5 |
| 海南 | 6 014 412.00 | 4 664 898.00 | 171 771.00 | 405 944.00 | 21.6 |
| 重庆 | 2 218 313.00 | 1 498 951.00 | 359 512.00 | 303 782.00 | 4.7 |
| 四川 | 6 552 694.07 | 3 599 786.87 | 1 189 865.24 | 422 484.07 | 3.5 |
| 贵州 | 791 740.68 | 722 011.07 | 58 275.06 | 53 612.71 | 1.5 |
| 云南 | 1 956 813.06 | 1 199 819.60 | 218 720.10 | 105 084.42 | 1.8 |
| 西藏 | 6 802.45 | 6 525.45 | 4 384.20 | 4 107.20 | 0.1 |
| 陕西 | 585 599.33 | 354 083.42 | 17 775.46 | 14 823.64 | 0.8 |
| 甘肃 | 34 634.49 | 24 373.43 | 2 133.28 | 1 121.76 | 0.1 |
| 青海 | 78 000.00 | 62 000.00 | 785.00 | 785.00 | 0.8 |
| 宁夏 | 470 326.00 | 274 301.85 | 83 065.24 | 61 572.07 | 3.3 |
| 新疆 | 410 762.30 | 359 500.00 | 98 079.15 | 87 148.82 | 0.7 |
| 中农发集团 | 531 049.00 | 531 049.00 | 35 418.00 | 35 418.00 | |

# 各地区渔业经济总产值
## (按当年价格计算)(一)

单位:万元

| 地　　区 | 总　　计 | 一、渔业产值 | | | |
|---|---|---|---|---|---|
| | | 合　　计 | 海水养殖 | 淡水养殖 | 海洋捕捞 |
| **全国总计** | **296 897 263.70** | **151 586 282.09** | **43 017 007.14** | **74 737 522.48** | **23 037 181.11** |
| 北　　京 | 394 302.21 | 41 561.96 | | 17 705.60 | 10 702.70 |
| 天　　津 | 870 890.00 | 828 884.00 | 57 096.00 | 588 783.00 | 154 443.00 |
| 河　　北 | 3 667 346.42 | 3 134 088.67 | 1 613 395.65 | 575 732.61 | 714 155.35 |
| 山　　西 | 151 109.80 | 91 240.57 | | 86 628.57 | |
| 内 蒙 古 | 258 638.14 | 188 622.21 | | 157 582.66 | |
| 辽　　宁 | 13 283 559.00 | 7 091 705.00 | 4 192 594.00 | 1 133 351.00 | 1 100 146.00 |
| 吉　　林 | 1 601 635.00 | 561 966.44 | | 485 027.83 | |
| 黑 龙 江 | 1 770 664.90 | 1 358 773.95 | | 1 178 905.46 | |
| 上　　海 | 492 219.39 | 442 972.93 | 898.00 | 219 911.99 | 210 024.48 |
| 江　　苏 | 38 017 011.07 | 19 196 256.15 | 3 087 442.00 | 12 058 327.65 | 1 859 223.90 |
| 浙　　江 | 23 307 403.00 | 12 111 816.00 | 2 424 643.00 | 2 982 769.00 | 6 273 770.00 |
| 安　　徽 | 10 181 051.77 | 6 488 862.67 | | 5 639 052.48 | |
| 福　　建 | 34 522 685.34 | 16 754 169.16 | 9 819 219.02 | 2 159 716.03 | 4 075 922.35 |
| 江　　西 | 11 527 484.63 | 5 835 881.03 | | 5 295 888.85 | |
| 山　　东 | 40 502 165.74 | 17 324 586.50 | 10 728 457.00 | 2 216 998.00 | 3 377 543.00 |
| 河　　南 | 2 230 516.24 | 1 552 963.00 | | 1 350 932.00 | |
| 湖　　北 | 32 360 445.00 | 15 560 442.00 | | 14 514 896.00 | |
| 湖　　南 | 9 454 842.91 | 6 050 632.92 | | 5 696 145.82 | |
| 广　　东 | 40 877 058.00 | 17 862 410.00 | 7 250 074.00 | 8 277 513.00 | 1 501 412.00 |
| 广　　西 | 11 775 088.76 | 5 811 147.24 | 2 478 305.47 | 2 164 512.23 | 832 166.33 |
| 海　　南 | 6 014 412.00 | 4 664 898.00 | 1 364 883.00 | 568 401.00 | 2 396 623.00 |
| 重　　庆 | 2 218 313.00 | 1 498 951.00 | | 1 381 702.00 | |
| 四　　川 | 6 552 694.07 | 3 599 786.87 | | 3 278 137.97 | |
| 贵　　州 | 791 740.68 | 722 011.07 | | 661 370.78 | |
| 云　　南 | 1 956 813.06 | 1 199 819.60 | | 1 064 142.82 | |
| 西　　藏 | 6 802.45 | 6 525.45 | | 1 745.00 | |
| 陕　　西 | 585 599.33 | 354 083.42 | | 331 421.33 | |
| 甘　　肃 | 34 634.49 | 24 373.43 | | 23 788.60 | |
| 青　　海 | 78 000.00 | 62 000.00 | | 62 000.00 | |
| 宁　　夏 | 470 326.00 | 274 301.85 | | 240 433.20 | |
| 新　　疆 | 410 762.30 | 359 500.00 | | 324 000.00 | |
| 中农发集团 | 531 049.00 | 531 049.00 | | | 531 049.00 |

# 各地区渔业经济总产值
## （按当年价格计算）（二）

单位：万元

| 地　区 | 一、渔业产值（续） | | 二、渔业工业和建筑业 | | |
|---|---|---|---|---|---|
| | 淡水捕捞 | 水产苗种 | 合　计 | 水产品加工 | 渔用机具制造 小　计 |
| **全国总计** | **3 365 597.77** | **7 428 973.59** | **61 551 634.31** | **44 962 174.89** | **4 088 847.46** |
| 北　京 | 6 581.80 | 6 571.86 | 10 094.00 | 7 962.00 | |
| 天　津 | 8 975.00 | 19 587.00 | 16 100.00 | | |
| 河　北 | 76 959.39 | 153 845.67 | 367 452.26 | 294 773.00 | 29 899.00 |
| 山　西 | 1 951.40 | 2 660.60 | 43 152.46 | 4 989.00 | |
| 内蒙古 | 21 521.47 | 9 518.08 | 11 431.00 | 11 431.00 | |
| 辽　宁 | 67 921.00 | 597 693.00 | 3 045 804.00 | 2 572 451.00 | 111 105.00 |
| 吉　林 | 58 862.81 | 18 075.80 | 694 622.30 | 693 526.30 | 393.00 |
| 黑龙江 | 126 136.85 | 53 731.64 | 79 537.60 | 33 635.00 | 2.60 |
| 上　海 | 1 489.26 | 10 649.20 | 21 060.00 | 21 060.00 | |
| 江　苏 | 1 340 995.60 | 850 267.00 | 6 178 365.32 | 3 504 777.35 | 293 504.84 |
| 浙　江 | 202 063.00 | 228 571.00 | 5 231 199.00 | 4 254 378.00 | 292 947.00 |
| 安　徽 | 393 653.00 | 456 157.19 | 1 367 891.05 | 580 673.71 | 614 632.86 |
| 福　建 | 160 259.61 | 539 052.15 | 12 695 999.50 | 11 040 885.00 | 728 354.00 |
| 江　西 | 114 705.08 | 425 287.10 | 3 177 292.78 | 2 323 616.09 | 23 091.06 |
| 山　东 | 203 002.00 | 798 586.50 | 13 378 932.20 | 10 240 259.20 | 1 743 702.00 |
| 河　南 | 83 180.00 | 118 851.00 | 190 665.00 | 37 889.00 | 592.00 |
| 湖　北 | 77 982.00 | 967 564.00 | 6 247 830.00 | 4 499 430.00 | 13 406.00 |
| 湖　南 | 12 038.18 | 342 448.92 | 1 102 541.45 | 547 549.63 | 73 332.28 |
| 广　东 | 185 014.00 | 648 397.00 | 4 589 855.00 | 2 541 452.00 | 79 454.00 |
| 广　西 | 75 620.36 | 260 542.85 | 1 342 961.94 | 727 060.28 | 63 744.17 |
| 海　南 | 24 093.00 | 310 898.00 | 981 825.00 | 915 499.00 | 18 329.00 |
| 重　庆 | | 117 249.00 | 131 762.00 | 6 224.00 | 1 440.00 |
| 四　川 | | 321 648.90 | 316 041.20 | 23 034.10 | 214.00 |
| 贵　州 | 17 065.95 | 43 574.34 | 13 662.38 | 11 803.01 | |
| 云　南 | 59 657.05 | 76 019.73 | 171 204.74 | 44 300.67 | 60.00 |
| 西　藏 | 4 130.45 | 650.00 | 277.00 | 50.00 | |
| 陕　西 | | 22 662.09 | 54 385.07 | 3 662.55 | 186.65 |
| 甘　肃 | 28.00 | 556.83 | 12.00 | | |
| 青　海 | | | 16 000.00 | | |
| 宁　夏 | 9 211.51 | 24 657.14 | 39 962.06 | 4 004.00 | |
| 新　疆 | 32 500.00 | 3 000.00 | 33 716.00 | 15 800.00 | 458.00 |
| 中农发集团 | | | | | |

# 各地区渔业经济总产值
## （按当年价格计算）（三）

单位：万元

| 地区 | 二、渔业工业和建筑业（续） | | | | | |
|---|---|---|---|---|---|---|
| | 渔用机具制造（续） | | 渔用饲料 | 渔用药物 | 建筑 | 其他 |
| | 渔船渔机修造 | 渔用绳网制造 | | | | |
| **全国总计** | **2 508 171.63** | **1 372 627.39** | **8 935 711.00** | **335 286.03** | **2 305 477.16** | **924 137.77** |
| 北京 | | | 1 952.00 | 180.00 | | |
| 天津 | | | 16 100.00 | | | |
| 河北 | 8 138.00 | 21 349.00 | 40 769.62 | | 1 547.00 | 463.64 |
| 山西 | | | 1 634.00 | 36 529.46 | | |
| 内蒙古 | | | | | | |
| 辽宁 | 66 859.00 | 32 823.00 | 192 180.00 | 11 723.00 | 140 699.00 | 17 646.00 |
| 吉林 | 55.00 | 58.00 | 683.00 | 20.00 | | |
| 黑龙江 | | | 42 450.00 | 750.00 | 2 700.00 | |
| 上海 | | | | | | |
| 江苏 | 152 813.90 | 114 220.43 | 1 952 792.04 | 120 724.27 | 195 227.84 | 111 338.98 |
| 浙江 | 160 753.00 | 111 807.00 | 490 221.00 | 50.00 | 90 734.00 | 102 869.00 |
| 安徽 | 9 982.39 | 604 650.47 | 147 095.58 | 10 402.69 | 12 281.21 | 2 805.00 |
| 福建 | 655 761.00 | 61 729.00 | 666 180.00 | 2 299.00 | 107 962.00 | 150 319.50 |
| 江西 | 16 017.07 | 7 073.99 | 554 014.83 | 15 905.22 | 220 754.28 | 39 911.30 |
| 山东 | 1 288 846.00 | 332 946.00 | 232 168.00 | 17 198.00 | 693 066.00 | 452 539.00 |
| 河南 | 4.00 | 588.00 | 149 134.00 | 580.00 | 1 857.00 | 613.00 |
| 湖北 | 868.00 | 11 192.00 | 1 275 316.00 | 59 830.00 | 393 668.00 | 6 180.00 |
| 湖南 | 27 824.82 | 45 507.46 | 317 052.74 | 32 687.06 | 123 846.76 | 8 072.98 |
| 广东 | 51 457.00 | 21 245.00 | 1 874 547.00 | 7 974.00 | 60 414.00 | 26 014.00 |
| 广西 | 55 000.09 | 1 350.04 | 401 470.52 | 6 328.22 | 143 701.62 | 657.13 |
| 海南 | 12 948.00 | 5 354.00 | 42 961.00 | 1 470.00 | 1 609.00 | 1 957.00 |
| 重庆 | 135.00 | 635.00 | 107 236.00 | 1 254.00 | 15 292.00 | 316.00 |
| 四川 | 214.00 | | 236 947.10 | 6 937.00 | 48 909.00 | |
| 贵州 | | | 1 845.52 | 13.85 | | |
| 云南 | 30.00 | 30.00 | 103 960.88 | 1 256.75 | 21 156.44 | 470.00 |
| 西藏 | | | 220.00 | 7.00 | | |
| 陕西 | 15.36 | 61.00 | 19 362.11 | 496.51 | 29 012.01 | 1 665.24 |
| 甘肃 | | | | | 12.00 | |
| 青海 | | | 16 000.00 | | | |
| 宁夏 | | | 35 958.06 | | | |
| 新疆 | 450.00 | 8.00 | 15 460.00 | 670.00 | 1 028.00 | 300.00 |
| 中农发集团 | | | | | | |

# 各地区渔业经济总产值
## （按当年价格计算）（四）

单位：万元

| 地　　区 | 三、渔业流通和服务业 | | | | |
|---|---|---|---|---|---|
| | 合　计 | 水产流通 | 水产（仓储）运输 | 休闲渔业 | 其　他 |
| **全国总计** | **83 759 347.30** | **67 515 883.16** | **5 309 133.15** | **8 355 635.93** | **2 578 695.06** |
| 北　京 | 342 646.25 | 204 068.00 | 82 530.00 | 55 416.25 | 632.00 |
| 天　津 | 25 906.00 | | | 24 029.00 | 1 877.00 |
| 河　北 | 165 805.49 | 44 462.01 | 17 423.00 | 77 958.89 | 25 961.59 |
| 山　西 | 16 716.77 | 9 328.21 | 360.60 | 6 985.96 | 42.00 |
| 内蒙古 | 58 584.93 | 28 847.08 | 4 206.50 | 25 531.35 | |
| 辽　宁 | 3 146 050.00 | 2 208 338.00 | 491 493.00 | 303 709.00 | 142 510.00 |
| 吉　林 | 345 046.26 | 202 635.24 | 6 259.00 | 134 704.02 | 1 448.00 |
| 黑龙江 | 332 353.35 | 249 648.47 | 13 606.50 | 64 854.38 | 4 244.00 |
| 上　海 | 28 186.46 | 19 000.00 | | 9 186.46 | |
| 江　苏 | 12 642 389.60 | 10 976 985.65 | 543 548.95 | 753 409.51 | 368 445.49 |
| 浙　江 | 5 964 388.00 | 5 041 466.00 | 262 471.00 | 296 688.00 | 363 763.00 |
| 安　徽 | 2 324 298.05 | 1 737 260.60 | 157 445.76 | 396 312.69 | 33 279.00 |
| 福　建 | 5 072 516.68 | 4 390 090.33 | 279 738.03 | 132 898.57 | 269 789.75 |
| 江　西 | 2 514 310.82 | 2 079 975.30 | 118 418.20 | 274 942.26 | 40 975.06 |
| 山　东 | 9 798 647.04 | 5 541 874.10 | 1 933 059.00 | 1 806 780.63 | 516 933.31 |
| 河　南 | 486 888.24 | 384 968.90 | 37 592.00 | 62 161.44 | 2 165.90 |
| 湖　北 | 10 552 173.00 | 8 350 661.00 | 612 930.00 | 1 259 622.00 | 328 960.00 |
| 湖　南 | 2 301 668.54 | 1 506 910.01 | 197 289.72 | 273 835.52 | 323 633.29 |
| 广　东 | 18 424 793.00 | 17 055 152.00 | 68 741.00 | 1 213 886.00 | 87 014.00 |
| 广　西 | 4 620 979.58 | 4 390 483.16 | 163 872.96 | 45 127.24 | 21 496.22 |
| 海　南 | 367 689.00 | 184 516.00 | 18 179.00 | 136 734.00 | 28 260.00 |
| 重　庆 | 587 600.00 | 315 396.00 | 43 315.00 | 225 268.00 | 3 621.00 |
| 四　川 | 2 636 866.00 | 1 912 604.53 | 194 435.73 | 522 513.74 | 7 312.00 |
| 贵　州 | 56 067.23 | 9 498.00 | 852.50 | 45 548.73 | 168.00 |
| 云　南 | 585 788.72 | 428 900.66 | 36 696.59 | 119 949.67 | 241.80 |
| 西　藏 | | | | | |
| 陕　西 | 177 130.84 | 112 566.32 | 9 021.05 | 50 121.32 | 5 422.15 |
| 甘　肃 | 10 249.06 | 117.74 | 76.84 | 10 049.48 | 5.00 |
| 青　海 | | | | | |
| 宁　夏 | 156 062.09 | 124 831.25 | 13 694.92 | 17 040.42 | 495.50 |
| 新　疆 | 17 546.30 | 5 298.60 | 1 876.30 | 10 371.40 | |
| 中农发集团 | | | | | |

# 1-2　渔民家庭收支

## 全国渔民人均纯收入

单位:元

| 地　区 | 2021 年 | 2020 年 | 2021 年比 2020 年增减(±) | |
|---|---|---|---|---|
| | | | 绝对量 | 幅度(%) |
| **全国总计** | **23 442.13** | **21 837.16** | **1 604.97** | **7.35** |
| 北　京 | 12 270.05 | 13 283.61 | -1 013.56 | -7.63 |
| 天　津 | 28 525.00 | 27 796.90 | 728.10 | 2.62 |
| 河　北 | 21 535.74 | 19 547.25 | 1 988.49 | 10.17 |
| 山　西 | 12 137.18 | 11 285.95 | 851.23 | 7.54 |
| 内蒙古 | 14 900.94 | 14 341.42 | 559.52 | 3.90 |
| 辽　宁 | 23 369.04 | 20 968.19 | 2 400.85 | 11.45 |
| 吉　林 | 16 407.68 | 16 023.89 | 383.79 | 2.40 |
| 黑龙江 | 23 765.15 | 20 578.13 | 3 187.02 | 15.49 |
| 上　海 | 29 792.01 | 28 975.14 | 816.87 | 2.82 |
| 江　苏 | 30 030.09 | 29 803.48 | 226.61 | 0.76 |
| 浙　江 | 31 311.00 | 29 192.30 | 2 118.70 | 7.26 |
| 安　徽 | 22 343.42 | 19 575.57 | 2 767.85 | 14.14 |
| 福　建 | 25 793.23 | 24 214.75 | 1 578.48 | 6.52 |
| 江　西 | 19 379.09 | 17 587.75 | 1 791.34 | 10.19 |
| 山　东 | 25 179.22 | 24 424.31 | 754.91 | 3.09 |
| 河　南 | 18 276.25 | 17 723.15 | 553.10 | 3.12 |
| 湖　北 | 23 943.03 | 20 297.37 | 3 645.66 | 17.96 |
| 湖　南 | 20 496.98 | 18 393.65 | 2 103.33 | 11.44 |
| 广　东 | 22 436.81 | 22 375.01 | 61.80 | 0.28 |
| 广　西 | 22 867.11 | 22 747.00 | 120.11 | 0.53 |
| 海　南 | 17 228.05 | 16 554.60 | 673.45 | 4.07 |
| 重　庆 | 22 713.13 | 19 960.30 | 2 752.83 | 13.79 |
| 四　川 | 22 151.75 | 19 926.09 | 2 225.66 | 11.17 |
| 贵　州 | 12 332.73 | 10 695.31 | 1 637.42 | 15.31 |
| 云　南 | 19 585.39 | 17 076.98 | 2 508.41 | 14.69 |
| 西　藏 | | | | |
| 陕　西 | 15 828.16 | 15 509.22 | 318.94 | 2.06 |
| 甘　肃 | 9 515.29 | 9 497.73 | 17.56 | 0.18 |
| 青　海 | 15 870.00 | 15 958.12 | -88.12 | -0.55 |
| 宁　夏 | 16 702.19 | 15 109.89 | 1 592.30 | 10.54 |
| 新　疆 | 19 669.46 | 19 020.87 | 648.59 | 3.41 |

# 各地区渔民家庭收支调查(一)

单位:元/人

| 地　　区 | 一、家庭总收入 | (一)家庭经营收入 | 其中:经营渔业 | (二)工资性收入 | 其中:渔业 | (三)财产性净收入 | 其　中<br>1. 红利收入 |
|---|---|---|---|---|---|---|---|
| **全国总计** | **78 377.49** | **69 935.99** | **65 660.27** | **5 399.95** | **1 937.58** | **365.26** | **109.86** |
| 北　　京 | 56 664.79 | 49 909.74 | 47 787.30 | 4 804.85 | 1 753.83 | 356.11 | 91.84 |
| 天　　津 | 221 124.04 | 202 660.25 | 201 660.33 | 14 353.85 | 5 417.99 | 1 868.41 | |
| 河　　北 | 152 782.30 | 146 237.42 | 144 214.24 | 2 380.96 | 1 594.40 | 485.95 | 288.92 |
| 山　　西 | 73 286.54 | 71 032.04 | 67 316.12 | 1 860.19 | 240.78 | 56.31 | |
| 内 蒙 古 | 45 419.08 | 42 860.93 | 32 865.68 | 1 297.49 | 139.85 | 5.15 | |
| 辽　　宁 | 129 173.58 | 116 669.75 | 112 371.18 | 7 271.39 | 3 902.66 | 417.91 | 2.26 |
| 吉　　林 | 40 800.93 | 39 625.38 | 32 264.82 | 596.25 | 18.66 | 169.46 | |
| 黑 龙 江 | 88 679.12 | 86 864.14 | 76 570.82 | 498.57 | 97.13 | 434.86 | |
| 上　　海 | 138 370.25 | 133 033.23 | 132 359.08 | 2 209.73 | 163.27 | 1 123.30 | 74.83 |
| 江　　苏 | 124 592.47 | 115 105.36 | 110 809.76 | 5 644.70 | 1 154.88 | 1 271.53 | 37.50 |
| 浙　　江 | 110 037.09 | 94 134.74 | 90 066.42 | 12 211.92 | 4 941.47 | 714.42 | 268.87 |
| 安　　徽 | 68 827.96 | 62 839.04 | 56 209.66 | 3 830.21 | 780.18 | 287.83 | 17.54 |
| 福　　建 | 79 797.02 | 73 263.37 | 69 991.52 | 4 829.39 | 2 322.78 | 322.67 | 169.33 |
| 江　　西 | 67 006.76 | 61 093.51 | 56 248.51 | 2 788.35 | 536.74 | 249.85 | 55.68 |
| 山　　东 | 101 498.75 | 94 426.88 | 91 007.15 | 3 153.49 | 1 112.75 | 746.12 | 117.31 |
| 河　　南 | 41 846.45 | 36 170.59 | 32 863.81 | 4 403.15 | 338.18 | 274.38 | 34.36 |
| 湖　　北 | 47 219.52 | 36 273.74 | 33 468.14 | 5 324.30 | 747.48 | 213.86 | 37.76 |
| 湖　　南 | 53 567.72 | 47 010.47 | 40 936.30 | 4 281.07 | 1 638.21 | 208.82 | 54.93 |
| 广　　东 | 59 958.54 | 49 614.27 | 44 569.20 | 8 179.57 | 4 289.89 | 219.52 | 121.37 |
| 广　　西 | 70 061.86 | 59 892.65 | 55 738.26 | 6 856.84 | 1 204.11 | -742.13 | 67.17 |
| 海　　南 | 39 013.94 | 35 467.88 | 31 119.09 | 2 417.17 | 520.33 | 99.55 | |
| 重　　庆 | 98 864.07 | 92 014.36 | 87 747.80 | 4 928.33 | 849.35 | 846.91 | 706.92 |
| 四　　川 | 67 677.95 | 60 202.03 | 56 450.02 | 4 510.90 | 1 650.79 | 341.58 | 134.46 |
| 贵　　州 | 20 140.01 | 17 770.82 | 14 678.39 | 1 359.89 | 68.77 | 4.96 | 0.58 |
| 云　　南 | 90 328.99 | 86 351.79 | 82 051.97 | 2 451.05 | 1 602.05 | 379.78 | 48.39 |
| 西　　藏 | | | | | | | |
| 陕　　西 | 139 469.43 | 129 113.91 | 120 445.09 | 6 734.41 | 4 365.23 | 790.32 | 535.84 |
| 甘　　肃 | 37 017.00 | 33 706.47 | 28 092.69 | 2 841.29 | 607.21 | 108.49 | |
| 青　　海 | 273 375.00 | 231 250.00 | 231 250.00 | 23 750.00 | 23 750.00 | | |
| 宁　　夏 | 176 673.08 | 171 232.71 | 166 990.52 | 3 912.31 | 971.43 | 246.52 | |
| 新　　疆 | 183 682.01 | 178 451.88 | 177 456.07 | 5 146.44 | 4 761.51 | 83.68 | |

# 各地区渔民家庭收支调查(二)

单位:元/人

| 地 区 | 一、家庭总收入(续) | | | | | | 二、家庭经营费用支出 |
|---|---|---|---|---|---|---|---|
| | (三)财产净收入(续) | (四)转移性收入 | | | | | |
| | 其中(续) | | | | | | |
| | 2. 转让经营权租金收入 | | 1. 生产补贴(惠农补贴) | 其中:渔业补贴 | 2. 社会救济或政策性生活补贴 | 3. 其他转移性收入 | |
| **全国总计** | **152.93** | **2 676.29** | **974.95** | **917.60** | **72.57** | **1 628.78** | **48 587.87** |
| 北 京 | 25.51 | 1 594.08 | | | 105.10 | 1 488.99 | 32 090.28 |
| 天 津 | 1 849.95 | 2 241.52 | | | 257.14 | 1 984.39 | 169 115.01 |
| 河 北 | 143.21 | 3 677.98 | 2 838.65 | 2 804.51 | 351.50 | 487.83 | 111 270.58 |
| 山 西 | 56.31 | 338.00 | 217.11 | 214.58 | 2.80 | 118.10 | 57 753.11 |
| 内 蒙 古 | 5.15 | 1 255.51 | 335.12 | 14.55 | 60.61 | 859.79 | 25 058.50 |
| 辽 宁 | 137.17 | 4 814.53 | 3 092.94 | 2 956.54 | 198.24 | 1 523.36 | 96 233.30 |
| 吉 林 | 51.31 | 409.85 | 173.47 | 22.39 | | 236.39 | 20 997.10 |
| 黑 龙 江 | 371.82 | 881.56 | 499.11 | 64.91 | 7.47 | 374.97 | 58 565.90 |
| 上 海 | | 2 003.99 | | | | 2 003.99 | 97 081.33 |
| 江 苏 | 200.47 | 2 570.88 | 402.56 | 352.25 | 133.91 | 2 034.41 | 81 447.17 |
| 浙 江 | 118.79 | 2 976.02 | 1 031.44 | 1 029.39 | 184.71 | 1 759.86 | 69 143.39 |
| 安 徽 | 114.91 | 1 870.87 | 504.90 | 297.25 | 50.77 | 1 315.21 | 39 544.00 |
| 福 建 | 34.69 | 1 381.59 | 603.29 | 597.63 | 49.56 | 728.74 | 49 098.75 |
| 江 西 | 80.50 | 2 875.05 | 98.52 | 31.43 | 140.98 | 2 635.55 | 42 832.21 |
| 山 东 | 178.32 | 3 172.26 | 2 168.58 | 2 145.37 | 100.17 | 903.51 | 65 276.02 |
| 河 南 | 29.23 | 998.33 | 34.10 | | 3.73 | 960.50 | 22 420.57 |
| 湖 北 | 69.56 | 5 407.62 | 146.45 | 36.74 | 22.52 | 5 238.64 | 21 666.56 |
| 湖 南 | 23.29 | 2 067.36 | 94.67 | 10.79 | 23.72 | 1 948.97 | 30 850.04 |
| 广 东 | 62.02 | 1 945.18 | 1 207.19 | 1 193.46 | 29.26 | 708.74 | 34 332.52 |
| 广 西 | 1 139.82 | 4 054.50 | 3 020.78 | 3 020.78 | 23.39 | 1 010.33 | 40 576.81 |
| 海 南 | | 1 029.34 | 638.08 | 638.08 | 26.52 | 364.74 | 20 899.14 |
| 重 庆 | 84.01 | 1 074.47 | 205.78 | 167.43 | 42.57 | 826.13 | 63 219.53 |
| 四 川 | 27.95 | 2 623.44 | 698.63 | 644.26 | 31.45 | 1 893.37 | 39 500.47 |
| 贵 州 | | 1 004.33 | 468.62 | 452.42 | 0.68 | 535.04 | 7 301.08 |
| 云 南 | 140.20 | 1 146.37 | 182.18 | 88.09 | 145.16 | 819.02 | 63 660.67 |
| 西 藏 | | | | | | | |
| 陕 西 | 25.09 | 2 830.80 | 1 915.77 | 1 055.56 | 116.56 | 798.46 | 108 368.46 |
| 甘 肃 | | 360.75 | 26.20 | 0.01 | 19.77 | 314.79 | 21 553.89 |
| 青 海 | | 18 375.00 | 13 125.00 | 13 125.00 | | 5 250.00 | 246 125.00 |
| 宁 夏 | 217.95 | 1 281.54 | 14.51 | | 449.82 | 817.22 | 155 939.04 |
| 新 疆 | 83.68 | | | | | | 156 689.96 |

# 各地区渔民家庭收支调查(三)

单位:元/人

| 地　　区 | 二、家庭经营费用支出(续) | | | | | 三、生产性固定资产折旧 | |
|---|---|---|---|---|---|---|---|
| | 其中:经营渔业支出 | 1. 燃料及冰费用 | 2. 雇工费用 | 3. 饲料及苗种费用 | 4. 其他费用 | | 其中:渔业固定资产折旧 |
| **全国总计** | **46 865.81** | **10 000.66** | **10 127.55** | **24 713.22** | **2 024.38** | **3 626.20** | **3 368.90** |
| 北　京 | 31 992.32 | 6 182.27 | 3 536.73 | 21 651.63 | 621.68 | 10 077.72 | 8 719.90 |
| 天　津 | 167 962.58 | 9 545.26 | 10 250.58 | 144 822.63 | 3 344.11 | 1 758.08 | 1 722.81 |
| 河　北 | 110 502.32 | 14 110.00 | 44 796.33 | 46 067.73 | 5 528.26 | 4 818.24 | 4 770.69 |
| 山　西 | 56 527.48 | 5 772.14 | 4 919.22 | 43 027.77 | 2 808.35 | 2 505.86 | 2 083.21 |
| 内蒙古 | 22 516.03 | 2 690.65 | 2 026.60 | 16 634.13 | 1 164.65 | 4 971.51 | 2 407.86 |
| 辽　宁 | 95 008.70 | 22 535.95 | 37 448.33 | 32 522.54 | 2 501.89 | 7 355.17 | 7 142.76 |
| 吉　林 | 19 909.13 | 2 435.12 | 2 920.64 | 13 654.77 | 898.61 | 1 407.84 | 1 008.68 |
| 黑龙江 | 53 284.15 | 6 950.72 | 6 009.46 | 38 844.89 | 1 479.08 | 2 315.35 | 1 615.82 |
| 上　海 | 95 572.83 | 13 664.34 | 15 335.44 | 60 259.47 | 6 313.57 | 3 104.78 | 3 091.45 |
| 江　苏 | 79 713.31 | 13 261.19 | 19 099.21 | 43 320.62 | 4 032.28 | 6 301.21 | 5 951.58 |
| 浙　江 | 68 663.64 | 20 484.18 | 17 951.39 | 27 239.64 | 2 988.43 | 5 854.94 | 5 631.27 |
| 安　徽 | 36 755.71 | 2 390.20 | 4 427.72 | 27 915.27 | 2 022.52 | 1 137.39 | 984.26 |
| 福　建 | 47 622.01 | 12 287.86 | 9 984.55 | 22 907.01 | 2 442.58 | 4 277.08 | 4 228.27 |
| 江　西 | 39 813.02 | 2 184.21 | 2 455.60 | 33 850.34 | 1 322.87 | 635.50 | 553.08 |
| 山　东 | 63 878.52 | 19 451.63 | 23 744.86 | 17 731.98 | 2 950.05 | 9 371.34 | 8 753.24 |
| 河　南 | 21 718.94 | 1 637.13 | 868.00 | 18 805.83 | 407.98 | 555.74 | 432.51 |
| 湖　北 | 20 485.12 | 1 073.54 | 1 176.56 | 16 644.14 | 1 590.88 | 667.21 | 461.27 |
| 湖　南 | 28 675.93 | 2 412.99 | 2 487.55 | 22 441.07 | 1 334.32 | 1 217.16 | 848.55 |
| 广　东 | 31 891.32 | 16 856.55 | 8 824.12 | 5 292.02 | 918.62 | 3 070.37 | 2 932.76 |
| 广　西 | 38 842.33 | 12 915.37 | 5 485.36 | 19 926.94 | 514.67 | 4 779.44 | 4 670.38 |
| 海　南 | 18 308.18 | 4 349.14 | 836.16 | 11 794.70 | 1 328.18 | 886.76 | 870.23 |
| 重　庆 | 60 863.98 | 3 916.95 | 5 076.28 | 49 331.67 | 2 539.08 | 4 694.85 | 3 823.57 |
| 四　川 | 38 570.94 | 1 894.28 | 2 753.42 | 31 565.22 | 2 358.01 | 1 619.30 | 1 288.54 |
| 贵　州 | 6 555.36 | 1 396.77 | 408.14 | 4 598.22 | 152.23 | 356.15 | 243.49 |
| 云　南 | 62 310.92 | 3 153.33 | 5 228.54 | 51 914.67 | 2 014.39 | 1 078.46 | 905.24 |
| 西　藏 | | | | | | | |
| 陕　西 | 105 113.98 | 6 356.99 | 11 453.05 | 82 744.80 | 4 559.14 | 5 518.95 | 4 394.81 |
| 甘　肃 | 20 028.08 | 2 142.27 | 2 193.68 | 14 824.75 | 867.39 | 5 936.95 | 4 616.95 |
| 青　海 | 246 125.00 | 14 875.00 | 37 500.00 | 181 250.00 | 12 500.00 | 11 380.00 | 11 380.00 |
| 宁　夏 | 152 687.36 | 7 065.42 | 11 574.18 | 126 967.98 | 7 079.78 | 3 315.70 | 1 005.83 |
| 新　疆 | 156 689.96 | 6 678.24 | 16 538.91 | 130 757.32 | 2 715.48 | 6 504.18 | 6 462.34 |

# 各地区渔民家庭收支调查(四)

单位:元/人

| 地　　区 | 四、税费支出 | 其中:渔业税费支出 | 五、转移性支出 | 六、纯收入 | 其中:渔业纯收入 | 七、可支配收入 | 八、生活消费支出 |
|---|---|---|---|---|---|---|---|
| **全国总计** | **2 721.29** | **2 625.30** | **1 504.58** | **23 442.13** | **15 655.46** | **22 589.99** | **10 747.20** |
| 北　京 | 2 226.73 | 2 226.73 | 1 745.92 | 12 270.05 | 6 602.17 | 10 743.38 | 10 270.61 |
| 天　津 | 21 725.96 | 21 725.96 | 1 329.67 | 28 525.00 | 15 666.97 | 27 195.33 | 16 486.12 |
| 河　北 | 15 157.74 | 15 157.74 | 1 528.24 | 21 535.74 | 18 182.40 | 20 987.77 | 10 278.27 |
| 山　西 | 890.39 | 789.03 | 1 620.93 | 12 137.18 | 8 371.76 | 10 703.30 | 10 363.17 |
| 内蒙古 | 488.14 | 379.74 | 1 664.68 | 14 900.94 | 7 716.44 | 13 565.11 | 11 534.25 |
| 辽　宁 | 2 216.07 | 1 966.35 | 3 568.03 | 23 369.04 | 15 112.57 | 19 847.38 | 15 337.77 |
| 吉　林 | 1 988.32 | 1 979.83 | 516.76 | 16 407.68 | 9 408.22 | 16 101.19 | 7 893.96 |
| 黑龙江 | 4 032.72 | 4 031.86 | 450.41 | 23 765.15 | 17 801.03 | 24 097.26 | 8 815.98 |
| 上　海 | 8 392.12 | 8 392.12 | 1 404.84 | 29 792.01 | 25 465.94 | 29 079.53 | 9 700.52 |
| 江　苏 | 6 814.01 | 6 338.60 | 2 686.36 | 30 030.09 | 20 313.40 | 28 056.59 | 12 096.96 |
| 浙　江 | 3 727.76 | 3 714.88 | 2 722.54 | 31 311.00 | 18 027.50 | 28 908.68 | 16 125.62 |
| 安　徽 | 5 803.15 | 5 529.33 | 1 528.94 | 22 343.42 | 14 017.79 | 22 140.38 | 9 953.96 |
| 福　建 | 627.96 | 587.08 | 841.62 | 25 793.23 | 20 474.58 | 24 986.02 | 11 437.93 |
| 江　西 | 4 159.96 | 4 125.25 | 1 410.75 | 19 379.09 | 12 325.34 | 20 181.07 | 10 486.39 |
| 山　东 | 1 672.17 | 1 642.86 | 1 584.28 | 25 179.22 | 19 990.67 | 24 579.76 | 11 455.58 |
| 河　南 | 593.89 | 590.11 | 579.07 | 18 276.25 | 10 460.42 | 18 071.35 | 6 548.27 |
| 湖　北 | 942.72 | 900.93 | 1 247.37 | 23 943.03 | 12 405.04 | 23 403.03 | 7 962.51 |
| 湖　南 | 1 003.54 | 721.05 | 1 500.55 | 20 496.98 | 12 339.76 | 19 764.51 | 10 349.20 |
| 广　东 | 118.84 | 111.31 | 1 114.74 | 22 436.81 | 15 117.16 | 21 459.14 | 9 920.38 |
| 广　西 | 1 838.50 | 1 798.72 | 1 269.20 | 22 867.11 | 14 651.71 | 22 290.39 | 12 243.87 |
| 海　南 | | | 369.11 | 17 228.05 | 13 099.10 | 18 593.76 | 8 332.81 |
| 重　庆 | 8 236.57 | 8 091.25 | 2 024.04 | 22 713.13 | 15 985.78 | 21 075.40 | 9 849.14 |
| 四　川 | 4 406.43 | 4 357.15 | 1 242.88 | 22 151.75 | 14 528.43 | 21 416.20 | 9 449.18 |
| 贵　州 | 150.06 | 94.17 | 491.53 | 12 332.73 | 8 306.56 | 11 854.24 | 5 285.38 |
| 云　南 | 6 004.47 | 5 925.68 | 1 335.55 | 19 585.39 | 14 600.27 | 18 690.43 | 9 041.82 |
| 西　藏 | | | | | | | |
| 陕　西 | 9 753.87 | 9 697.63 | 1 329.91 | 15 828.16 | 6 659.45 | 16 443.13 | 13 549.48 |
| 甘　肃 | 10.87 | 10.87 | 989.42 | 9 515.29 | 4 044.01 | 9 079.90 | 7 282.60 |
| 青　海 | | | 7 982.06 | 15 870.00 | 10 620.00 | 15 775.88 | 15 941.56 |
| 宁　夏 | 716.15 | 679.52 | 1 802.67 | 16 702.19 | 13 589.24 | 15 291.61 | 12 351.77 |
| 新　疆 | 818.41 | 818.41 | 1 110.04 | 19 669.46 | 18 246.86 | 19 202.16 | 15 869.21 |

# 第二部分

# 生　　产

# 2-1 水产品总产量

## 全国水产品总产量

单位:吨

| 指　标 | 2021 年 | 2020 年 | 2021 年比 2020 年增减(±) | |
|---|---|---|---|---|
| | | | 绝对量 | 幅度(%) |
| **全国总计** | **66 902 945** | **65 490 169** | **1 412 776** | **2.16** |
| 海水产品 | 33 872 434 | 33 143 754 | 728 680 | 2.20 |
| 淡水产品 | 33 030 511 | 32 346 415 | 684 096 | 2.11 |
| 养殖产量 | 53 944 050 | 52 241 988 | 1 702 062 | 3.26 |
| 海水养殖 | 22 111 374 | 21 353 076 | 758 298 | 3.55 |
| 淡水养殖 | 31 832 676 | 30 888 912 | 943 764 | 3.06 |
| 捕捞产量 | 12 958 895 | 13 248 181 | -289 286 | -2.18 |
| 海洋捕捞 | 9 514 584 | 9 474 104 | 40 480 | 0.43 |
| 远洋渔业 | 2 246 476 | 2 316 574 | -70 098 | -3.03 |
| 淡水捕捞 | 1 197 835 | 1 457 503 | -259 668 | -17.82 |
| 养殖产品中:鱼类 | 28 246 561 | 27 613 587 | 632 974 | 2.29 |
| 甲壳类 | 6 439 059 | 6 032 862 | 406 197 | 6.73 |
| 贝类 | 15 456 691 | 14 987 114 | 469 577 | 3.13 |
| 藻类 | 2 722 928 | 2 621 383 | 101 545 | 3.87 |
| 其他类 | 1 078 811 | 987 042 | 91 769 | 9.30 |
| 捕捞产品中:鱼类 | 7 371 829 | 7 596 664 | -224 835 | -2.96 |
| 甲壳类 | 1 984 542 | 1 972 651 | 11 891 | 0.60 |
| 贝类 | 500 512 | 533 289 | -32 777 | -6.15 |
| 藻类 | 20 438 | 21 978 | -1 540 | -7.01 |
| 头足类 | 585 514 | 564 901 | 20 613 | 3.65 |
| 其他类 | 249 584 | 242 124 | 7 460 | 3.08 |

# 各地区水产品产量(一)

单位:吨

| 地区 | 2021年 | | | | | | | |
|---|---|---|---|---|---|---|---|---|
| | 总产量 | 1. 养殖产品小计 | a. 海水养殖 | b. 淡水养殖 | 2. 捕捞产品小计 | a. 海洋捕捞 | b. 远洋渔业 | c. 淡水捕捞 |
| **全国总计** | **66 902 945** | **53 944 050** | **22 111 374** | **31 832 676** | **12 958 895** | **9 514 584** | **2 246 476** | **1 197 835** |
| 北　京 | 21 807 | 11 683 | | 11 683 | 10 124 | | 7 472 | 2 652 |
| 天　津 | 273 282 | 237 966 | 10 865 | 227 101 | 35 316 | 26 722 | 5 744 | 2 850 |
| 河　北 | 1 081 010 | 805 472 | 543 151 | 262 321 | 275 538 | 190 903 | 49 570 | 35 065 |
| 山　西 | 50 863 | 49 912 | | 49 912 | 951 | | | 951 |
| 内蒙古 | 106 834 | 96 442 | | 96 442 | 10 392 | | | 10 392 |
| 辽　宁 | 4 824 064 | 4 065 948 | 3 249 160 | 816 788 | 758 116 | 475 350 | 245 787 | 36 979 |
| 吉　林 | 249 498 | 230 867 | | 230 867 | 18 631 | | | 18 631 |
| 黑龙江 | 718 514 | 675 514 | | 675 514 | 43 000 | | | 43 000 |
| 上　海 | 227 851 | 67 899 | 231 | 67 668 | 159 952 | 9 912 | 149 281 | 759 |
| 江　苏 | 4 938 062 | 4 334 936 | 881 128 | 3 453 808 | 603 126 | 412 819 | 12 339 | 177 968 |
| 浙　江 | 5 990 514 | 2 657 210 | 1 393 226 | 1 263 984 | 3 333 304 | 2 568 585 | 608 437 | 156 282 |
| 安　徽 | 2 365 033 | 2 242 195 | | 2 242 195 | 122 838 | | | 122 838 |
| 福　建 | 8 530 729 | 6 321 175 | 5 437 156 | 884 019 | 2 209 554 | 1 531 132 | 606 575 | 71 847 |
| 江　西 | 2 695 115 | 2 661 004 | | 2 661 004 | 34 111 | | | 34 111 |
| 山　东 | 8 544 248 | 6 419 349 | 5 373 842 | 1 045 507 | 2 124 899 | 1 691 798 | 337 368 | 95 733 |
| 河　南 | 943 224 | 833 260 | | 833 260 | 109 964 | | | 109 964 |
| 湖　北 | 4 832 079 | 4 806 257 | | 4 806 257 | 25 822 | | | 25 822 |
| 湖　南 | 2 661 061 | 2 655 449 | | 2 655 449 | 5 612 | | | 5 612 |
| 广　东 | 8 845 163 | 7 568 096 | 3 362 424 | 4 205 672 | 1 277 067 | 1 127 181 | 60 819 | 89 067 |
| 广　西 | 3 548 070 | 2 964 515 | 1 587 196 | 1 377 319 | 583 555 | 479 415 | 18 671 | 85 469 |
| 海　南 | 1 640 918 | 624 751 | 272 995 | 351 756 | 1 016 167 | 1 000 767 | | 15 400 |
| 重　庆 | 545 343 | 545 343 | | 545 343 | | | | |
| 四　川 | 1 664 890 | 1 664 890 | | 1 664 890 | | | | |
| 贵　州 | 262 061 | 257 256 | | 257 256 | 4 805 | | | 4 805 |
| 云　南 | 657 743 | 628 390 | | 628 390 | 29 353 | | | 29 353 |
| 西　藏 | 828 | 140 | | 140 | 688 | | | 688 |
| 陕　西 | 170 700 | 170 700 | | 170 700 | | | | |
| 甘　肃 | 14 205 | 14 205 | | 14 205 | | | | |
| 青　海 | 18 285 | 18 285 | | 18 285 | | | | |
| 宁　夏 | 165 999 | 159 938 | | 159 938 | 6 061 | | | 6 061 |
| 新　疆 | 170 539 | 155 003 | | 155 003 | 15 536 | | | 15 536 |
| 中农发集团 | 144 413 | | | | 144 413 | | 144 413 | |

# 各地区水产品产量(二)

单位:吨

| 地区 | 2020年 | | | | | | | |
|---|---|---|---|---|---|---|---|---|
| | 总产量 | 1. 养殖产品小计 | a. 海水养殖 | b. 淡水养殖 | 2. 捕捞产品小计 | a. 海洋捕捞 | b. 远洋渔业 | c. 淡水捕捞 |
| **全国总计** | **65 490 169** | **52 241 988** | **21 353 076** | **30 888 912** | **13 248 181** | **9 474 104** | **2 316 574** | **1 457 503** |
| 北　京 | 22 888 | 14 790 | | 14 790 | 8 098 | | 5 548 | 2 550 |
| 天　津 | 284 769 | 247 062 | 9 739 | 237 323 | 37 707 | 26 952 | 6 093 | 4 662 |
| 河　北 | 1 003 418 | 747 753 | 488 132 | 259 621 | 255 665 | 171 612 | 50 469 | 33 584 |
| 山　西 | 46 799 | 45 167 | | 45 167 | 1 632 | | | 1 632 |
| 内蒙古 | 117 565 | 106 607 | | 106 607 | 10 958 | | | 10 958 |
| 辽　宁 | 4 623 030 | 3 865 586 | 3 064 802 | 800 784 | 757 444 | 463 847 | 249 843 | 43 754 |
| 吉　林 | 244 788 | 225 963 | | 225 963 | 18 825 | | | 18 825 |
| 黑龙江 | 674 141 | 631 727 | | 631 727 | 42 414 | | | 42 414 |
| 上　海 | 244 103 | 82 625 | 257 | 82 368 | 161 478 | 10 840 | 149 635 | 1 003 |
| 江　苏 | 4 901 846 | 4 215 347 | 922 756 | 3 292 591 | 686 499 | 417 719 | 9 421 | 259 359 |
| 浙　江 | 5 895 538 | 2 588 743 | 1 372 396 | 1 216 347 | 3 306 795 | 2 568 624 | 568 376 | 169 795 |
| 安　徽 | 2 324 054 | 2 180 103 | | 2 180 103 | 143 951 | | | 143 951 |
| 福　建 | 8 329 804 | 6 122 683 | 5 268 029 | 854 654 | 2 207 121 | 1 528 951 | 607 935 | 70 235 |
| 江　西 | 2 626 904 | 2 554 738 | | 2 554 738 | 72 166 | | | 72 166 |
| 山　东 | 8 286 092 | 6 150 915 | 5 141 394 | 1 009 521 | 2 135 177 | 1 655 165 | 384 378 | 95 634 |
| 河　南 | 980 594 | 869 129 | | 869 129 | 111 465 | | | 111 465 |
| 湖　北 | 4 679 284 | 4 604 012 | | 4 604 012 | 75 272 | | | 75 272 |
| 湖　南 | 2 589 158 | 2 564 638 | | 2 564 638 | 24 520 | | | 24 520 |
| 广　东 | 8 758 058 | 7 466 461 | 3 312 352 | 4 154 109 | 1 291 597 | 1 131 722 | 61 193 | 98 682 |
| 广　西 | 3 458 010 | 2 867 825 | 1 506 672 | 1 361 153 | 590 185 | 484 058 | 18 450 | 87 677 |
| 海　南 | 1 646 448 | 617 476 | 266 547 | 350 929 | 1 028 972 | 1 014 614 | | 14 358 |
| 重　庆 | 523 976 | 518 836 | | 518 836 | 5 140 | | | 5 140 |
| 四　川 | 1 604 097 | 1 598 994 | | 1 598 994 | 5 103 | | | 5 103 |
| 贵　州 | 248 718 | 241 607 | | 241 607 | 7 111 | | | 7 111 |
| 云　南 | 643 990 | 614 542 | | 614 542 | 29 448 | | | 29 448 |
| 西　藏 | 933 | 180 | | 180 | 753 | | | 753 |
| 陕　西 | 168 999 | 164 220 | | 164 220 | 4 779 | | | 4 779 |
| 甘　肃 | 14 028 | 14 028 | | 14 028 | | | | |
| 青　海 | 18 257 | 18 257 | | 18 257 | | | | |
| 宁　夏 | 161 625 | 152 769 | | 152 769 | 8 856 | | | 8 856 |
| 新　疆 | 163 022 | 149 205 | | 149 205 | 13 817 | | | 13 817 |
| 中农发集团 | 205 233 | | | | 205 233 | | 205 233 | |

# 各地区水产品产量(三)

单位:吨

| 地　　区 | 2021 年比 2020 年增减(±) | | | | | | | |
|---|---|---|---|---|---|---|---|---|
| | 总产量 | 1. 养殖产品小计 | a. 海水养殖 | b. 淡水养殖 | 2. 捕捞产品小计 | a. 海洋捕捞 | b. 远洋渔业 | c. 淡水捕捞 |
| **全国总计** | **1 412 776** | **1 702 062** | **758 298** | **943 764** | **-289 286** | **40 480** | **-70 098** | **-259 668** |
| 北　　京 | -1 081 | -3 107 | | -3 107 | 2 026 | | 1 924 | 102 |
| 天　　津 | -11 487 | -9 096 | 1 126 | -10 222 | -2 391 | -230 | -349 | -1 812 |
| 河　　北 | 77 592 | 57 719 | 55 019 | 2 700 | 19 873 | 19 291 | -899 | 1 481 |
| 山　　西 | 4 064 | 4 745 | | 4 745 | -681 | | | -681 |
| 内 蒙 古 | -10 731 | -10 165 | | -10 165 | -566 | | | -566 |
| 辽　　宁 | 201 034 | 200 362 | 184 358 | 16 004 | 672 | 11 503 | -4 056 | -6 775 |
| 吉　　林 | 4 710 | 4 904 | | 4 904 | -194 | | | -194 |
| 黑 龙 江 | 44 373 | 43 787 | | 43 787 | 586 | | | 586 |
| 上　　海 | -16 252 | -14 726 | -26 | -14 700 | -1 526 | -928 | -354 | -244 |
| 江　　苏 | 36 216 | 119 589 | -41 628 | 161 217 | -83 373 | -4 900 | 2 918 | -81 391 |
| 浙　　江 | 94 976 | 68 467 | 20 830 | 47 637 | 26 509 | -39 | 40 061 | -13 513 |
| 安　　徽 | 40 979 | 62 092 | | 62 092 | -21 113 | | | -21 113 |
| 福　　建 | 200 925 | 198 492 | 169 127 | 29 365 | 2 433 | 2 181 | -1 360 | 1 612 |
| 江　　西 | 68 211 | 106 266 | | 106 266 | -38 055 | | | -38 055 |
| 山　　东 | 258 156 | 268 434 | 232 448 | 35 986 | -10 278 | 36 633 | -47 010 | 99 |
| 河　　南 | -37 370 | -35 869 | | -35 869 | -1 501 | | | -1 501 |
| 湖　　北 | 152 795 | 202 245 | | 202 245 | -49 450 | | | -49 450 |
| 湖　　南 | 71 903 | 90 811 | | 90 811 | -18 908 | | | -18 908 |
| 广　　东 | 87 105 | 101 635 | 50 072 | 51 563 | -14 530 | -4 541 | -374 | -9 615 |
| 广　　西 | 90 060 | 96 690 | 80 524 | 16 166 | -6 630 | -4 643 | 221 | -2 208 |
| 海　　南 | -5 530 | 7 275 | 6 448 | 827 | -12 805 | -13 847 | | 1 042 |
| 重　　庆 | 21 367 | 26 507 | | 26 507 | -5 140 | | | -5 140 |
| 四　　川 | 60 793 | 65 896 | | 65 896 | -5 103 | | | -5 103 |
| 贵　　州 | 13 343 | 15 649 | | 15 649 | -2 306 | | | -2 306 |
| 云　　南 | 13 753 | 13 848 | | 13 848 | -95 | | | -95 |
| 西　　藏 | -105 | -40 | | -40 | -65 | | | -65 |
| 陕　　西 | 1 701 | 6 480 | | 6 480 | -4 779 | | | -4 779 |
| 甘　　肃 | 177 | 177 | | 177 | | | | |
| 青　　海 | 28 | 28 | | 28 | | | | |
| 宁　　夏 | 4 374 | 7 169 | | 7 169 | -2 795 | | | -2 795 |
| 新　　疆 | 7 517 | 5 798 | | 5 798 | 1 719 | | | 1 719 |
| 中农发集团 | -60 820 | | | | -60 820 | | -60 820 | |

# 2-2 水产养殖

## 全国水产养殖产量(按水域和养殖方式分)

单位:吨

| 指标 | | 2021 年 | 2020 年 | 2021 年比 2020 年增减(±) | |
|---|---|---|---|---|---|
| | | | | 绝对量 | 幅度(%) |
| **全国总计** | | **53 944 050** | **52 241 988** | **1 702 062** | **3.26** |
| 1. 海水养殖 | | 22 111 374 | 21 353 076 | 758 298 | 3.55 |
| 按水域分 | 海上 | 13 163 075 | 12 617 567 | 545 508 | 4.32 |
| | 滩涂 | 6 224 236 | 6 070 744 | 153 492 | 2.53 |
| | 其他 | 2 724 063 | 2 664 765 | 59 298 | 2.23 |
| 养殖方式中 | 池塘 | 2 810 602 | 2 573 803 | 236 799 | 9.20 |
| | 普通网箱 | 626 744 | 565 112 | 61 632 | 10.91 |
| | 深水网箱 | 337 193 | 293 120 | 44 073 | 15.04 |
| | 筏式 | 6 451 222 | 6 295 033 | 156 189 | 2.48 |
| | 吊笼 | 1 703 774 | 1 392 719 | 311 055 | 22.33 |
| | 底播 | 5 352 400 | 5 386 308 | -33 908 | -0.63 |
| | 工厂化 | 355 751 | 325 308 | 30 443 | 9.36 |
| 2. 淡水养殖 | | 31 832 676 | 30 888 912 | 943 764 | 3.06 |
| 按水域分 | 池塘 | 23 507 883 | 22 797 586 | 710 297 | 3.12 |
| | 湖泊 | 805 002 | 825 676 | -20 674 | -2.50 |
| | 水库 | 2 817 093 | 2 834 439 | -17 346 | -0.61 |
| | 河沟 | 483 385 | 502 408 | -19 023 | -3.79 |
| | 其他 | 662 459 | 679 694 | -17 235 | -2.54 |
| | 稻田养成鱼 | 3 556 854 | 3 249 109 | 307 745 | 9.47 |
| 养殖方式中 | 围栏 | 24 292 | 37 004 | -12 712 | -34.35 |
| | 网箱 | 275 058 | 320 905 | -45 847 | -14.29 |
| | 工厂化 | 324 157 | 302 620 | 21 537 | 7.12 |

# 全国海水养殖产量(一)

单位:吨

| 指　　标 | 2021 年 | 2020 年 | 2021 年比 2020 年增减(±) | |
|---|---|---|---|---|
| | | | 绝对量 | 幅度(%) |
| **海水养殖** | **22 111 374** | **21 353 076** | **758 298** | **3. 55** |
| 1. 鱼类 | 1 843 800 | 1 749 764 | 94 036 | 5. 37 |
| 其中:鲈鱼 | 199 106 | 195 246 | 3 860 | 1. 98 |
| 鲆鱼 | 113 848 | 110 984 | 2 864 | 2. 58 |
| 大黄鱼 | 254 224 | 254 062 | 162 | 0. 06 |
| 军曹鱼 | 27 412 | 33 778 | -6 366 | -18. 85 |
| 鰤鱼 | 21 087 | 20 932 | 155 | 0. 74 |
| 鲷鱼 | 130 947 | 122 449 | 8 498 | 6. 94 |
| 美国红鱼 | 63 895 | 77 408 | -13 513 | -17. 46 |
| 河鲀 | 15 391 | 15 841 | -450 | -2. 84 |
| 石斑鱼 | 204 119 | 192 045 | 12 074 | 6. 29 |
| 鲽鱼 | 9 005 | 7 477 | 1 528 | 20. 44 |
| 卵形鲳鲹 | 243 908 | 101 693 | 142 215 | 139. 85 |
| 2. 甲壳类 | 1 854 948 | 1 775 001 | 79 947 | 4. 50 |
| 虾 | 1 572 293 | 1 487 501 | 84 792 | 5. 70 |
| 其中:南美白对虾 | 1 273 632 | 1 197 735 | 75 897 | 6. 34 |
| 斑节对虾 | 104 665 | 84 529 | 20 136 | 23. 82 |
| 中国对虾 | 32 533 | 30 979 | 1 554 | 5. 02 |
| 日本对虾 | 44 548 | 42 293 | 2 255 | 5. 33 |
| 蟹 | 282 655 | 287 500 | -4 845 | -1. 69 |
| 其中:梭子蟹 | 105 283 | 100 895 | 4 388 | 4. 35 |
| 青蟹 | 152 065 | 159 433 | -7 368 | -4. 62 |

# 全国海水养殖产量(二)

单位:吨

| 指 标 | 2021 年 | 2020 年 | 2021 年比 2020 年增减(±) | |
|---|---|---|---|---|
| | | | 绝对量 | 幅度(%) |
| 3. 贝类 | 15 260 697 | 14 800 800 | 459 897 | 3.11 |
| 其中:牡蛎 | 5 819 188 | 5 424 632 | 394 556 | 7.27 |
| 鲍 | 217 831 | 203 485 | 14 346 | 7.05 |
| 螺 | 299 620 | 261 739 | 37 881 | 14.47 |
| 蚶 | 340 407 | 385 108 | -44 701 | -11.61 |
| 贻贝 | 829 481 | 886 875 | -57 394 | -6.47 |
| 江珧 | 12 145 | 12 601 | -456 | -3.62 |
| 扇贝 | 1 829 924 | 1 746 238 | 83 686 | 4.79 |
| 蛤 | 4 289 768 | 4 217 649 | 72 119 | 1.71 |
| 蛏 | 859 651 | 860 265 | -614 | -0.07 |
| 4. 藻类 | 2 714 601 | 2 615 136 | 99 465 | 3.80 |
| 其中:海带 | 1 742 378 | 1 651 573 | 90 805 | 5.50 |
| 裙带菜 | 212 248 | 225 604 | -13 356 | -5.92 |
| 紫菜 | 199 162 | 222 018 | -22 856 | -10.29 |
| 江蓠 | 398 920 | 368 967 | 29 953 | 8.12 |
| 麒麟菜 | 916 | 3 856 | -2 940 | -76.24 |
| 石花菜 | | | | |
| 羊栖菜 | 31 090 | 26 533 | 4 557 | 17.17 |
| 苔菜 | 84 | 20 | 64 | 320.00 |
| 5. 其他类 | 437 328 | 412 375 | 24 953 | 6.05 |
| 其中:海参 | 222 707 | 196 564 | 26 143 | 13.30 |
| 海胆(千克) | 13 590 733 | 7 952 530 | 5 638 203 | 70.90 |
| 海水珍珠(千克) | 2 008 | 2 121 | -113 | -5.33 |
| 海蜇 | 77 779 | 90 414 | -12 635 | -13.97 |

# 全国淡水养殖产量

单位:吨

| 指　　标 | 2021 年 | 2020 年 | 2021 年比 2020 年增减(±) | |
|---|---|---|---|---|
| | | | 绝对量 | 幅度(%) |
| **淡水养殖产量** | **31 832 676** | **30 888 912** | **943 764** | **3.06** |
| 1. 鱼类 | 26 402 761 | 25 863 823 | 538 938 | 2.08 |
| 2. 甲壳类 | 4 584 111 | 4 257 861 | 326 250 | 7.66 |
| 虾 | 3 775 837 | 3 481 974 | 293 863 | 8.44 |
| 其中:罗氏沼虾 | 171 263 | 161 888 | 9 375 | 5.79 |
| 青虾 | 224 413 | 228 765 | -4 352 | -1.90 |
| 克氏原螯虾 | 2 633 595 | 2 393 699 | 239 896 | 10.02 |
| 南美白对虾 | 703 767 | 665 202 | 38 565 | 5.80 |
| 蟹(河蟹) | 808 274 | 775 887 | 32 387 | 4.17 |
| 3. 贝类 | 195 994 | 186 314 | 9 680 | 5.20 |
| 其中:河蚌 | 54 628 | 55 308 | -680 | -1.23 |
| 螺 | 98 420 | 90 640 | 7 780 | 8.58 |
| 蚬 | 22 246 | 16 776 | 5 470 | 32.61 |
| 4. 藻类(螺旋藻) | 8 327 | 6 247 | 2 080 | 33.30 |
| 5. 其他类 | 641 483 | 574 667 | 66 816 | 11.63 |
| 其中:龟 | 50 951 | 47 323 | 3 628 | 7.67 |
| 鳖 | 364 878 | 332 616 | 32 262 | 9.70 |
| 蛙 | 174 997 | 137 999 | 36 998 | 26.81 |
| 珍珠(千克) | 475 086 | 454 367 | 20 719 | 4.56 |
| 6. 观赏鱼(万尾) | 378 593 | 444 015 | -65 422 | -14.73 |

# 全国淡水养殖主要鱼类产量

单位:吨

| 指 标 | 2021 年 | 2020 年 | 2021 年比 2020 年增减(±) | |
|---|---|---|---|---|
| | | | 绝对量 | 幅度(%) |
| 青鱼 | 716 561 | 694 532 | 22 029 | 3.17 |
| 草鱼 | 5 755 095 | 5 571 083 | 184 012 | 3.30 |
| 鲢鱼 | 3 836 589 | 3 812 899 | 23 690 | 0.62 |
| 鳙鱼 | 3 177 030 | 3 130 301 | 46 729 | 1.49 |
| 鲤鱼 | 2 831 763 | 2 896 669 | -64 906 | -2.24 |
| 鲫鱼 | 2 783 687 | 2 748 519 | 35 168 | 1.28 |
| 鳊鲂 | 764 303 | 781 737 | -17 434 | -2.23 |
| 泥鳅 | 367 086 | 367 428 | -342 | -0.09 |
| 鲇鱼 | 322 650 | 346 852 | -24 202 | -6.98 |
| 鮰鱼 | 363 344 | 308 488 | 54 856 | 17.78 |
| 黄颡鱼 | 587 822 | 565 477 | 22 345 | 3.95 |
| 鲑鱼 | 2 534 | 1 615 | 919 | 56.90 |
| 鳟鱼 | 35 814 | 37 841 | -2 027 | -5.36 |
| 河鲀 | 14 559 | 10 916 | 3 643 | 33.37 |
| 短盖巨脂鲤 | 51 352 | 59 449 | -8 097 | -13.62 |
| 长吻鮠 | 22 236 | 21 195 | 1 041 | 4.91 |
| 黄鳝 | 311 436 | 307 233 | 4 203 | 1.37 |
| 鳜鱼 | 373 954 | 376 986 | -3 032 | -0.80 |
| 池沼公鱼 | 7 537 | 9 485 | -1 948 | -20.54 |
| 银鱼 | 11 321 | 11 928 | -607 | -5.09 |
| 鲈鱼 | 702 093 | 619 519 | 82 574 | 13.33 |
| 乌鳢 | 548 481 | 501 095 | 47 386 | 9.46 |
| 罗非鱼 | 1 662 637 | 1 655 410 | 7 227 | 0.44 |
| 鲟鱼 | 121 875 | 104 280 | 17 595 | 16.87 |
| 鳗鲡 | 255 311 | 250 740 | 4 571 | 1.82 |

## 各地区海水养殖产量（按品种分）（一）

单位：吨

| 地　　区 | 海水养殖产量 | 1. 鱼类 | 其中 | | | | | |
|---|---|---|---|---|---|---|---|---|
| | | | 鲈鱼 | 鲆鱼 | 大黄鱼 | 军曹鱼 | 鰤鱼 | 鲷鱼 |
| **全国总计** | **22 111 374** | **1 843 800** | **199 106** | **113 848** | **254 224** | **27 412** | **21 087** | **130 947** |
| 天　　津 | 10 865 | 562 | | | | | | |
| 河　　北 | 543 151 | 15 294 | | 6 692 | | | | |
| 辽　　宁 | 3 249 160 | 66 928 | 7 453 | 55 206 | | | | 5 |
| 上　　海 | 231 | | | | | | | |
| 江　　苏 | 881 128 | 65 970 | 851 | 5 171 | 510 | | | |
| 浙　　江 | 1 393 226 | 69 479 | 11 202 | 100 | 32 300 | | | 4 016 |
| 福　　建 | 5 437 156 | 484 576 | 37 414 | 5 197 | 211 384 | 80 | 4 195 | 45 334 |
| 山　　东 | 5 373 842 | 92 943 | 11 225 | 40 900 | 228 | | | 533 |
| 广　　东 | 3 362 424 | 780 049 | 121 311 | 582 | 9 802 | 19 885 | 16 877 | 76 796 |
| 广　　西 | 1 587 196 | 131 164 | 7 821 | | | 37 | | 3 198 |
| 海　　南 | 272 995 | 136 835 | 1 829 | | | 7 410 | 15 | 1 065 |

## 各地区海水养殖产量（按品种分）（二）

单位：吨

| 地　　区 | 1. 鱼类（续） | | | | | 2. 甲壳类 | (1) 虾 | 其中 | |
|---|---|---|---|---|---|---|---|---|---|
| | 其中（续） | | | | | | | | |
| | 美国红鱼 | 河鲀 | 石斑鱼 | 鲽鱼 | 卵形鲳鲹 | | | 南美白对虾 | 斑节对虾 |
| **全国总计** | **63 895** | **15 391** | **204 119** | **9 005** | **243 908** | **1 854 948** | **1 572 293** | **1 273 632** | **104 665** |
| 天　　津 | | | 5 | | | 10 303 | 10 303 | 10 243 | |
| 河　　北 | | 2 184 | 894 | 3 048 | | 33 403 | 31 908 | 21 885 | 125 |
| 辽　　宁 | | 1 852 | | | | 26 317 | 25 826 | 14 508 | |
| 上　　海 | | | | | | 231 | 231 | 231 | |
| 江　　苏 | | 200 | | 1 051 | | 95 811 | 72 763 | 19 670 | 11 200 |
| 浙　　江 | 7 758 | | 365 | 29 | 18 | 110 562 | 63 130 | 37 708 | 831 |
| 福　　建 | 15 371 | 9 774 | 35 892 | 2 | 180 | 224 316 | 144 880 | 120 196 | 6 938 |
| 山　　东 | 688 | 1 026 | 805 | 3 917 | | 208 760 | 187 776 | 149 948 | 1 215 |
| 广　　东 | 35 967 | 355 | 93 024 | 30 | 95 629 | 723 116 | 638 110 | 524 987 | 79 118 |
| 广　　西 | 1 790 | | 2 956 | 928 | 110 498 | 310 399 | 298 528 | 296 941 | 1 037 |
| 海　　南 | 2 321 | | 70 178 | | 37 583 | 111 730 | 98 838 | 77 315 | 4 201 |

## 各地区海水养殖产量(按品种分)(三)

单位:吨

| 地区 | 2. 甲壳类(续) | | | | | 3. 贝类 |
|---|---|---|---|---|---|---|
| | (1)虾(续) | | (2)蟹 | | | |
| | 其中(续) | | | 其中 | | |
| | 中国对虾 | 日本对虾 | | 梭子蟹 | 青蟹 | |
| **全国总计** | **32 533** | **44 548** | **282 655** | **105 283** | **152 065** | **15 260 697** |
| 天津 | | | | | | |
| 河北 | 5 109 | 4 771 | 1 495 | 1 493 | | 430 659 |
| 辽宁 | 8 861 | 2 399 | 491 | 248 | | 2 482 992 |
| 上海 | | | | | | |
| 江苏 | 4 612 | 590 | 23 048 | 19 998 | 1 800 | 664 960 |
| 浙江 | 431 | 1 371 | 47 432 | 19 363 | 27 595 | 1 092 863 |
| 福建 | 5 275 | 7 412 | 79 436 | 32 540 | 38 898 | 3 409 881 |
| 山东 | 7 867 | 19 794 | 20 984 | 17 171 | 675 | 4 236 766 |
| 广东 | 378 | 8 163 | 85 006 | 13 883 | 59 228 | 1 784 907 |
| 广西 | | 48 | 11 871 | | 11 871 | 1 137 273 |
| 海南 | | | 12 892 | 587 | 11 998 | 20 396 |

## 各地区海水养殖产量(按品种分)(四)

单位:吨

| 地区 | 3. 贝类(续) | | | | | | | | |
|---|---|---|---|---|---|---|---|---|---|
| | 其中 | | | | | | | | |
| | 牡蛎 | 鲍 | 螺 | 蚶 | 贻贝 | 江珧 | 扇贝 | 蛤 | 蛏 |
| **全国总计** | **5 819 188** | **217 831** | **299 620** | **340 407** | **829 481** | **12 145** | **1 829 924** | **4 289 768** | **859 651** |
| 天津 | | | | | | | | | |
| 河北 | 5 151 | | 6 357 | 9 218 | | | 354 473 | 55 100 | 210 |
| 辽宁 | 399 042 | 1 072 | | 50 115 | 28 549 | | 353 333 | 1 432 303 | 35 046 |
| 上海 | | | | | | | | | |
| 江苏 | 47 118 | | 65 612 | 25 288 | 43 213 | | | 374 679 | 52 646 |
| 浙江 | 266 349 | 397 | 16 057 | 146 301 | 227 749 | | 457 | 92 291 | 318 348 |
| 福建 | 2 111 993 | 172 413 | 8 114 | 61 053 | 111 112 | | 11 419 | 494 035 | 307 706 |
| 山东 | 1 133 199 | 35 430 | 9 489 | 5 090 | 337 311 | 1 870 | 983 957 | 1 335 967 | 142 542 |
| 广东 | 1 182 125 | 8 519 | 53 803 | 41 581 | 76 547 | 10 275 | 124 191 | 198 949 | 3 018 |
| 广西 | 672 225 | | 125 907 | 322 | 5 000 | | 1 503 | 305 426 | 135 |
| 海南 | 1 986 | | 14 281 | 1 439 | | | 591 | 1 018 | |

## 各地区海水养殖产量(按品种分)(五)

单位:吨

| 地　　区 | 4. 藻类 | 其中 | | | | | |
|---|---|---|---|---|---|---|---|
| | | 海带 | 裙带菜 | 紫菜 | 江蓠 | 麒麟菜 | 石花菜 |
| **全国总计** | **2 714 601** | **1 742 378** | **212 248** | **199 162** | **398 920** | **916** | |
| 天　　津 | | | | | | | |
| 河　　北 | | | | | | | |
| 辽　　宁 | 505 379 | 329 398 | 160 281 | | | | |
| 上　　海 | | | | | | | |
| 江　　苏 | 47 108 | | | 47 008 | | | |
| 浙　　江 | 114 777 | 20 124 | | 66 132 | | | |
| 福　　建 | 1 272 542 | 847 308 | | 58 844 | 308 933 | | |
| 山　　东 | 708 960 | 542 353 | 51 107 | 12 973 | 50 082 | | |
| 广　　东 | 61 801 | 3 195 | 860 | 14 205 | 39 863 | | |
| 广　　西 | | | | | | | |
| 海　　南 | 4 034 | | | | 42 | 916 | |

## 各地区海水养殖产量(按品种分)(六)

单位:吨

| 地　　区 | 4. 藻类(续)<br>其中(续) | | 5. 其他 | 其中 | | | |
|---|---|---|---|---|---|---|---|
| | 羊栖菜 | 苔菜 | | 海参 | 海胆<br>(千克) | 海水珍珠<br>(千克) | 海蜇 |
| **全国总计** | **31 090** | **84** | **437 328** | **222 707** | **13 590 733** | **2 008** | **77 779** |
| 天　　津 | | | | | | | |
| 河　　北 | | | 63 795 | 13 573 | | | 7 330 |
| 辽　　宁 | | | 167 544 | 73 568 | 7 903 000 | | 63 575 |
| 上　　海 | | | | | | | |
| 江　　苏 | | | 7 279 | 75 | | | 3 017 |
| 浙　　江 | 24 340 | 21 | 5 545 | 115 | | | 1 112 |
| 福　　建 | 6 750 | | 45 841 | 33 292 | | | 2 494 |
| 山　　东 | | | 126 413 | 101 980 | 5 591 010 | | 251 |
| 广　　东 | | 63 | 12 551 | 104 | 96 723 | 1 505 | |
| 广　　西 | | | 8 360 | | | 503 | |
| 海　　南 | | | | | | | |

## 各地区海水养殖产量(按水域和养殖方式分)(一)

单位:吨

| 地 区 | 海水养殖产量 | 按养殖水域分 | | | 养殖方式中 |
|---|---|---|---|---|---|
| | | 1. 海上 | 2. 滩涂 | 3. 其他 | 1. 池塘 |
| **全国总计** | **22 111 374** | **13 163 075** | **6 224 236** | **2 724 063** | **2 810 602** |
| 天 津 | 10 865 | | | 10 865 | 6 868 |
| 河 北 | 543 151 | 379 367 | 53 696 | 110 088 | 93 594 |
| 辽 宁 | 3 249 160 | 2 373 710 | 656 950 | 218 500 | 219 392 |
| 上 海 | 231 | | 231 | | |
| 江 苏 | 881 128 | 238 563 | 503 833 | 138 732 | 243 919 |
| 浙 江 | 1 393 226 | 648 300 | 425 912 | 319 014 | 301 593 |
| 福 建 | 5 437 156 | 3 728 666 | 1 226 452 | 482 038 | 315 293 |
| 山 东 | 5 373 842 | 3 785 458 | 1 319 743 | 268 641 | 241 492 |
| 广 东 | 3 362 424 | 1 421 750 | 1 228 135 | 712 539 | 863 359 |
| 广 西 | 1 587 196 | 514 777 | 730 023 | 342 396 | 353 231 |
| 海 南 | 272 995 | 72 484 | 79 261 | 121 250 | 171 861 |

## 各地区海水养殖产量(按水域和养殖方式分)(二)

单位:吨

| 地 区 | 养殖方式中(续) | | | | | |
|---|---|---|---|---|---|---|
| | 2. 普通网箱 | 3. 深水网箱 | 4. 筏式 | 5. 吊笼 | 6. 底播 | 7. 工厂化 |
| **全国总计** | **626 744** | **337 193** | **6 451 222** | **1 703 774** | **5 352 400** | **355 751** |
| 天 津 | | | | | | 806 |
| 河 北 | | | 361 206 | | 38 342 | 18 949 |
| 辽 宁 | 9 781 | 2 232 | 1 062 323 | 133 111 | 1 536 992 | 49 197 |
| 上 海 | | | | | | |
| 江 苏 | | | 107 996 | 7 309 | 412 165 | 20 272 |
| 浙 江 | 26 993 | 26 367 | 547 284 | 2 725 | 281 409 | 6 904 |
| 福 建 | 308 953 | 103 840 | 1 704 001 | 147 769 | 442 276 | 43 961 |
| 山 东 | 101 260 | 33 332 | 1 864 657 | 1 215 336 | 1 741 106 | 177 037 |
| 广 东 | 118 505 | 45 841 | 375 527 | 196 684 | 544 454 | 12 061 |
| 广 西 | 52 247 | 72 010 | 428 228 | 840 | 351 196 | 721 |
| 海 南 | 9 005 | 53 571 | | | 4 460 | 25 843 |

# 各地区淡水养殖产量(按品种分)(一)

单位:吨

| 地　　区 | 淡水养殖产量 | 1. 鱼类 | 其　中 | | | | |
|---|---|---|---|---|---|---|---|
| | | | 青鱼 | 草鱼 | 鲢鱼 | 鳙鱼 | 鲤鱼 |
| **全国总计** | **31 832 676** | **26 402 761** | **716 561** | **5 755 095** | **3 836 589** | **3 177 030** | **2 831 763** |
| 北　　京 | 11 683 | 11 682 | 369 | 3 966 | 779 | 423 | 4 351 |
| 天　　津 | 227 101 | 188 195 | | 31 736 | 22 080 | 9 124 | 78 529 |
| 河　　北 | 262 321 | 234 581 | 226 | 34 184 | 33 560 | 16 022 | 102 665 |
| 山　　西 | 49 912 | 49 075 | 413 | 16 682 | 9 740 | 3 648 | 10 726 |
| 内 蒙 古 | 96 442 | 92 160 | | 12 970 | 15 401 | 13 187 | 36 516 |
| 辽　　宁 | 816 788 | 732 529 | 357 | 108 064 | 84 931 | 51 333 | 320 526 |
| 吉　　林 | 230 867 | 221 120 | 2 175 | 21 605 | 53 501 | 42 269 | 54 420 |
| 黑 龙 江 | 675 514 | 651 968 | 46 | 66 378 | 129 285 | 55 408 | 227 306 |
| 上　　海 | 67 668 | 45 994 | 3 326 | 14 958 | 5 673 | 4 922 | 275 |
| 江　　苏 | 3 453 808 | 2 444 234 | 102 818 | 429 552 | 435 650 | 259 773 | 153 468 |
| 浙　　江 | 1 263 984 | 961 910 | 62 204 | 96 580 | 141 953 | 103 839 | 35 539 |
| 安　　徽 | 2 242 195 | 1 484 594 | 75 639 | 271 290 | 260 567 | 263 606 | 89 319 |
| 福　　建 | 884 019 | 746 649 | 12 827 | 177 209 | 80 362 | 64 540 | 58 150 |
| 江　　西 | 2 661 004 | 2 287 071 | 60 671 | 626 067 | 281 376 | 410 099 | 144 369 |
| 山　　东 | 1 045 507 | 892 437 | 6 123 | 204 450 | 161 109 | 102 597 | 212 602 |
| 河　　南 | 833 260 | 768 171 | 11 511 | 134 623 | 186 657 | 138 445 | 171 013 |
| 湖　　北 | 4 806 257 | 3 472 781 | 197 329 | 904 734 | 582 673 | 460 853 | 99 824 |
| 湖　　南 | 2 655 449 | 2 156 598 | 87 021 | 652 414 | 339 907 | 311 176 | 165 911 |
| 广　　东 | 4 205 672 | 3 814 767 | 60 381 | 906 645 | 198 127 | 314 507 | 93 602 |
| 广　　西 | 1 377 319 | 1 321 997 | 15 292 | 331 077 | 229 287 | 175 099 | 155 075 |
| 海　　南 | 351 756 | 345 751 | 1 036 | 3 918 | 4 717 | 8 190 | 2 088 |
| 重　　庆 | 545 343 | 525 366 | 2 350 | 127 483 | 104 998 | 55 963 | 41 749 |
| 四　　川 | 1 664 890 | 1 587 263 | 2 237 | 298 747 | 328 566 | 191 206 | 198 335 |
| 贵　　州 | 257 256 | 250 065 | 1 940 | 45 717 | 26 729 | 33 237 | 90 845 |
| 云　　南 | 628 390 | 620 177 | 9 026 | 88 240 | 44 562 | 47 591 | 136 683 |
| 西　　藏 | 140 | 139 | | | | | |
| 陕　　西 | 170 700 | 157 218 | 322 | 38 617 | 31 490 | 20 103 | 48 578 |
| 甘　　肃 | 14 205 | 13 882 | 922 | 4 288 | 1 169 | 386 | 3 415 |
| 青　　海 | 18 285 | 18 055 | | 25 | 50 | | 50 |
| 宁　　夏 | 159 938 | 157 796 | | 45 474 | 15 431 | 10 557 | 65 354 |
| 新　　疆 | 155 003 | 148 536 | | 57 402 | 26 259 | 8 927 | 30 480 |

# 各地区淡水养殖产量(按品种分)(二)

单位:吨

| 地 区 | 1. 鱼类(续) | | | | | | |
|---|---|---|---|---|---|---|---|
| | 其中(续) | | | | | | |
| | 鲫鱼 | 鳊鲂 | 泥鳅 | 鲇鱼 | 鮰鱼 | 黄颡鱼 | 鲑鱼 |
| **全国总计** | **2 783 687** | **764 303** | **367 086** | **322 650** | **363 344** | **587 822** | **2 534** |
| 北 京 | 438 | 304 | 27 | 1 | 300 | 66 | |
| 天 津 | 35 463 | 474 | 2 063 | 594 | 1 257 | 526 | 637 |
| 河 北 | 20 849 | 63 | 3 288 | 169 | 588 | 1 604 | 11 |
| 山 西 | 1 232 | 16 | 23 | 31 | 1 130 | 189 | |
| 内 蒙 古 | 10 668 | 439 | 706 | 1 034 | | 78 | 6 |
| 辽 宁 | 64 386 | 4 389 | 5 351 | 37 117 | 94 | 1 346 | 595 |
| 吉 林 | 29 896 | 1 857 | 3 679 | 3 727 | 3 | 2 432 | 231 |
| 黑 龙 江 | 126 681 | 353 | 5 902 | 3 646 | 20 | 1 337 | |
| 上 海 | 9 041 | 1 229 | 23 | 43 | 394 | 1 536 | |
| 江 苏 | 602 271 | 167 851 | 41 775 | 4 540 | 403 | 25 983 | 23 |
| 浙 江 | 107 430 | 31 476 | 25 936 | 1 136 | 1 622 | 122 439 | 65 |
| 安 徽 | 191 001 | 89 220 | 36 865 | 16 526 | 9 249 | 36 040 | |
| 福 建 | 40 483 | 4 404 | 3 031 | 9 615 | 3 539 | 5 682 | |
| 江 西 | 243 844 | 59 951 | 86 713 | 34 035 | 8 597 | 61 817 | 43 |
| 山 东 | 89 297 | 2 217 | 5 707 | 18 810 | 6 011 | 2 008 | |
| 河 南 | 48 943 | 8 785 | 5 330 | 6 087 | 44 088 | 1 538 | |
| 湖 北 | 354 116 | 246 793 | 38 621 | 15 959 | 65 307 | 142 009 | |
| 湖 南 | 218 706 | 87 050 | 17 527 | 24 344 | 18 747 | 35 591 | 28 |
| 广 东 | 159 758 | 18 229 | 32 307 | 23 095 | 64 394 | 82 219 | 77 |
| 广 西 | 33 232 | 1 556 | 2 896 | 29 493 | 19 621 | 7 783 | 1 |
| 海 南 | 641 | 202 | 192 | 1 255 | 73 | | |
| 重 庆 | 109 078 | 6 285 | 11 224 | 6 755 | 8 393 | 13 248 | 22 |
| 四 川 | 211 150 | 29 392 | 32 492 | 72 414 | 91 484 | 38 040 | 370 |
| 贵 州 | 9 989 | 377 | 1 598 | 3 095 | 3 137 | 1 470 | 7 |
| 云 南 | 38 428 | 434 | 2 701 | 7 974 | 2 603 | 2 271 | 14 |
| 西 藏 | | | | | | | 55 |
| 陕 西 | 4 932 | 360 | 857 | 421 | 3 298 | 323 | 3 |
| 甘 肃 | 819 | 74 | 2 | 19 | 38 | | 328 |
| 青 海 | 5 | | | | | | |
| 宁 夏 | 13 245 | | 242 | 662 | 5 573 | 74 | |
| 新 疆 | 7 665 | 523 | 8 | 53 | 3 381 | 173 | 18 |

# 各地区淡水养殖产量(按品种分)(三)

单位:吨

| 地　　区 | 1. 鱼类(续) | | | | | | |
|---|---|---|---|---|---|---|---|
| | 其中(续) | | | | | | |
| | 鳟鱼 | 河鲀 | 短盖巨脂鲤 | 长吻鮠 | 黄鳝 | 鳜鱼 | 池沼公鱼 |
| **全国总计** | **35 814** | **14 559** | **51 352** | **22 236** | **311 436** | **373 954** | **7 537** |
| 北　　京 | 127 | | | | | | |
| 天　　津 | | | | | | | |
| 河　　北 | 1 547 | | 6 | | 10 | 9 | 385 |
| 山　　西 | 996 | | | 1 | | 1 | 4 |
| 内 蒙 古 | 5 | | | | | 10 | 706 |
| 辽　　宁 | 3 112 | | | | | 342 | 1 111 |
| 吉　　林 | 348 | | | | | 331 | 1 812 |
| 黑 龙 江 | 443 | | | | | 995 | 324 |
| 上　　海 | | | | | | 3 | |
| 江　　苏 | | 3 511 | 96 | 34 | 4 324 | 30 759 | |
| 浙　　江 | 106 | | 3 976 | 1 366 | 362 | 11 103 | 2 |
| 安　　徽 | 1 | | 1 454 | 13 | 34 874 | 45 915 | |
| 福　　建 | 7 | 278 | 1 846 | 188 | 391 | 1 151 | |
| 江　　西 | 82 | | 5 881 | 674 | 84 883 | 42 718 | |
| 山　　东 | 102 | | 1 530 | | 1 799 | 1 605 | |
| 河　　南 | 259 | | 83 | 30 | 2 470 | 200 | |
| 湖　　北 | | | | 1 251 | 138 353 | 67 227 | |
| 湖　　南 | 696 | | 2 | 144 | 29 419 | 25 906 | |
| 广　　东 | 25 | 10 770 | 20 348 | 2 138 | 2 029 | 142 374 | |
| 广　　西 | 173 | | 15 036 | 159 | 1 249 | 326 | |
| 海　　南 | | | 455 | 95 | 14 | | |
| 重　　庆 | 1 203 | | 64 | 2 984 | 869 | 478 | |
| 四　　川 | 1 623 | | 10 | 11 153 | 9 754 | 2 260 | |
| 贵　　州 | 240 | | | 662 | 268 | 47 | |
| 云　　南 | 3 786 | | 565 | 1 319 | 315 | 41 | 2 |
| 西　　藏 | 36 | | | | | | |
| 陕　　西 | 1 126 | | | 25 | 53 | 112 | |
| 甘　　肃 | 1 732 | | | | | | 6 |
| 青　　海 | 14 739 | | | | | | 3 185 |
| 宁　　夏 | | | | | | | |
| 新　　疆 | 3 300 | | | | | 41 | |

# 各地区淡水养殖产量(按品种分)(四)

单位:吨

| 地　区 | 1. 鱼类(续) | | | | | | 2. 甲壳类 |
|---|---|---|---|---|---|---|---|
| | 其中(续) | | | | | | |
| | 银鱼 | 鲈鱼 | 乌鳢 | 罗非鱼 | 鲟鱼 | 鳗鲡 | |
| **全国总计** | **11 321** | **702 093** | **548 481** | **1 662 637** | **121 875** | **255 311** | **4 584 111** |
| 北　京 | | 154 | | 1 | 376 | | |
| 天　津 | | 401 | 85 | 1 298 | | | 38 732 |
| 河　北 | 40 | 1 881 | 64 | 5 893 | 7 452 | 5 | 25 713 |
| 山　西 | 51 | 1 375 | 197 | 1 325 | 1 110 | | 434 |
| 内 蒙 古 | 32 | 26 | 198 | 35 | | | 1 309 |
| 辽　宁 | 848 | 320 | 1 917 | 775 | 1 998 | | 81 694 |
| 吉　林 | 1 126 | 53 | 1 623 | 2 | 30 | | 3 768 |
| 黑 龙 江 | 2 173 | 8 | 439 | | | | 19 599 |
| 上　海 | | 1 328 | | 24 | | | 21 292 |
| 江　苏 | 27 | 41 882 | 24 438 | 2 250 | 980 | 7 956 | 947 934 |
| 浙　江 | 75 | 119 730 | 39 621 | 1 771 | 6 078 | 1 538 | 162 411 |
| 安　徽 | 2 126 | 11 653 | 30 954 | 2 504 | 414 | 148 | 654 474 |
| 福　建 | | 12 981 | 3 221 | 122 512 | 3 735 | 111 027 | 98 036 |
| 江　西 | 1 389 | 21 216 | 42 992 | 4 232 | 4 757 | 20 085 | 245 522 |
| 山　东 | 926 | 7 061 | 38 365 | 6 517 | 10 256 | | 143 531 |
| 河　南 | 19 | 5 657 | 1 020 | 421 | 960 | | 61 815 |
| 湖　北 | 935 | 24 061 | 24 776 | 2 786 | 8 282 | 2 505 | 1 244 012 |
| 湖　南 | 364 | 31 181 | 34 475 | 1 056 | 7 741 | 4 | 407 758 |
| 广　东 | 147 | 368 641 | 283 025 | 738 715 | 537 | 107 910 | 319 704 |
| 广　西 | 198 | 4 552 | 1 099 | 253 552 | 1 030 | 2 519 | 9 101 |
| 海　南 | | | 1 700 | 316 667 | | 1 014 | 3 255 |
| 重　庆 | | 5 815 | 8 121 | 5 936 | 4 169 | | 12 514 |
| 四　川 | 153 | 27 178 | 9 699 | 2 772 | 6 419 | 600 | 61 381 |
| 贵　州 | 82 | 6 560 | 215 | 216 | 22 848 | | 4 009 |
| 云　南 | 499 | 3 721 | 83 | 188 281 | 26 636 | | 4 152 |
| 西　藏 | | 1 | | 2 | 40 | | 1 |
| 陕　西 | 61 | 856 | 82 | 1 174 | 4 425 | | 3 874 |
| 甘　肃 | | 1 | 1 | 2 | 621 | | 309 |
| 青　海 | | | | | | | 230 |
| 宁　夏 | | 575 | 14 | 8 | 184 | | 1 101 |
| 新　疆 | 50 | 3 225 | 57 | 1 910 | 797 | | 6 446 |

# 各地区淡水养殖产量（按品种分）（五）

单位：吨

| 地区 | 2. 甲壳类（续） | | | | | | 3. 贝类 | 其中 |
|---|---|---|---|---|---|---|---|---|
| | （1）虾 | 其中 | | | | （2）蟹（河蟹） | | 河蚌 |
| | | 罗氏沼虾 | 青虾 | 克氏原螯虾 | 南美白对虾 | | | |
| **全国总计** | **3 775 837** | **171 263** | **224 413** | **2 633 595** | **703 767** | **808 274** | **195 994** | **54 628** |
| 北京 | | | | | | | | |
| 天津 | 35 013 | | 4 | 6 | 35 003 | 3 719 | | |
| 河北 | 22 242 | | 17 | 17 | 22 167 | 3 471 | | |
| 山西 | 340 | | 2 | 224 | 109 | 94 | 200 | 200 |
| 内蒙古 | 602 | | 174 | | 422 | 707 | | |
| 辽宁 | 17 346 | | | | 16 387 | 64 348 | 1 | 1 |
| 吉林 | 245 | | 171 | | 9 | 3 523 | 3 | 3 |
| 黑龙江 | 1 480 | | | 269 | 40 | 18 119 | | |
| 上海 | 15 825 | 1 230 | 60 | 244 | 14 291 | 5 467 | | |
| 江苏 | 570 308 | 62 673 | 103 741 | 263 652 | 136 573 | 377 626 | 35 656 | 5 876 |
| 浙江 | 151 849 | 25 667 | 25 220 | 27 596 | 72 448 | 10 562 | 9 196 | 3 073 |
| 安徽 | 550 922 | 1 921 | 50 918 | 495 887 | 2 196 | 103 552 | 47 298 | 25 913 |
| 福建 | 97 010 | 1 866 | 1 166 | 2 657 | 90 061 | 1 026 | 29 413 | 3 215 |
| 江西 | 226 963 | 944 | 25 330 | 199 028 | 1 661 | 18 559 | 35 558 | 8 754 |
| 山东 | 122 086 | 84 | 459 | 53 936 | 66 784 | 21 445 | 183 | |
| 河南 | 59 692 | 626 | 3 747 | 53 666 | 1 503 | 2 123 | 400 | 263 |
| 湖北 | 1 089 134 | 1 044 | 7 964 | 1 073 621 | 6 505 | 154 878 | 4 937 | 1 770 |
| 湖南 | 400 580 | 1 691 | 2 704 | 378 929 | 7 812 | 7 178 | 11 694 | 4 280 |
| 广东 | 314 876 | 69 534 | 1 390 | 1 461 | 222 244 | 4 828 | 8 213 | 329 |
| 广西 | 8 649 | 1 260 | 640 | 6 099 | 45 | 452 | 9 327 | 376 |
| 海南 | 3 255 | 969 | 61 | 170 | 1 235 | | | |
| 重庆 | 11 927 | 213 | 211 | 10 725 | 604 | 587 | 82 | 3 |
| 四川 | 60 172 | 591 | 217 | 57 660 | 1 113 | 1 209 | 1 774 | 352 |
| 贵州 | 3 675 | 27 | 86 | 2 247 | 305 | 334 | 1 109 | 186 |
| 云南 | 3 849 | 857 | 128 | 2 714 | 141 | 303 | 929 | 34 |
| 西藏 | 1 | 1 | | | | | | |
| 陕西 | 2 980 | 62 | 3 | 1 865 | 229 | 894 | | |
| 甘肃 | 32 | | | | 21 | 277 | | |
| 青海 | | | | | | 230 | | |
| 宁夏 | 262 | | | | 262 | 839 | | |
| 新疆 | 4 522 | 3 | | 922 | 3 597 | 1 924 | 21 | |

# 各地区淡水养殖产量(按品种分)(六)

单位:吨

| 地　　区 | 3. 贝类(续) 其中(续) 螺 | 蚬 | 4. 藻类(螺旋藻) | 5. 其他类 | 其中 龟 | 鳖 | 蛙 | 珍珠(千克) | 6. 观赏鱼(万尾) |
|---|---|---|---|---|---|---|---|---|---|
| **全国总计** | **98 420** | **22 246** | **8 327** | **641 483** | **50 951** | **364 878** | **174 997** | **475 086** | **378 593** |
| 北　　京 | | | | 1 | | 1 | | | 20 911 |
| 天　　津 | | | | 174 | | | | | 26 354 |
| 河　　北 | | | | 2 027 | 1 | 2 016 | 10 | | 6 702 |
| 山　　西 | | | | 203 | 40 | 155 | 4 | | 444 |
| 内 蒙 古 | | | 2 940 | 33 | | 33 | | | 17 |
| 辽　　宁 | | | | 2 564 | | | 2 179 | | |
| 吉　　林 | | | | 5 976 | | | 5 976 | | 31 691 |
| 黑 龙 江 | | | | 3 947 | | | 3 569 | | |
| 上　　海 | | | | 382 | 76 | 306 | | | 9 906 |
| 江　　苏 | 22 916 | 6 861 | 1 274 | 24 710 | 1 323 | 18 063 | 3 727 | 51 001 | 82 247 |
| 浙　　江 | 4 835 | 139 | 470 | 129 997 | 10 604 | 99 764 | 9 977 | 494 | 7 070 |
| 安　　徽 | 20 284 | 1 101 | | 55 829 | 5 127 | 42 618 | 7 274 | 164 741 | 13 366 |
| 福　　建 | 3 706 | 8 086 | 67 | 9 854 | 223 | 5 050 | 2 334 | | 3 142 |
| 江　　西 | 21 425 | 3 437 | 1 880 | 90 973 | 7 916 | 31 949 | 48 919 | 224 000 | 3 503 |
| 山　　东 | 81 | | | 9 356 | 7 | 7 724 | 102 | | 75 740 |
| 河　　南 | 117 | 20 | | 2 874 | 25 | 2 406 | 359 | | 23 511 |
| 湖　　北 | 2 554 | 613 | | 84 527 | 9 003 | 57 438 | 18 086 | | 1 150 |
| 湖　　南 | 6 032 | 102 | | 79 399 | 3 506 | 38 808 | 33 451 | 34 110 | 1 571 |
| 广　　东 | 4 581 | 1 751 | | 62 988 | 10 579 | 33 687 | 5 393 | 43 | 35 640 |
| 广　　西 | 8 556 | 136 | | 36 894 | 2 328 | 20 086 | 10 688 | 697 | 18 |
| 海　　南 | | | 337 | 2 413 | 14 | 386 | 1 052 | | 526 |
| 重　　庆 | 79 | | | 7 381 | 61 | 1 573 | 5 747 | | 16 253 |
| 四　　川 | 1 422 | | | 14 472 | 94 | 2 098 | 11 563 | | 5 195 |
| 贵　　州 | 916 | | | 2 073 | 13 | 49 | 1 764 | | 92 |
| 云　　南 | 895 | | 353 | 2 779 | 11 | 15 | 2 732 | | 6 730 |
| 西　　藏 | | | | | | | | | |
| 陕　　西 | | | | 9 608 | | 604 | 91 | | 6 001 |
| 甘　　肃 | | | | 14 | | 14 | | | |
| 青　　海 | | | | | | | | | |
| 宁　　夏 | | | 1 006 | 35 | | 35 | | | 744 |
| 新　　疆 | 21 | | | | | | | | 68 |

# 各地区淡水养殖产量(按水域和养殖方式分)(一)

单位:吨

| 地　区 | 淡水养殖产量 | 按水域分 | | | |
|---|---|---|---|---|---|
| | | 1. 池塘 | 2. 湖泊 | 3. 水库 | 4. 河沟 |
| **全国总计** | **31 832 676** | **23 507 883** | **805 002** | **2 817 093** | **483 385** |
| 北　京 | 11 683 | 11 431 | | | |
| 天　津 | 227 101 | 222 439 | | | |
| 河　北 | 262 321 | 230 877 | 2 384 | 22 573 | 1 455 |
| 山　西 | 49 912 | 36 569 | 540 | 12 727 | |
| 内蒙古 | 96 442 | 55 722 | 15 973 | 22 355 | 2 154 |
| 辽　宁 | 816 788 | 615 060 | 80 | 113 012 | 1 669 |
| 吉　林 | 230 867 | 94 280 | 36 430 | 83 651 | 6 786 |
| 黑龙江 | 675 514 | 470 470 | 72 231 | 86 207 | 17 815 |
| 上　海 | 67 668 | 66 437 | 874 | | 110 |
| 江　苏 | 3 453 808 | 2 707 585 | 76 672 | 29 937 | 108 278 |
| 浙　江 | 1 263 984 | 977 053 | 5 421 | 74 086 | 27 844 |
| 安　徽 | 2 242 195 | 1 226 402 | 218 443 | 122 906 | 96 623 |
| 福　建 | 884 019 | 555 407 | 3 482 | 178 156 | 41 933 |
| 江　西 | 2 661 004 | 1 722 684 | 260 380 | 372 274 | 38 699 |
| 山　东 | 1 045 507 | 809 696 | 2 634 | 139 549 | |
| 河　南 | 833 260 | 678 735 | 3 596 | 81 278 | 10 924 |
| 湖　北 | 4 806 257 | 3 877 059 | | | |
| 湖　南 | 2 655 449 | 1 852 483 | 57 732 | 209 929 | 11 540 |
| 广　东 | 4 205 672 | 3 916 605 | 7 664 | 223 587 | 8 540 |
| 广　西 | 1 377 319 | 789 439 | | 426 584 | 63 291 |
| 海　南 | 351 756 | 296 203 | 75 | 51 071 | 27 |
| 重　庆 | 545 343 | 475 365 | | 48 244 | |
| 四　川 | 1 664 890 | 934 204 | 977 | 209 530 | 39 368 |
| 贵　州 | 257 256 | 126 544 | 63 | 42 546 | 696 |
| 云　南 | 628 390 | 406 593 | 1 059 | 180 079 | 822 |
| 西　藏 | 140 | 140 | | | |
| 陕　西 | 170 700 | 95 956 | 4 545 | 44 001 | 3 152 |
| 甘　肃 | 14 205 | 9 950 | 97 | 2 884 | 11 |
| 青　海 | 18 285 | 131 | 230 | 17 924 | |
| 宁　夏 | 159 938 | 122 769 | 32 278 | 1 035 | 180 |
| 新　疆 | 155 003 | 123 595 | 1 142 | 20 968 | 1 468 |

## 各地区淡水养殖产量(按水域和养殖方式分)(二)

单位:吨

| 地 区 | 按水域分(续) | | 养殖方式中 | | |
|---|---|---|---|---|---|
| | 5. 其他 | 6. 稻田 | 1. 围栏 | 2. 网箱 | 3. 工厂化 |
| **全国总计** | **662 459** | **3 556 854** | **24 292** | **275 058** | **324 157** |
| 北 京 | 252 | | | | 124 |
| 天 津 | 423 | 4 239 | | | |
| 河 北 | 3 242 | 1 790 | | 81 | 2 321 |
| 山 西 | 69 | 7 | | 61 | 181 |
| 内 蒙 古 | | 238 | | | 44 |
| 辽 宁 | 33 076 | 53 891 | 750 | 65 405 | 444 |
| 吉 林 | 347 | 9 373 | 1 220 | 3 335 | 271 |
| 黑 龙 江 | 12 273 | 16 518 | | 1 660 | 40 |
| 上 海 | | 247 | | | 49 |
| 江 苏 | 150 957 | 380 379 | 3 168 | 2 351 | 16 760 |
| 浙 江 | 23 022 | 156 558 | 1 287 | 6 515 | 12 610 |
| 安 徽 | 21 488 | 556 333 | 5 968 | 15 390 | 19 207 |
| 福 建 | 86 316 | 18 725 | 1 235 | 20 563 | 91 893 |
| 江 西 | 38 839 | 228 128 | 91 | 13 297 | 20 721 |
| 山 东 | 83 399 | 10 229 | 648 | 2 026 | 75 359 |
| 河 南 | 3 628 | 55 099 | | 1 371 | 1 694 |
| 湖 北 | | 929 198 | | | 31 341 |
| 湖 南 | 27 338 | 496 427 | | 7 981 | 18 751 |
| 广 东 | 47 082 | 2 194 | | 989 | 5 399 |
| 广 西 | 58 253 | 39 752 | 9 895 | 81 160 | 3 899 |
| 海 南 | 4 380 | | | 686 | |
| 重 庆 | 5 566 | 16 168 | | | 742 |
| 四 川 | 15 169 | 465 642 | | | 2 888 |
| 贵 州 | 12 456 | 74 951 | | | 1 706 |
| 云 南 | 2 231 | 37 606 | 30 | 31 045 | 15 995 |
| 西 藏 | | | | | |
| 陕 西 | 22 760 | 286 | | | 618 |
| 甘 肃 | 1 262 | 1 | | 233 | 82 |
| 青 海 | | | | 17 924 | |
| 宁 夏 | 1 009 | 2 667 | | | 15 |
| 新 疆 | 7 622 | 208 | | 2 985 | 1 003 |

# 2-3 国内捕捞

## 全国海洋捕捞产量

单位:吨

| 指　　标 | 2021 年 | 2020 年 | 2021 年比 2020 年增减(±) | |
|---|---|---|---|---|
| | | | 绝对量 | 幅度(%) |
| **海洋捕捞产量** | **9 514 584** | **9 474 104** | **40 480** | **0.43** |
| 1. 鱼类 | 6 451 504 | 6 487 763 | -36 259 | -0.56 |
| 2. 甲壳类 | 1 861 386 | 1 810 820 | 50 566 | 2.79 |
| 虾 | 1 214 264 | 1 206 347 | 7 917 | 0.66 |
| 其中:毛虾 | 359 750 | 367 354 | -7 604 | -2.07 |
| 对虾 | 204 112 | 192 860 | 11 252 | 5.83 |
| 鹰爪虾 | 239 243 | 231 671 | 7 572 | 3.27 |
| 虾蛄 | 219 709 | 206 010 | 13 699 | 6.65 |
| 蟹 | 647 122 | 604 473 | 42 649 | 7.06 |
| 其中:梭子蟹 | 454 513 | 424 630 | 29 883 | 7.04 |
| 青蟹 | 68 542 | 71 196 | -2 654 | -3.73 |
| 蟳 | 26 331 | 22 444 | 3 887 | 17.32 |
| 3. 贝类 | 359 372 | 361 928 | -2 556 | -0.71 |
| 4. 藻类 | 20 285 | 21 739 | -1 454 | -6.69 |
| 5. 头足类 | 585 514 | 564 901 | 20 613 | 3.65 |
| 其中:乌贼 | 126 205 | 119 074 | 7 131 | 5.99 |
| 鱿鱼 | 308 477 | 295 666 | 12 811 | 4.33 |
| 章鱼 | 106 297 | 104 870 | 1 427 | 1.36 |
| 6. 其他类 | 236 523 | 226 953 | 9 570 | 4.22 |
| 其中:海蜇 | 140 192 | 128 584 | 11 608 | 9.03 |

# 全国海洋捕捞主要鱼类产量

单位:吨

| 指 标 | 2021 年 | 2020 年 | 2021 年比 2020 年增减(±) | |
|---|---|---|---|---|
| | | | 绝对量 | 幅度(%) |
| 海鳗 | 302 136 | 309 073 | -6 937 | -2.24 |
| 鳓鱼 | 60 345 | 59 587 | 758 | 1.27 |
| 鳀鱼 | 615 152 | 609 882 | 5 270 | 0.86 |
| 沙丁鱼 | 92 737 | 95 306 | -2 569 | -2.70 |
| 鲱鱼 | 8 871 | 11 236 | -2 365 | -21.05 |
| 石斑鱼 | 95 601 | 91 908 | 3 693 | 4.02 |
| 鲷 | 127 794 | 122 960 | 4 834 | 3.93 |
| 蓝圆鲹 | 415 981 | 414 349 | 1 632 | 0.39 |
| 白姑鱼 | 96 613 | 82 791 | 13 822 | 16.70 |
| 黄姑鱼 | 60 522 | 58 584 | 1 938 | 3.31 |
| 鮸鱼 | 56 971 | 57 698 | -727 | -1.26 |
| 大黄鱼 | 38 167 | 46 017 | -7 850 | -17.06 |
| 小黄鱼 | 289 223 | 292 290 | -3 067 | -1.05 |
| 梅童鱼 | 190 218 | 196 905 | -6 687 | -3.40 |
| 方头鱼 | 40 463 | 39 043 | 1 420 | 3.64 |
| 玉筋鱼 | 90 023 | 90 568 | -545 | -0.60 |
| 带鱼 | 914 469 | 903 435 | 11 034 | 1.22 |
| 金线鱼 | 321 840 | 319 709 | 2 131 | 0.67 |
| 梭鱼 | 108 362 | 109 404 | -1 042 | -0.95 |
| 鲐鱼 | 382 698 | 392 556 | -9 858 | -2.51 |
| 鲅鱼 | 365 495 | 355 079 | 10 416 | 2.93 |
| 金枪鱼 | 36 528 | 32 457 | 4 071 | 12.54 |
| 鲳鱼 | 329 301 | 331 362 | -2 061 | -0.62 |
| 马面鲀 | 124 367 | 122 327 | 2 040 | 1.67 |
| 竹筴鱼 | 27 827 | 39 126 | -11 299 | -28.88 |
| 鲻鱼 | 77 324 | 73 365 | 3 959 | 5.40 |

## 全国海洋捕捞产量(按海域、渔具分)

单位:吨

| 指标 | | 2021 年 | 2020 年 | 2021 年比 2020 年增减(±) | |
|---|---|---|---|---|---|
| | | | | 绝对量 | 幅度(%) |
| **合计** | | **9 514 584** | **9 474 104** | **40 480** | **0.43** |
| 按捕捞海域分 | 渤海 | 597 259 | 602 415 | -5 156 | -0.86 |
| | 黄海 | 2 288 357 | 2 268 382 | 19 975 | 0.88 |
| | 东海 | 3 851 335 | 3 808 428 | 42 907 | 1.13 |
| | 南海 | 2 777 633 | 2 794 879 | -17 246 | -0.62 |
| 按捕捞渔具分 | 拖网 | 4 558 133 | 4 551 909 | 6 224 | 0.14 |
| | 围网 | 771 786 | 754 523 | 17 263 | 2.29 |
| | 刺网 | 2 210 988 | 2 154 161 | 56 827 | 2.64 |
| | 张网 | 952 919 | 1 035 779 | -82 860 | -8.00 |
| | 钓具 | 319 476 | 297 841 | 21 635 | 7.26 |
| | 其他渔具 | 701 282 | 679 891 | 21 391 | 3.15 |

## 全国淡水捕捞产量

单位:吨

| 指标 | 2021 年 | 2020 年 | 2021 年比 2020 年增减(±) | |
|---|---|---|---|---|
| | | | 绝对量 | 幅度(%) |
| **淡水捕捞产量** | **1 197 835** | **1 457 503** | **-259 668** | **-17.82** |
| 1. 鱼类 | 920 325 | 1 108 901 | -188 576 | -17.01 |
| 2. 甲壳类 | 123 156 | 161 831 | -38 675 | -23.90 |
| 虾 | 98 161 | 131 491 | -33 330 | -25.35 |
| 蟹 | 24 995 | 30 340 | -5 345 | -17.62 |
| 3. 贝类 | 141 140 | 171 361 | -30 221 | -17.64 |
| 4. 藻类 | 153 | 239 | -86 | -35.98 |
| 5. 其他类 | 13 061 | 15 171 | -2 110 | -13.91 |
| 其中:丰年虫 | 3 648 | 3 788 | -140 | -3.70 |

## 各地区海洋捕捞产量(按品种分)(一)

单位:吨

| 地 区 | 海洋捕捞产量 | 1. 鱼类 | 其中 | | | | |
|---|---|---|---|---|---|---|---|
| | | | 海鳗 | 鳓鱼 | 鳀鱼 | 沙丁鱼 | 鲱鱼 |
| **全国总计** | **9 514 584** | **6 451 504** | **302 136** | **60 345** | **615 152** | **92 737** | **8 871** |
| 天 津 | 26 722 | 23 193 | | | 15 095 | | |
| 河 北 | 190 903 | 98 460 | | | 34 810 | | |
| 辽 宁 | 475 350 | 269 833 | 186 | 397 | 34 643 | 637 | 12 |
| 上 海 | 9 912 | 3 569 | 113 | | | | |
| 江 苏 | 412 819 | 232 220 | 6 661 | 1 700 | 1 484 | 262 | 102 |
| 浙 江 | 2 568 585 | 1 672 336 | 68 233 | 10 946 | 45 016 | 7 318 | 1 229 |
| 福 建 | 1 531 132 | 1 083 957 | 57 246 | 10 220 | 59 093 | 6 819 | 3 903 |
| 山 东 | 1 691 798 | 1 194 730 | 11 262 | | 395 708 | 4 704 | 11 |
| 广 东 | 1 127 181 | 818 189 | 77 369 | 22 213 | 24 320 | 49 849 | 2 661 |
| 广 西 | 479 415 | 263 208 | 11 153 | 14 046 | | 10 332 | 785 |
| 海 南 | 1 000 767 | 791 809 | 69 913 | 823 | 4 983 | 12 816 | 168 |

## 各地区海洋捕捞产量(按品种分)(二)

单位:吨

| 地 区 | 1. 鱼类(续) | | | | | | | |
|---|---|---|---|---|---|---|---|---|
| | 其中(续) | | | | | | | |
| | 石斑鱼 | 鲷鱼 | 蓝圆鲹 | 白姑鱼 | 黄姑鱼 | 鮸鱼 | 大黄鱼 | 小黄鱼 |
| **全国总计** | **95 601** | **127 794** | **415 981** | **96 613** | **60 522** | **56 971** | **38 167** | **289 223** |
| 天 津 | | | | | | | | 930 |
| 河 北 | 35 | | | | 188 | | 53 | 6 258 |
| 辽 宁 | 74 | 110 | | 301 | 813 | 123 | 4 735 | 54 628 |
| 上 海 | | | | | 13 | 19 | 9 | 48 |
| 江 苏 | 26 | 237 | 22 | 2 515 | 4 490 | 1 642 | 429 | 24 672 |
| 浙 江 | 1 076 | 6 816 | 41 568 | 51 986 | 33 442 | 40 352 | 772 | 119 062 |
| 福 建 | 14 972 | 43 352 | 199 311 | 8 235 | 7 753 | 10 165 | 797 | 8 917 |
| 山 东 | | 79 | | 10 449 | 5 843 | | 4 652 | 43 909 |
| 广 东 | 39 033 | 38 164 | 82 793 | 14 989 | 4 304 | 3 526 | 22 838 | 17 732 |
| 广 西 | 4 640 | 20 829 | 52 386 | 1 233 | 57 | 715 | | |
| 海 南 | 35 745 | 18 207 | 39 901 | 6 905 | 3 619 | 429 | 3 882 | 13 067 |

## 各地区海洋捕捞产量(按品种分)(三)

单位:吨

| 地　　区 | 1. 鱼类(续) | | | | | | | |
|---|---|---|---|---|---|---|---|---|
| | 其中(续) | | | | | | | |
| | 梅童鱼 | 方头鱼 | 玉筋鱼 | 带鱼 | 金线鱼 | 梭鱼 | 鲐鱼 | 鲅鱼 |
| **全国总计** | **190 218** | **40 463** | **90 023** | **914 469** | **321 840** | **108 362** | **382 698** | **365 495** |
| 天　　津 | | | | 820 | | 399 | 2 568 | |
| 河　　北 | 163 | | 71 | 1 427 | | 12 289 | 5 951 | 9 019 |
| 辽　　宁 | 3 802 | 178 | 2 241 | 8 386 | | 10 893 | 24 459 | 33 392 |
| 上　　海 | 9 | | | 56 | | | | 14 |
| 江　　苏 | 53 941 | 154 | 390 | 44 945 | | 6 153 | 3 465 | 5 783 |
| 浙　　江 | 111 438 | 17 335 | 29 165 | 367 264 | 1 553 | 3 693 | 157 184 | 69 292 |
| 福　　建 | 17 023 | 3 939 | 10 233 | 130 091 | 8 538 | 13 980 | 116 748 | 38 125 |
| 山　　东 | | | 35 444 | 96 492 | | 26 954 | 30 680 | 185 546 |
| 广　　东 | 1 740 | 5 519 | 434 | 115 923 | 68 969 | 23 038 | 25 495 | 20 633 |
| 广　　西 | | 32 | | 22 525 | 26 589 | 7 284 | 9 016 | 1 827 |
| 海　　南 | 2 102 | 13 306 | 12 045 | 126 540 | 216 191 | 3 679 | 7 132 | 1 864 |

## 各地区海洋捕捞产量(按品种分)(四)

单位:吨

| 地　　区 | 1. 鱼类(续) | | | | | 2. 甲壳类 | (1)虾 | 其中 |
|---|---|---|---|---|---|---|---|---|
| | 其中(续) | | | | | | | |
| | 金枪鱼 | 鲳鱼 | 马面鲀 | 竹筴鱼 | 鲻鱼 | | | 毛虾 |
| **全国总计** | **36 528** | **329 301** | **124 367** | **27 827** | **77 324** | **1 861 386** | **1 214 264** | **359 750** |
| 天　　津 | | 7 | | | | 1 206 | 783 | 42 |
| 河　　北 | | 2 278 | 453 | | 2 896 | 48 388 | 32 859 | 4 541 |
| 辽　　宁 | 100 | 752 | 238 | | 4 643 | 96 979 | 69 953 | 21 708 |
| 上　　海 | 1 | 53 | | | | 6 043 | 1 373 | |
| 江　　苏 | | 28 804 | 667 | 18 | 9 735 | 120 295 | 40 982 | 22 060 |
| 浙　　江 | 5 604 | 102 277 | 19 197 | 2 067 | 7 512 | 716 393 | 505 367 | 147 546 |
| 福　　建 | 1 860 | 55 845 | 30 828 | 8 297 | 19 674 | 273 171 | 160 786 | 48 574 |
| 山　　东 | | 32 236 | 2 830 | 6 | | 210 742 | 168 309 | 49 848 |
| 广　　东 | 8 007 | 64 869 | 30 822 | 3 608 | 15 386 | 206 729 | 133 682 | 31 910 |
| 广　　西 | | 8 369 | 19 233 | 152 | 7 445 | 113 302 | 61 001 | 24 624 |
| 海　　南 | 20 956 | 33 811 | 20 099 | 13 679 | 10 033 | 68 138 | 39 169 | 8 897 |

# 各地区海洋捕捞产量(按品种分)(五)

单位:吨

| 地 区 | 2. 甲壳类(续) | | | | | | |
|---|---|---|---|---|---|---|---|
| | (1)虾(续) | | | (2)蟹 | 其 中 | | |
| | 其中(续) | | | | | | |
| | 对虾 | 鹰爪虾 | 虾蛄 | | 梭子蟹 | 青蟹 | 蟳 |
| **全国总计** | **204 112** | **239 243** | **219 709** | **647 122** | **454 513** | **68 542** | **26 331** |
| 天 津 | | | 315 | 423 | 160 | | |
| 河 北 | 1 464 | 1 420 | 23 674 | 15 529 | 9 082 | 6 | 2 964 |
| 辽 宁 | 4 163 | 3 498 | 31 032 | 27 026 | 12 543 | 4 162 | 4 125 |
| 上 海 | 2 | 1 221 | | 4 670 | 3 798 | | |
| 江 苏 | 1 685 | 7 029 | 6 734 | 79 313 | 72 271 | 2 019 | 933 |
| 浙 江 | 63 541 | 142 427 | 52 728 | 211 026 | 171 547 | 2 749 | 5 654 |
| 福 建 | 24 527 | 37 027 | 31 325 | 112 385 | 74 987 | 14 943 | 4 347 |
| 山 东 | 15 184 | 22 902 | 45 182 | 42 433 | 26 819 | 380 | 1 898 |
| 广 东 | 61 834 | 13 263 | 21 488 | 73 047 | 41 334 | 25 450 | 3 873 |
| 广 西 | 14 534 | 7 440 | 4 514 | 52 301 | 26 784 | 8 239 | 2 112 |
| 海 南 | 17 178 | 3 016 | 2 717 | 28 969 | 15 188 | 10 594 | 425 |

# 各地区海洋捕捞产量(按品种分)(六)

单位:吨

| 地 区 | 3. 贝类 | 4. 藻类 | 5. 头足类 | 其 中 | | | 6. 其他类 | 其中 |
|---|---|---|---|---|---|---|---|---|
| | | | | 乌贼 | 鱿鱼 | 章鱼 | | 海蜇 |
| **全国总计** | **359 372** | **20 285** | **585 514** | **126 205** | **308 477** | **106 297** | **236 523** | **140 192** |
| 天 津 | 1 300 | | 1 023 | | 983 | 40 | | |
| 河 北 | 17 279 | | 12 332 | 1 089 | 1 613 | 8 353 | 14 444 | 10 067 |
| 辽 宁 | 49 822 | 375 | 24 494 | 3 255 | 14 883 | 3 684 | 33 847 | 8 574 |
| 上 海 | 2 | | 192 | 37 | 26 | 129 | 106 | |
| 江 苏 | 28 840 | 883 | 11 644 | 1 949 | 6 289 | 2 888 | 18 937 | 11 782 |
| 浙 江 | 19 632 | 561 | 136 766 | 39 401 | 70 484 | 20 096 | 22 897 | 5 671 |
| 福 建 | 30 032 | 1 778 | 128 698 | 30 451 | 75 296 | 16 874 | 13 496 | 11 164 |
| 山 东 | 118 751 | 1 224 | 91 541 | 7 634 | 33 678 | 30 687 | 74 810 | 53 414 |
| 广 东 | 28 974 | 4 705 | 50 763 | 13 883 | 22 496 | 11 007 | 17 821 | 8 456 |
| 广 西 | 45 121 | | 31 660 | 10 954 | 15 674 | 4 677 | 26 124 | 25 700 |
| 海 南 | 19 619 | 10 759 | 96 401 | 17 552 | 67 055 | 7 862 | 14 041 | 5 364 |

# 各地区海洋捕捞产量(按海域分)

单位:吨

| 地　　区 | 海洋捕捞产量 | 按捕捞海域分 | | | |
|---|---|---|---|---|---|
| | | 1. 渤海 | 2. 黄海 | 3. 东海 | 4. 南海 |
| **全国总计** | **9 514 584** | **597 259** | **2 288 357** | **3 851 335** | **2 777 633** |
| 天　　津 | 26 722 | 3 823 | 22 899 | | |
| 河　　北 | 190 903 | 150 745 | 40 158 | | |
| 辽　　宁 | 475 350 | 184 856 | 288 580 | 1 914 | |
| 上　　海 | 9 912 | | | 9 912 | |
| 江　　苏 | 412 819 | 109 | 372 438 | 40 272 | |
| 浙　　江 | 2 568 585 | | 130 210 | 2 437 128 | 1 247 |
| 福　　建 | 1 531 132 | | | 1 362 109 | 169 023 |
| 山　　东 | 1 691 798 | 257 726 | 1 434 072 | | |
| 广　　东 | 1 127 181 | | | | 1 127 181 |
| 广　　西 | 479 415 | | | | 479 415 |
| 海　　南 | 1 000 767 | | | | 1 000 767 |

# 各地区海洋捕捞产量(按渔具分)

单位:吨

| 地　　区 | 海洋捕捞产量 | 按捕捞渔具分 | | | | | |
|---|---|---|---|---|---|---|---|
| | | 1. 拖网 | 2. 围网 | 3. 刺网 | 4. 张网 | 5. 钓具 | 6. 其他 |
| **全国总计** | **9 514 584** | **4 558 133** | **771 786** | **2 210 988** | **952 919** | **319 476** | **701 282** |
| 天　　津 | 26 722 | 17 667 | 3 640 | 2 696 | 53 | | 2 666 |
| 河　　北 | 190 903 | 39 465 | 4 757 | 78 657 | 37 091 | 50 | 30 883 |
| 辽　　宁 | 475 350 | 168 913 | 7 587 | 227 680 | 31 166 | 12 611 | 27 393 |
| 上　　海 | 9 912 | 9 651 | | | 261 | | |
| 江　　苏 | 412 819 | 60 426 | 3 807 | 124 213 | 163 172 | 216 | 60 985 |
| 浙　　江 | 2 568 585 | 1 477 430 | 137 810 | 369 351 | 385 239 | 34 484 | 164 271 |
| 福　　建 | 1 531 132 | 627 484 | 249 908 | 216 727 | 227 370 | 52 484 | 157 159 |
| 山　　东 | 1 691 798 | 1 147 859 | 32 508 | 374 507 | 78 788 | 18 898 | 39 238 |
| 广　　东 | 1 127 181 | 566 956 | 111 773 | 340 238 | 2 716 | 69 935 | 35 563 |
| 广　　西 | 479 415 | 324 700 | 38 390 | 53 787 | 145 | 5 918 | 56 475 |
| 海　　南 | 1 000 767 | 117 582 | 181 606 | 423 132 | 26 918 | 124 880 | 126 649 |

# 各地区淡水捕捞产量(按品种分)

单位:吨

| 地区 | 淡水捕捞产量 | 1. 鱼类 | 2. 甲壳类 | 虾 | 蟹 | 3. 贝类 | 4. 藻类 | 5. 其他类 | 其中:丰年虫 |
|---|---|---|---|---|---|---|---|---|---|
| **全国总计** | **1 197 835** | **920 325** | **123 156** | **98 161** | **24 995** | **141 140** | **153** | **13 061** | **3 648** |
| 北 京 | 2 652 | 2 652 | | | | | | | |
| 天 津 | 2 850 | 2 195 | 498 | 356 | 142 | 157 | | | |
| 河 北 | 35 065 | 32 684 | 2 376 | 1 922 | 454 | 1 | | 4 | |
| 山 西 | 951 | 861 | 12 | 9 | 3 | | | 78 | 78 |
| 内蒙古 | 10 392 | 10 319 | 21 | 20 | 1 | | | 52 | 52 |
| 辽 宁 | 36 979 | 33 302 | 2 966 | 819 | 2 147 | | | 711 | |
| 吉 林 | 18 631 | 17 688 | 688 | 681 | 7 | 255 | | | |
| 黑龙江 | 43 000 | 42 270 | 133 | 133 | | 597 | | | |
| 上 海 | 759 | 731 | 12 | 10 | 2 | | | 16 | |
| 江 苏 | 177 968 | 97 844 | 24 490 | 18 354 | 6 136 | 53 338 | 145 | 2 151 | |
| 浙 江 | 156 282 | 115 940 | 11 344 | 8 823 | 2 521 | 27 430 | | 1 568 | |
| 安 徽 | 122 838 | 85 859 | 24 498 | 21 874 | 2 624 | 11 276 | | 1 205 | |
| 福 建 | 71 847 | 48 235 | 5 030 | 4 175 | 855 | 17 917 | | 665 | |
| 江 西 | 34 111 | 27 814 | 3 376 | 2 998 | 378 | 2 135 | | 786 | |
| 山 东 | 95 733 | 76 380 | 13 155 | 9 263 | 3 892 | 3 172 | | 3 026 | 2 800 |
| 河 南 | 109 964 | 93 450 | 11 424 | 11 094 | 330 | 5 082 | | 8 | |
| 湖 北 | 25 822 | 21 683 | 3 697 | 3 386 | 311 | 313 | | 129 | |
| 湖 南 | 5 612 | 4 336 | 655 | 562 | 93 | 532 | | 89 | |
| 广 东 | 89 067 | 67 658 | 10 615 | 6 811 | 3 804 | 9 932 | | 862 | 30 |
| 广 西 | 85 469 | 71 915 | 5 137 | 4 279 | 858 | 7 432 | | 985 | |
| 海 南 | 15 400 | 13 718 | 404 | 345 | 59 | 1 275 | 2 | 1 | |
| 重 庆 | | | | | | | | | |
| 四 川 | | | | | | | | | |
| 贵 州 | 4 805 | 4 288 | 493 | 482 | 11 | 24 | | | |
| 云 南 | 29 353 | 27 283 | 1 755 | 1 652 | 103 | 272 | 6 | 37 | |
| 西 藏 | 688 | | | | | | | 688 | 688 |
| 陕 西 | | | | | | | | | |
| 甘 肃 | | | | | | | | | |
| 青 海 | | | | | | | | | |
| 宁 夏 | 6 061 | 6 043 | 18 | | 18 | | | | |
| 新 疆 | 15 536 | 15 177 | 359 | 113 | 246 | | | | |

# 2-4 远洋渔业

## 各地区远洋渔业

单位：吨，万元

| 地区 | 远洋渔业产量 | 运回国内量 | 境外出售量 | 远洋渔业总产值 | 2021年比2020年增减(±) | | | |
|---|---|---|---|---|---|---|---|---|
| | | | | | 远洋渔业产量 | 运回国内量 | 境外出售量 | 远洋渔业总产值 |
| **全国总计** | **2 246 476** | **1 705 690** | **540 786** | **2 255 696** | **−70 098** | **132 183** | **−202 281** | **−136 243** |
| 北京 | 7 472 | 6 664 | 808 | 11 188 | 1 924 | 2 026 | −102 | 1 122 |
| 天津 | 5 744 | 4 787 | 957 | 5 641 | −349 | −279 | −70 | −144 |
| 河北 | 49 570 | 3 508 | 46 062 | 13 156 | −899 | −1 492 | 593 | −1 426 |
| 辽宁 | 245 787 | 83 157 | 162 630 | 184 276 | −4 056 | −22 059 | 18 003 | −7 342 |
| 上海 | 149 281 | 146 489 | 2 792 | 171 858 | −354 | 26 173 | −26 527 | 8 247 |
| 江苏 | 12 339 | 11 059 | 1 280 | 17 688 | 2 918 | 3 484 | −566 | 5 198 |
| 浙江 | 608 437 | 553 756 | 54 681 | 583 171 | 40 061 | 43 682 | −3 621 | −20 825 |
| 福建 | 606 575 | 467 803 | 138 772 | 457 479 | −1 360 | 100 208 | −101 568 | −41 022 |
| 山东 | 337 368 | 285 421 | 51 947 | 493 657 | −47 010 | −9 065 | −37 945 | −62 111 |
| 广东 | 60 819 | 23 401 | 37 418 | 99 652 | −374 | 1 461 | −1 835 | 5 032 |
| 广西 | 18 671 | 29 | 18 642 | 10 355 | 221 | 29 | 192 | −3 031 |
| 海南 | | | | | | | | |
| 中农发集团 | 144 413 | 119 616 | 24 797 | 207 575 | −60 820 | −11 985 | −48 835 | −19 941 |

## 各地区远洋渔业主要品种产量

单位：吨

| 地区 | 远洋渔业产量 | 其中 | |
|---|---|---|---|
| | | 金枪鱼 | 鱿鱼 |
| **全国总计** | **2 246 476** | **322 309** | **640 052** |
| 北京 | 7 472 | 180 | 5 920 |
| 天津 | 5 744 | 267 | 303 |
| 河北 | 49 570 | | 3 219 |
| 辽宁 | 245 787 | 13 442 | 9 940 |
| 上海 | 149 281 | 116 483 | 13 417 |
| 江苏 | 12 339 | 2 526 | 9 096 |
| 浙江 | 608 437 | 80 439 | 399 172 |
| 福建 | 606 575 | 4 762 | 46 375 |
| 山东 | 337 368 | 38 253 | 103 915 |
| 广东 | 60 819 | 16 027 | 8 868 |
| 广西 | 18 671 | | |
| 海南 | | | |
| 中农发集团 | 144 413 | 49 930 | 39 827 |

# 第三部分

# 生产要素

# 3-1　水产养殖面积

## 全国水产养殖面积(按水域和养殖方式分)

单位:公顷

| 指　　标 | | 2021 年 | 2020 年 | 2021 年比 2020 年增减(±) | |
|---|---|---|---|---|---|
| | | | | 绝对量 | 幅度(%) |
| 总　　计 | | 7 009 377 | 7 036 106 | -26 729 | -0.38 |
| 1. 海水养殖 | | 2 025 512 | 1 995 550 | 29 962 | 1.50 |
| 按水域分 | 海上 | 1 147 421 | 1 123 317 | 24 104 | 2.15 |
| | 滩涂 | 562 074 | 561 994 | 80 | 0.01 |
| | 其他 | 316 017 | 310 239 | 5 778 | 1.86 |
| 养殖方式中 | 池塘 | 425 522 | 411 484 | 14 038 | 3.41 |
| | 普通网箱(米²) | 37 830 424 | 19 759 461 | 18 070 963 | 91.45 |
| | 深水网箱(米³) | 39 653 229 | 38 213 920 | 1 439 309 | 3.77 |
| | 筏式 | 378 282 | 332 946 | 45 336 | 13.62 |
| | 吊笼 | 140 889 | 134 866 | 6 023 | 4.47 |
| | 底播 | 873 106 | 872 516 | 590 | 0.07 |
| | 工厂化(米³) | 41 059 886 | 39 409 547 | 1 650 339 | 4.19 |
| 2. 淡水养殖 | | 4 983 865 | 5 040 556 | -56 691 | -1.12 |
| 按水域分 | 池塘 | 2 604 629 | 2 625 404 | -20 775 | -0.79 |
| | 湖泊 | 663 395 | 720 648 | -57 253 | -7.94 |
| | 水库 | 1 439 298 | 1 420 871 | 18 427 | 1.30 |
| | 河沟 | 147 512 | 147 447 | 65 | 0.04 |
| | 其他 | 129 031 | 126 186 | 2 845 | 2.25 |
| | 稻田养成鱼 | 2 644 077 | 2 562 686 | 81 391 | 3.18 |
| 养殖方式中 | 围栏(米²) | 63 152 591 | 81 114 746 | -17 962 155 | -22.14 |
| | 网箱(米²) | 13 580 853 | 13 509 224 | 71 629 | 0.53 |
| | 工厂化(米³) | 55 289 678 | 58 030 991 | -2 741 313 | -4.72 |

# 全国海水养殖面积(按品种分)

单位:公顷

| 指　　标 | 2021 年 | 2020 年 | 2021 年比 2020 年增减(±) | |
|---|---|---|---|---|
| | | | 绝对量 | 幅度(%) |
| **海水养殖** | **2 025 512** | **1 995 550** | **29 962** | **1. 50** |
| 1. 鱼类 | 76 357 | 78 874 | -2 517 | -3. 19 |
| 2. 甲壳类 | 300 074 | 295 174 | 4 900 | 1. 66 |
| 虾 | 247 403 | 246 046 | 1 357 | 0. 55 |
| 其中:南美白对虾 | 178 043 | 177 510 | 533 | 0. 30 |
| 斑节对虾 | 13 206 | 11 616 | 1 590 | 13. 69 |
| 中国对虾 | 14 274 | 19 787 | -5 513 | -27. 86 |
| 日本对虾 | 21 684 | 19 420 | 2 264 | 11. 66 |
| 蟹 | 52 671 | 49 128 | 3 543 | 7. 21 |
| 其中:梭子蟹 | 21 359 | 20 671 | 688 | 3. 33 |
| 青蟹 | 24 131 | 23 541 | 590 | 2. 51 |
| 3. 贝类 | 1 224 029 | 1 197 407 | 26 622 | 2. 22 |
| 牡蛎 | 211 615 | 164 934 | 46 681 | 28. 30 |
| 鲍 | 15 176 | 15 554 | -378 | -2. 43 |
| 螺 | 34 796 | 35 092 | -296 | -0. 84 |
| 蚶 | 33 986 | 34 527 | -541 | -1. 57 |
| 贻贝 | 42 415 | 44 054 | -1 639 | -3. 72 |
| 江珧 | 371 | 771 | -400 | -51. 88 |
| 扇贝 | 370 604 | 382 376 | -11 772 | -3. 08 |
| 蛤 | 386 301 | 365 138 | 21 163 | 5. 80 |
| 蛏 | 44 130 | 43 326 | 804 | 1. 86 |
| 4. 藻类 | 140 061 | 141 807 | -1 746 | -1. 23 |
| 海带 | 47 369 | 46 132 | 1 237 | 2. 68 |
| 裙带菜 | 6 933 | 7 063 | -130 | -1. 84 |
| 紫菜 | 68 044 | 72 399 | -4 355 | -6. 02 |
| 江蓠 | 11 634 | 10 459 | 1 175 | 11. 23 |
| 麒麟菜 | 76 | 76 | | |
| 石花菜 | | | | |
| 羊栖菜 | 1 438 | 1 376 | 62 | 4. 51 |
| 苔菜 | 15 | 15 | | |
| 5. 其他类 | 284 991 | 282 288 | 2 703 | 0. 96 |
| 其中:海参 | 247 419 | 242 813 | 4 606 | 1. 90 |
| 海胆 | 9 515 | 9 303 | 212 | 2. 28 |
| 海水珍珠 | 1 745 | 1 811 | -66 | -3. 64 |
| 海蜇 | 11 559 | 14 738 | -3 179 | -21. 57 |

# 各地区水产养殖面积(一)

单位:公顷

| 地　区 | 2021 年 | | | | 2020 年 | | | | 2021 年比 2020 年增减(±) | | | |
|---|---|---|---|---|---|---|---|---|---|---|---|---|
| | 总面积 | 海水养殖面积 | 淡水养殖面积 | 其中:池塘 | 总面积 | 海水养殖面积 | 淡水养殖面积 | 其中:池塘 | 总面积 | 海水养殖面积 | 淡水养殖面积 | 其中:池塘 |
| **全国总计** | **7 009 377** | **2 025 512** | **4 983 865** | **2 604 629** | **7 036 106** | **1 995 550** | **5 040 556** | **2 625 404** | **−26 729** | **29 962** | **−56 691** | **−20 775** |
| 北　京 | 1 888 | | 1 888 | 1 871 | 2 088 | | 2 088 | 2 070 | −200 | | −200 | −199 |
| 天　津 | 22 723 | 971 | 21 752 | 21 708 | 23 706 | 975 | 22 731 | 22 452 | −983 | −4 | −979 | −744 |
| 河　北 | 140 294 | 104 185 | 36 109 | 21 723 | 141 001 | 105 341 | 35 660 | 21 756 | −707 | −1 156 | 449 | −33 |
| 山　西 | 14 867 | | 14 867 | 2 798 | 12 870 | | 12 870 | 2 663 | 1 997 | | 1 997 | 135 |
| 内蒙古 | 113 877 | | 113 877 | 16 351 | 127 029 | | 127 029 | 17 980 | −13 152 | | −13 152 | −1 629 |
| 辽　宁 | 838 981 | 647 606 | 191 375 | 36 313 | 839 349 | 650 719 | 188 630 | 37 174 | −368 | −3 113 | 2 745 | −861 |
| 吉　林 | 349 284 | | 349 284 | 32 772 | 300 804 | | 300 804 | 32 745 | 48 480 | | 48 480 | 27 |
| 黑龙江 | 423 464 | | 423 464 | 107 018 | 419 850 | | 419 850 | 106 000 | 3 614 | | 3 614 | 1 018 |
| 上　海 | 9 156 | 220 | 8 936 | 8 619 | 10 522 | 266 | 10 256 | 9 240 | −1 366 | −46 | −1 320 | −621 |
| 江　苏 | 585 329 | 171 106 | 414 223 | 309 423 | 598 538 | 177 629 | 420 909 | 316 424 | −13 209 | −6 523 | −6 686 | −7 001 |
| 浙　江 | 249 374 | 81 466 | 167 908 | 92 412 | 254 827 | 82 535 | 172 292 | 92 683 | −5 453 | −1 069 | −4 384 | −271 |
| 安　徽 | 414 955 | | 414 955 | 195 927 | 478 550 | | 478 550 | 204 708 | −63 595 | | −63 595 | −8 781 |
| 福　建 | 250 745 | 164 641 | 86 104 | 35 443 | 250 247 | 163 144 | 87 103 | 35 314 | 498 | 1 497 | −999 | 129 |
| 江　西 | 404 777 | | 404 777 | 162 799 | 405 373 | | 405 373 | 162 498 | −596 | | −596 | 301 |
| 山　东 | 765 213 | 608 376 | 156 837 | 95 520 | 744 618 | 580 350 | 164 268 | 100 387 | 20 595 | 28 026 | −7 431 | −4 867 |

# 各地区水产养殖面积(二)

单位:公顷

| 地区 | 2021年 | | | | 2020年 | | | | 2021年比2020年增减(±) | | | |
|---|---|---|---|---|---|---|---|---|---|---|---|---|
| | 总面积 | 海水养殖面积 | 淡水养殖面积 | 其中:池塘 | 总面积 | 海水养殖面积 | 淡水养殖面积 | 其中:池塘 | 总面积 | 海水养殖面积 | 淡水养殖面积 | 其中:池塘 |
| 河南 | 125 687 | | 125 687 | 98 938 | 128 593 | | 128 593 | 101 703 | −2 906 | | −2 906 | −2 765 |
| 湖北 | 516 342 | | 516 342 | 516 342 | 525 886 | | 525 886 | 525 886 | −9 544 | | −9 544 | −9 544 |
| 湖南 | 433 128 | | 433 128 | 270 407 | 426 775 | | 426 775 | 265 103 | 6 353 | | 6 353 | 5 304 |
| 广东 | 476 708 | 166 805 | 309 903 | 260 592 | 474 096 | 164 719 | 309 377 | 246 997 | 2 612 | 2 086 | 526 | 13 595 |
| 广西 | 194 694 | 64 255 | 130 439 | 60 035 | 186 062 | 52 277 | 133 785 | 61 211 | 8 632 | 11 978 | −3 346 | −1 176 |
| 海南 | 45 034 | 15 881 | 29 153 | 19 912 | 44 665 | 17 595 | 27 070 | 17 959 | 369 | −1 714 | 2 083 | 1 953 |
| 重庆 | 84 356 | | 84 356 | 49 697 | 82 970 | | 82 970 | 48 615 | 1 386 | | 1 386 | 1 082 |
| 四川 | 190 462 | | 190 462 | 101 916 | 193 145 | | 193 145 | 100 946 | −2 683 | | −2 683 | 970 |
| 贵州 | 65 679 | | 65 679 | 13 480 | 64 931 | | 64 931 | 12 640 | 748 | | 748 | 840 |
| 云南 | 100 176 | | 100 176 | 31 544 | 105 782 | | 105 782 | 34 119 | −5 606 | | −5 606 | −2 575 |
| 西藏 | 18 | | 18 | 18 | 4 | | 4 | 4 | 14 | | 14 | 14 |
| 陕西 | 52 670 | | 52 670 | 13 497 | 51 282 | | 51 282 | 12 799 | 1 388 | | 1 388 | 698 |
| 甘肃 | 7 896 | | 7 896 | 1 579 | 7 971 | | 7 971 | 1 625 | −75 | | −75 | −46 |
| 青海 | 17 400 | | 17 400 | 340 | 17 400 | | 17 400 | 340 | | | | |
| 宁夏 | 23 120 | | 23 120 | 10 856 | 23 102 | | 23 102 | 10 906 | 18 | | 18 | −50 |
| 新疆 | 91 080 | | 91 080 | 14 779 | 94 070 | | 94 070 | 20 457 | −2 990 | | −2 990 | −5 678 |

## 各地区海水养殖面积(按品种分)(一)

单位:公顷

| 地　　区 | 海水养殖面积 | 1. 鱼类 | 2. 甲壳类 | (1)虾 | 其中 | | | |
|---|---|---|---|---|---|---|---|---|
| | | | | | 南美白对虾 | 斑节对虾 | 中国对虾 | 日本对虾 |
| **全国总计** | **2 025 512** | **76 357** | **300 074** | **247 403** | **178 043** | **13 206** | **14 274** | **21 684** |
| 天　　津 | 971 | 5 | 966 | 966 | 966 | | | |
| 河　　北 | 104 185 | 520 | 25 872 | 24 451 | 15 120 | 121 | 4 962 | 3 680 |
| 辽　　宁 | 647 606 | 6 346 | 17 197 | 16 606 | 3 954 | | 5 619 | 6 906 |
| 上　　海 | 220 | | 220 | 220 | 220 | | | |
| 江　　苏 | 171 106 | 3 022 | 22 511 | 12 104 | 1 353 | 3 162 | 1 475 | 255 |
| 浙　　江 | 81 466 | 4 254 | 24 554 | 9 978 | 6 400 | 272 | 116 | 267 |
| 福　　建 | 164 641 | 14 242 | 22 139 | 13 955 | 9 388 | 1 477 | 460 | 2 136 |
| 山　　东 | 608 376 | 4 735 | 89 709 | 82 190 | 71 151 | 388 | 1 603 | 7 610 |
| 广　　东 | 166 805 | 35 506 | 65 444 | 57 426 | 41 291 | 7 240 | 39 | 827 |
| 广　　西 | 64 255 | 2 072 | 23 373 | 22 333 | 21 948 | 221 | | 3 |
| 海　　南 | 15 881 | 5 655 | 8 089 | 7 174 | 6 252 | 325 | | |

## 各地区海水养殖面积(按品种分)(二)

单位:公顷

| 地　　区 | 2. 甲壳类(续) | | | 3. 贝类 | 其中 | | | |
|---|---|---|---|---|---|---|---|---|
| | (2)蟹 | 其中 | | | 牡蛎 | 鲍 | 螺 | 蚶 |
| | | 梭子蟹 | 青蟹 | | | | | |
| **全国总计** | **52 671** | **21 359** | **24 131** | **1 224 029** | **211 615** | **15 176** | **34 796** | **33 986** |
| 天　　津 | | | | | | | | |
| 河　　北 | 1 421 | 621 | | 69 294 | 440 | | 1 333 | 3 259 |
| 辽　　宁 | 591 | 501 | | 437 326 | 26 810 | 1 945 | | 13 783 |
| 上　　海 | | | | | | | | |
| 江　　苏 | 10 407 | 7 900 | 2 507 | 106 446 | 3 810 | | 18 180 | 5 333 |
| 浙　　江 | 14 576 | 2 247 | 8 185 | 34 654 | 4 467 | 15 | 3 541 | 5 946 |
| 福　　建 | 8 184 | 3 643 | 4 044 | 79 009 | 37 127 | 6 390 | 430 | 2 365 |
| 山　　东 | 7 519 | 5 723 | 572 | 397 625 | 94 969 | 6 111 | 1 540 | 748 |
| 广　　东 | 8 018 | 457 | 7 159 | 61 266 | 29 039 | 715 | 5 079 | 2 145 |
| 广　　西 | 1 040 | | 1 036 | 36 519 | 14 567 | | 4 149 | 136 |
| 海　　南 | 915 | 267 | 628 | 1 890 | 386 | | 544 | 271 |

## 各地区海水养殖面积(按品种分)(三)

单位:公顷

| 地　　区 | 3. 贝类(续) | | | | | 4. 藻类 | | | | |
|---|---|---|---|---|---|---|---|---|---|---|
| | 其中(续) | | | | | | 其　　中 | | | |
| | 贻贝 | 江珧 | 扇贝 | 蛤 | 蛏 | | 海带 | 裙带菜 | 紫菜 | 江蓠 |
| **全国总计** | **42 415** | **371** | **370 604** | **386 301** | **44 130** | **140 061** | **47 369** | **6 933** | **68 044** | **11 634** |
| 天　　津 | | | | | | | | | | |
| 河　　北 | | | 47 927 | 9 990 | 172 | | | | | |
| 辽　　宁 | 2 900 | | 195 096 | 170 975 | 3 689 | 14 322 | 8 553 | 5 719 | | |
| 上　　海 | | | | | | | | | | |
| 江　　苏 | 3 623 | | | 67 205 | 4 253 | 38 087 | | | 38 087 | |
| 浙　　江 | 1 837 | | 38 | 6 229 | 12 326 | 17 074 | 1 055 | | 14 684 | |
| 福　　建 | 1 592 | | 297 | 15 347 | 13 487 | 45 968 | 21 747 | | 12 407 | 10 062 |
| 山　　东 | 28 610 | 35 | 120 627 | 90 029 | 9 502 | 22 405 | 15 942 | 1 204 | 2 349 | 400 |
| 广　　东 | 3 835 | 336 | 6 574 | 10 679 | 396 | 1 999 | 72 | 10 | 517 | 1 140 |
| 广　　西 | 18 | | 45 | 15 331 | 305 | | | | | |
| 海　　南 | | | | 516 | | 206 | | | | 32 |

## 各地区海水养殖面积(按品种分)(四)

单位:公顷

| 地　　区 | 4. 藻类(续) | | | | 5. 其他 | | | | |
|---|---|---|---|---|---|---|---|---|---|
| | 其中(续) | | | | | 其　　中 | | | |
| | 麒麟菜 | 石花菜 | 羊栖菜 | 苔菜 | | 海参 | 海胆 | 海水珍珠 | 海蜇 |
| **全国总计** | **76** | | **1 438** | **15** | **284 991** | **247 419** | **9 515** | **1 745** | **11 559** |
| 天　　津 | | | | | | | | | |
| 河　　北 | | | | | 8 499 | 7 932 | | | 69 |
| 辽　　宁 | | | | | 172 415 | 158 860 | 2 203 | | 8 265 |
| 上　　海 | | | | | | | | | |
| 江　　苏 | | | | | 1 040 | 101 | | | 895 |
| 浙　　江 | | | 1 056 | 15 | 930 | 9 | | | 635 |
| 福　　建 | | | 382 | | 3 283 | 1 505 | | | 1 488 |
| 山　　东 | | | | | 93 902 | 78 771 | 5 786 | | 207 |
| 广　　东 | | | | | 2 590 | 241 | 1 526 | 618 | |
| 广　　西 | | | | | 2 291 | | | 1 127 | |
| 海　　南 | 76 | | | | 41 | | | | |

# 各地区海水养殖面积(按水域和养殖方式分)(一)

单位:公顷

| 地　区 | 海水养殖面积 | 按养殖水域分 | | | 养殖方式中 | |
|---|---|---|---|---|---|---|
| | | 1. 海上 | 2. 滩涂 | 3. 其他 | 1. 池塘 | 2. 普通网箱(米$^2$) |
| **全国总计** | **2 025 512** | **1 147 421** | **562 074** | **316 017** | **425 522** | **37 830 424** |
| 天　津 | 971 | | | 971 | 965 | |
| 河　北 | 104 185 | 60 281 | 15 406 | 28 498 | 28 785 | |
| 辽　宁 | 647 606 | 433 940 | 117 200 | 96 466 | 87 221 | 16 369 912 |
| 上　海 | 220 | | 220 | | | |
| 江　苏 | 171 106 | 45 938 | 105 841 | 19 327 | 28 638 | |
| 浙　江 | 81 466 | 24 387 | 34 186 | 22 893 | 23 962 | 649 251 |
| 福　建 | 164 641 | 91 444 | 42 524 | 30 673 | 23 202 | 12 831 288 |
| 山　东 | 608 376 | 414 886 | 156 801 | 36 689 | 122 890 | 2 848 985 |
| 广　东 | 166 805 | 52 484 | 63 652 | 50 669 | 74 225 | 3 659 217 |
| 广　西 | 64 255 | 20 770 | 19 412 | 24 073 | 23 583 | 535 878 |
| 海　南 | 15 881 | 3 291 | 6 832 | 5 758 | 12 051 | 935 893 |

# 各地区海水养殖面积(按水域和养殖方式分)(二)

单位:公顷

| 地　区 | 养殖方式中(续) | | | | |
|---|---|---|---|---|---|
| | 3. 深水网箱(米$^3$) | 4. 筏式 | 5. 吊笼 | 6. 底播 | 7. 工厂化(米$^3$) |
| **全国总计** | **39 653 229** | **378 282** | **140 889** | **873 106** | **41 059 886** |
| 天　津 | | | | | 132 280 |
| 河　北 | | 48 377 | | 10 657 | 4 129 500 |
| 辽　宁 | 333 440 | 51 950 | 7 229 | 464 396 | 3 525 896 |
| 上　海 | | | | | |
| 江　苏 | | 42 702 | 1 633 | 87 276 | 588 100 |
| 浙　江 | 7 286 059 | 21 814 | 234 | 18 371 | 1 673 804 |
| 福　建 | 12 122 670 | 48 234 | 6 294 | 16 284 | 13 338 557 |
| 山　东 | 3 439 473 | 139 599 | 121 126 | 214 265 | 12 685 989 |
| 广　东 | 2 829 330 | 17 789 | 3 134 | 43 673 | 2 136 029 |
| 广　西 | 6 027 472 | 7 817 | 1 239 | 17 472 | 464 793 |
| 海　南 | 7 614 785 | | | 712 | 2 384 938 |

# 各地区淡水养殖面积(按水域和养殖方式分)(一)

单位:公顷

| 地　　区 | 淡水养殖面积 | 按水域分 | | | |
|---|---|---|---|---|---|
| | | 1. 池塘 | 2. 湖泊 | 3. 水库 | 4. 河沟 |
| **全国总计** | **4 983 865** | **2 604 629** | **663 395** | **1 439 298** | **147 512** |
| 北　京 | 1 888 | 1 871 | | | |
| 天　津 | 21 752 | 21 708 | | | 36 |
| 河　北 | 36 109 | 21 723 | 1 061 | 12 387 | 659 |
| 山　西 | 14 867 | 2 798 | 856 | 11 212 | |
| 内蒙古 | 113 877 | 16 351 | 45 401 | 48 684 | 3 441 |
| 辽　宁 | 191 375 | 36 313 | 88 | 99 751 | 4 755 |
| 吉　林 | 349 284 | 32 772 | 116 408 | 185 514 | 14 582 |
| 黑龙江 | 423 464 | 107 018 | 159 552 | 140 504 | 11 738 |
| 上　海 | 8 936 | 8 619 | 300 | | 17 |
| 江　苏 | 414 223 | 309 423 | 46 058 | 9 026 | 28 380 |
| 浙　江 | 167 908 | 92 412 | 2 341 | 64 556 | 6 565 |
| 安　徽 | 414 955 | 195 927 | 95 746 | 76 246 | 40 631 |
| 福　建 | 86 104 | 35 443 | 368 | 43 392 | 3 881 |
| 江　西 | 404 777 | 162 799 | 84 946 | 144 832 | 9 036 |
| 山　东 | 156 837 | 95 520 | 1 597 | 58 293 | |
| 河　南 | 125 687 | 98 938 | 1 938 | 20 572 | 4 221 |
| 湖　北 | 516 342 | 516 342 | | | |
| 湖　南 | 433 128 | 270 407 | 58 332 | 93 507 | 1 125 |
| 广　东 | 309 903 | 260 592 | 1 526 | 42 821 | 790 |
| 广　西 | 130 439 | 60 035 | | 65 094 | 3 190 |
| 海　南 | 29 153 | 19 912 | 18 | 9 060 | 5 |
| 重　庆 | 84 356 | 49 697 | | 34 554 | |
| 四　川 | 190 462 | 101 916 | 4 087 | 73 807 | 10 432 |
| 贵　州 | 65 679 | 13 480 | 32 | 50 060 | 726 |
| 云　南 | 100 176 | 31 544 | 805 | 66 798 | 225 |
| 西　藏 | 18 | 18 | | | |
| 陕　西 | 52 670 | 13 497 | 8 086 | 28 869 | 1 911 |
| 甘　肃 | 7 896 | 1 579 | 25 | 6 148 | 2 |
| 青　海 | 17 400 | 340 | 4 233 | 12 827 | |
| 宁　夏 | 23 120 | 10 856 | 10 639 | 1 049 | 492 |
| 新　疆 | 91 080 | 14 779 | 18 952 | 39 735 | 672 |

# 各地区淡水养殖面积（按水域和养殖方式分）（二）

单位：公顷

| 地　区 | 按水域分（续） | | 养殖方式中 | | |
|---|---|---|---|---|---|
| | 5. 其他 | 6. 稻田 | 1. 围栏（米²） | 2. 网箱（米²） | 3. 工厂化（米³） |
| **全国总计** | **129 031** | **2 644 077** | **63 152 591** | **13 580 853** | **55 289 678** |
| 北　京 | 17 | | | | 103 260 |
| 天　津 | 8 | 36 496 | | | 85 000 |
| 河　北 | 279 | 3 216 | | 2 073 | 1 139 430 |
| 山　西 | 1 | 66 | | 4 840 | 17 071 |
| 内蒙古 | | 8 170 | | | 15 300 |
| 辽　宁 | 50 468 | 73 618 | 550 000 | 1 004 504 | 54 795 |
| 吉　林 | 8 | 47 440 | 1 265 870 | 70 800 | 46 700 |
| 黑龙江 | 4 652 | 69 260 | | 26 104 | 1 450 |
| 上　海 | | 116 | | | 31 352 |
| 江　苏 | 21 336 | 227 167 | 1 199 552 | 784 199 | 2 043 347 |
| 浙　江 | 2 034 | 53 305 | 124 138 | 438 500 | 8 985 496 |
| 安　徽 | 6 405 | 396 157 | 24 871 798 | 3 619 672 | 1 146 071 |
| 福　建 | 3 020 | 16 686 | 38 670 | 1 604 822 | 21 133 985 |
| 江　西 | 3 164 | 129 262 | 5 170 810 | 962 200 | 1 793 963 |
| 山　东 | 1 427 | 5 216 | 651 020 | 82 660 | 5 243 280 |
| 河　南 | 18 | 77 753 | | 131 851 | 150 500 |
| 湖　北 | | 506 058 | | | 4 136 000 |
| 湖　南 | 9 757 | 337 963 | | 1 003 401 | 682 614 |
| 广　东 | 4 174 | 4 667 | | 80 309 | 1 538 094 |
| 广　西 | 2 120 | 51 561 | 28 744 172 | 2 200 975 | 290 384 |
| 海　南 | 158 | | | 27 600 | |
| 重　庆 | 105 | 24 077 | | | 39 520 |
| 四　川 | 220 | 321 009 | | | 202 446 |
| 贵　州 | 1 381 | 180 805 | | | 92 350 |
| 云　南 | 804 | 64 250 | 533 360 | 1 022 510 | 1 497 260 |
| 西　藏 | | | 3 201 | | |
| 陕　西 | 307 | 5 025 | | | 4 577 350 |
| 甘　肃 | 142 | | | 104 953 | 6 760 |
| 青　海 | | | | 378 880 | |
| 宁　夏 | 84 | 4 376 | | | 10 900 |
| 新　疆 | 16 942 | 358 | | 30 000 | 225 000 |

# 3-2 水产苗种

## 全国水产苗种数量

| 指　　标 | 计量单位 | 2021 年 | 2020 年 | 2021 年比 2020 年增减(±) | |
|---|---|---|---|---|---|
| | | | | 绝对量 | 幅度(%) |
| **淡水鱼苗产量** | **亿尾** | **13 351** | **13 097** | **254** | **1.94** |
| 其中:罗非鱼 | 亿尾 | 182 | 206 | -24 | -11.67 |
| 淡水鱼种产量 | 吨 | 3 558 197 | 3 568 842 | -10 645 | -0.30 |
| 投放鱼种产量 | 吨 | 4 227 714 | 4 166 981 | 60 733 | 1.46 |
| 河蟹育苗量 | 千克 | 881 833 | 829 634 | 52 199 | 6.29 |
| 扣蟹 | 千克 | 71 770 416 | 65 437 804 | 6 332 612 | 9.68 |
| 稚鳖数量 | 万只 | 63 355 | 59 415 | 3 940 | 6.63 |
| 稚龟数量 | 万只 | 11 195 | 12 004 | -808 | -6.73 |
| 鳗苗捕捞量 | 千克 | 14 799 | 16 368 | -1 569 | -9.59 |
| **海水鱼苗产量** | **万尾** | **993 244** | **1 165 566** | **-172 323** | **-14.78** |
| 其中:大黄鱼 | 万尾 | 249 381 | 238 079 | 11 303 | 4.75 |
| 鲆鱼 | 万尾 | 49 818 | 48 898 | 920 | 1.88 |
| 虾类育苗量 | 亿尾 | 16 913 | 24 394 | -7 481 | -30.67 |
| 其中:南美白对虾 | 亿尾 | 12 757 | 15 615 | -2 857 | -18.30 |
| 贝类育苗量 | 万粒 | 334 087 393 | 267 831 571 | 66 255 822 | 24.74 |
| 其中:鲍鱼育苗量 | 万粒 | 901 720 | 872 529 | 29 191 | 3.35 |
| 海带育苗量 | 亿株 | 436 | 398 | 39 | 9.75 |
| 紫菜育苗量 | 亿贝壳 | 12 | 133 | -121 | -91.27 |
| 海参 | 亿头 | 601 | 551 | 51 | 9.19 |

# 各地区水产苗种数量(一)

| 地　　区 | 淡水鱼苗（亿尾） | 其中:罗非鱼（亿尾） | 淡水鱼种（吨） | 投放鱼种（吨） | 河蟹育苗（千克） | 扣蟹（千克） |
|---|---|---|---|---|---|---|
| **全国总计** | **13 350.93** | **181.79** | **3 558 197** | **4 227 714** | **881 833** | **71 770 416** |
| 北　京 | 10.26 | | 2 970 | 3 953 | | |
| 天　津 | 76.62 | 0.07 | 11 440 | 22 601 | 2 000 | 466 110 |
| 河　北 | 39.31 | 0.22 | 20 945 | 33 105 | | 2 900 |
| 山　西 | 1.57 | | 3 909 | 5 989 | | |
| 内蒙古 | 2.20 | | 7 880 | 11 664 | | |
| 辽　宁 | 82.00 | | 94 957 | 93 272 | 86 000 | 31 082 012 |
| 吉　林 | 12.10 | | 11 809 | 20 315 | | 94 778 |
| 黑龙江 | 16.63 | | 49 411 | 86 315 | | 4 500 000 |
| 上　海 | 5.13 | | 1 422 | 4 579 | 10 000 | 4 199 000 |
| 江　苏 | 476.49 | 0.34 | 264 909 | 381 418 | 757 316 | 15 711 249 |
| 浙　江 | 223.25 | | 51 558 | 90 647 | 170 | 132 611 |
| 安　徽 | 451.55 | 1.05 | 306 983 | 398 048 | | 12 466 963 |
| 福　建 | 34.15 | 5.97 | 16 904 | 47 348 | | |
| 江　西 | 383.10 | 2.65 | 309 374 | 430 239 | 7 232 | 153 452 |
| 山　东 | 70.50 | 0.27 | 89 502 | 126 522 | 16 025 | 64 481 |
| 河　南 | 59.22 | | 84 111 | 96 778 | | 3 070 |
| 湖　北 | 1 276.00 | | 1 038 730 | 1 031 517 | | 2 721 530 |
| 湖　南 | 546.83 | | 439 084 | 452 995 | | 21 660 |
| 广　东 | 7 966.59 | 78.51 | 223 754 | 187 439 | 3 090 | |
| 广　西 | 913.94 | 17.72 | 131 470 | 141 830 | | |
| 海　南 | 60.38 | 53.57 | 1 657 | 2 065 | | |
| 重　庆 | 83.51 | 1.08 | 80 394 | 104 137 | | |
| 四　川 | 295.97 | 0.85 | 193 925 | 281 547 | | |
| 贵　州 | 72.55 | | 14 169 | 27 340 | | 8 400 |
| 云　南 | 163.58 | 19.32 | 53 687 | 93 117 | | 8 640 |
| 西　藏 | 0.05 | | 7 | 43 | | |
| 陕　西 | 6.89 | 0.17 | 10 757 | 9 926 | | 66 560 |
| 甘　肃 | 0.66 | | 2 476 | 2 511 | | 9 910 |
| 青　海 | 0.01 | | | | | 2 000 |
| 宁　夏 | 12.49 | | 23 483 | 24 691 | | 55 090 |
| 新　疆 | 7.40 | | 16 520 | 15 763 | | |

# 各地区水产苗种数量(二)

| 地　区 | 稚鳖（万只） | 稚龟（万只） | 鳗苗捕捞（千克） | 海水鱼苗（万尾） | 其　中 | |
|---|---|---|---|---|---|---|
| | | | | | 大黄鱼(万尾) | 鲆鱼(万尾) |
| **全国总计** | **63 355.40** | **11 195.43** | **14 799** | **993 243.62** | **249 381.32** | **49 818.00** |
| 北　京 | 8.00 | 1.70 | | | | |
| 天　津 | 97.00 | | | 3 282.00 | | 2 725.00 |
| 河　北 | 669.90 | 0.24 | | 5 926.00 | | 650.00 |
| 山　西 | 39.50 | | | | | |
| 内蒙古 | 2.00 | | | | | |
| 辽　宁 | | | | 3 109.00 | | 2 993.00 |
| 吉　林 | | | | | | |
| 黑龙江 | | | | | | |
| 上　海 | 3.00 | 9.00 | | | | |
| 江　苏 | 3 404.00 | 450.00 | 7 877 | 12 930.00 | 1 100.00 | 50.00 |
| 浙　江 | 8 907.62 | 1 032.49 | 1 314 | 37 590.00 | 28 520.00 | 60.00 |
| 安　徽 | 8 445.01 | 653.57 | | | | |
| 福　建 | 89.10 | 12.00 | 5 502 | 370 015.10 | 219 611.00 | 160.00 |
| 江　西 | 13 477.50 | 3 342.91 | | | | |
| 山　东 | 1 067.00 | | | 83 811.00 | 11.00 | 43 180.00 |
| 河　南 | 1 714.00 | 51.00 | | | | |
| 湖　北 | 6 496.00 | 2 169.00 | | | | |
| 湖　南 | 4 834.77 | 1 233.94 | | | | |
| 广　东 | 6 887.00 | 1 435.00 | 30 | 436 301.00 | 105.00 | |
| 广　西 | 6 646.69 | 577.64 | 76 | 34.32 | 34.32 | |
| 海　南 | | 219.00 | | 40 245.20 | | |
| 重　庆 | 61.80 | 1.70 | | | | |
| 四　川 | 439.73 | 4.22 | | | | |
| 贵　州 | 6.02 | 2.00 | | | | |
| 云　南 | | 0.02 | | | | |
| 西　藏 | | | | | | |
| 陕　西 | 57.66 | | | | | |
| 甘　肃 | 2.10 | | | | | |
| 青　海 | | | | | | |
| 宁　夏 | | | | | | |
| 新　疆 | | | | | | |

# 各地区水产苗种数量(三)

| 地　　区 | 虾类育苗（亿尾） | 其中:南美白对虾(亿尾) | 贝类育苗（万粒） | 其中:鲍鱼（万粒） | 海带（亿株） | 紫菜（亿贝壳） | 海参（亿头） |
|---|---|---|---|---|---|---|---|
| **全国总计** | **16 912.88** | **12 757.16** | **334 087 393** | **901 720** | **436.42** | **11.57** | **601.21** |
| 北　京 | | | | | | | |
| 天　津 | 42.90 | 31.90 | | | | | |
| 河　北 | 351.80 | 326.09 | 600 000 | | | | 23.95 |
| 山　西 | | | | | | | |
| 内蒙古 | | | | | | | |
| 辽　宁 | 128.00 | 89.00 | 5 161 720 | 8 385 | 6.00 | | 202.00 |
| 吉　林 | | | | | | | |
| 黑龙江 | | | | | | | |
| 上　海 | 14.00 | 14.00 | | | | | |
| 江　苏 | 276.88 | 230.13 | 20 040 | | | 5.02 | |
| 浙　江 | 253.35 | 31.00 | 85 143 910 | | 0.90 | 1.14 | |
| 安　徽 | 286.27 | | 69 850 | | | | |
| 福　建 | 1 049.59 | 858.28 | 179 602 836 | 711 501 | 347.52 | 4.08 | |
| 江　西 | 26.21 | 0.01 | 28 | | | | |
| 山　东 | 5 342.00 | 4 209.00 | 63 001 690 | 17 210 | 82.00 | | 374.46 |
| 河　南 | 22.62 | | | | | | |
| 湖　北 | 1 358.12 | | | | | | |
| 湖　南 | | | | | | | |
| 广　东 | 5 519.00 | 4 755.00 | 282 758 | 164 524 | | 1.33 | 0.04 |
| 广　西 | 213.26 | 204.60 | 98 572 | 100 | | | |
| 海　南 | 2 009.46 | 2 006.50 | 105 989 | | | | 0.76 |
| 重　庆 | 4.50 | | | | | | |
| 四　川 | 12.87 | | | | | | |
| 贵　州 | | | | | | | |
| 云　南 | 1.11 | 0.79 | | | | | |
| 西　藏 | | | | | | | |
| 陕　西 | 0.27 | 0.19 | | | | | |
| 甘　肃 | 0.67 | 0.67 | | | | | |
| 青　海 | | | | | | | |
| 宁　夏 | | | | | | | |
| 新　疆 | | | | | | | |

# 3-3 年末渔船拥有量

## 全国渔船年末拥有量(一)

| 指标 | | 2021年 | | | 2020年 | | | 2021年比2020年增减(±) | | |
|---|---|---|---|---|---|---|---|---|---|---|
| | | 艘 | 总吨 | 千瓦 | 艘 | 总吨 | 千瓦 | 艘 | 总吨 | 千瓦 |
| **渔船合计** | | **520 845** | **10 015 814** | **18 451 989** | **563 262** | **10 059 327** | **18 563 868** | **-42 417** | **-43 513** | **-111 879** |
| 机动渔船合计 | | 356 994 | 9 774 783 | 18 451 989 | 374 757 | 9 796 816 | 18 563 868 | -17 763 | -22 033 | -111 879 |
| 1. 生产渔船 | | 342 339 | 8 624 749 | 16 066 223 | 360 152 | 8 706 560 | 16 248 031 | -17 813 | -81 811 | -181 808 |
| (1)捕捞渔船 | | 238 215 | 8 235 754 | 14 648 242 | 251 343 | 8 298 311 | 14 827 661 | -13 128 | -62 557 | -179 419 |
| 441千瓦(含)以上 | | 3 269 | 1 770 568 | 2 960 696 | 3 226 | 1 785 946 | 2 980 765 | 43 | -15 378 | -20 069 |
| 44.1(含)~441千瓦 | | 47 745 | 5 648 571 | 9 116 061 | 50 356 | 5 645 620 | 9 123 702 | -2 611 | 2 951 | -7 641 |
| 44.1千瓦以下 | | 187 201 | 816 615 | 2 571 485 | 197 761 | 866 745 | 2 723 194 | -10 560 | -50 130 | -151 709 |
| (2)养殖渔船 | | 104 124 | 388 995 | 1 417 981 | 108 809 | 408 249 | 1 420 370 | -4 685 | -19 254 | -2 389 |
| 2. 辅助渔船 | | 14 655 | 1 150 034 | 2 385 766 | 14 605 | 1 090 256 | 2 315 837 | 50 | 59 778 | 69 929 |
| (1)捕捞辅助船 | | 10 901 | 1 061 222 | 1 668 701 | 10 953 | 994 099 | 1 607 350 | -52 | 67 123 | 61 351 |
| (2)渔业执法船 | | 2 957 | 81 527 | 693 660 | 2 810 | 81 159 | 676 281 | 147 | 368 | 17 379 |
| 机动渔船按船长分 | 24米(含)以上 | 35 587 | 7 552 613 | 11 400 137 | 36 351 | 7 496 242 | 11 449 915 | -764 | 56 371 | -49 778 |
| | 12(含)~24米 | 38 536 | 1 295 952 | 3 180 860 | 42 860 | 1 359 994 | 3 246 950 | -4 324 | -64 042 | -66 090 |
| | 12米以下 | 282 871 | 926 218 | 3 870 992 | 295 546 | 940 580 | 3 867 003 | -12 675 | -14 362 | 3 989 |
| 非机动渔船合计 | | 163 851 | 241 031 | | 188 505 | 262 511 | | -24 654 | -21 480 | |

# 全国渔船年末拥有量(二)

| 指　　标 | | 总　数 | | | 海洋渔船 | | | 内陆渔船 | | |
|---|---|---|---|---|---|---|---|---|---|---|
| | | 艘 | 总吨 | 千瓦 | 艘 | 总吨 | 千瓦 | 艘 | 总吨 | 千瓦 |
| **渔船合计** | | **520 845** | **10 015 814** | **18 451 989** | **212 862** | **9 290 678** | **16 502 614** | **307 983** | **725 136** | **1 949 375** |
| 机动渔船合计 | | 356 994 | 9 774 783 | 18 451 989 | 209 848 | 9 281 621 | 16 502 614 | 147 146 | 493 162 | 1 949 375 |
| 1. 生产渔船 | | 342 339 | 8 624 749 | 16 066 223 | 199 005 | 8 167 417 | 14 394 883 | 143 334 | 457 332 | 1 671 340 |
| (1)捕捞渔船 | | 238 215 | 8 235 754 | 14 648 242 | 132 290 | 7 881 561 | 13 315 940 | 105 925 | 354 193 | 1 332 302 |
| 441 千瓦(含)以上 | | 3 269 | 1 770 568 | 2 960 696 | 3 254 | 1 763 502 | 2 949 086 | 15 | 7 066 | 11 610 |
| 44.1(含)~441 千瓦 | | 47 745 | 5 648 571 | 9 116 061 | 47 058 | 5 596 811 | 9 034 135 | 687 | 51 760 | 81 926 |
| 44.1 千瓦以下 | | 187 201 | 816 615 | 2 571 485 | 81 978 | 521 248 | 1 332 719 | 105 223 | 295 367 | 1 238 766 |
| (2)养殖渔船 | | 104 124 | 388 995 | 1 417 981 | 66 715 | 285 856 | 1 078 943 | 37 409 | 103 139 | 339 038 |
| 2. 辅助渔船 | | 14 655 | 1 150 034 | 2 385 766 | 10 843 | 1 114 204 | 2 107 731 | 3 812 | 35 830 | 278 035 |
| (1)捕捞辅助船 | | 10 901 | 1 061 222 | 1 668 701 | 9 842 | 1 047 809 | 1 648 343 | 1 059 | 13 413 | 20 358 |
| (2)渔业执法船 | | 2 957 | 81 527 | 693 660 | 547 | 55 973 | 435 826 | 2 410 | 25 554 | 257 834 |
| 机动渔船按船长分 | 24 米(含)以上 | 35 587 | 7 552 613 | 11 400 137 | 35 153 | 7 485 344 | 11 326 651 | 434 | 67 269 | 73 486 |
| | 12(含)~24 米 | 38 536 | 1 295 952 | 3 180 860 | 30 500 | 1 197 684 | 2 963 082 | 8 036 | 98 268 | 217 778 |
| | 12 米以下 | 282 871 | 926 218 | 3 870 992 | 144 195 | 598 593 | 2 212 881 | 138 676 | 327 625 | 1 658 111 |
| 非机动渔船合计 | | 163 851 | 241 031 | | 3 014 | 9 057 | | 160 837 | 231 974 | |

# 各地区机动渔船年末拥有量

| 地　　区 | 2021 年 | | | 2020 年 | | | 2021 年比 2020 年增减(±) | | |
|---|---|---|---|---|---|---|---|---|---|
| | 艘 | 总吨 | 千瓦 | 艘 | 总吨 | 千瓦 | 艘 | 总吨 | 千瓦 |
| **全国总计** | **356 994** | **9 774 783** | **18 451 989** | **374 757** | **9 796 816** | **18 563 868** | **-17 763** | **-22 033** | **-111 879** |
| 北　　京 | 34 | 10 216 | 14 480 | 36 | 10 249 | 14 943 | -2 | -33 | -463 |
| 天　　津 | 1 440 | 37 374 | 67 952 | 1 569 | 37 085 | 69 600 | -129 | 289 | -1 648 |
| 河　　北 | 7 191 | 277 883 | 484 339 | 7 334 | 281 193 | 499 762 | -143 | -3 310 | -15 423 |
| 山　　西 | 168 | 341 | 2 201 | 193 | 390 | 3 081 | -25 | -49 | -880 |
| 内 蒙 古 | 1 222 | 2 165 | 18 480 | 1 242 | 2 223 | 18 894 | -20 | -58 | -414 |
| 辽　　宁 | 27 292 | 681 495 | 1 754 057 | 29 607 | 697 777 | 1 586 693 | -2 315 | -16 282 | 167 364 |
| 吉　　林 | 4 163 | 7 158 | 72 773 | 4 195 | 7 282 | 74 408 | -32 | -124 | -1 635 |
| 黑 龙 江 | 9 923 | 16 698 | 110 753 | 10 143 | 16 800 | 110 664 | -220 | -102 | 89 |
| 上　　海 | 538 | 107 010 | 182 041 | 576 | 116 084 | 182 161 | -38 | -9 074 | -120 |
| 江　　苏 | 30 742 | 418 594 | 970 378 | 35 250 | 485 824 | 1 134 088 | -4 508 | -67 230 | -163 710 |
| 浙　　江 | 27 110 | 3 019 252 | 4 427 841 | 28 624 | 3 058 108 | 4 550 364 | -1 514 | -38 856 | -122 523 |
| 安　　徽 | 6 293 | 74 497 | 103 101 | 7 712 | 79 279 | 118 719 | -1 419 | -4 782 | -15 618 |
| 福　　建 | 55 198 | 1 566 766 | 2 926 492 | 52 819 | 1 500 233 | 2 868 989 | 2 379 | 66 533 | 57 503 |
| 江　　西 | 8 267 | 29 465 | 80 295 | 9 001 | 34 811 | 91 656 | -734 | -5 346 | -11 361 |
| 山　　东 | 54 571 | 1 170 860 | 2 272 395 | 59 034 | 1 191 309 | 2 348 716 | -4 463 | -20 449 | -76 321 |
| 河　　南 | 3 767 | 18 411 | 64 640 | 3 787 | 18 439 | 65 006 | -20 | -28 | -366 |
| 湖　　北 | 8 772 | 13 806 | 83 724 | 11 036 | 21 981 | 94 468 | -2 264 | -8 175 | -10 744 |
| 湖　　南 | 9 471 | 16 486 | 51 871 | 9 876 | 17 845 | 51 559 | -405 | -1 359 | 312 |
| 广　　东 | 48 682 | 1 060 936 | 2 108 608 | 49 427 | 1 005 448 | 2 085 778 | -745 | 55 488 | 22 830 |
| 广　　西 | 22 416 | 493 475 | 827 301 | 22 834 | 514 612 | 855 840 | -418 | -21 137 | -28 539 |
| 海　　南 | 23 743 | 601 449 | 1 481 252 | 21 967 | 530 510 | 1 373 595 | 1 776 | 70 939 | 107 657 |
| 重　　庆 | 151 | 1 164 | 9 775 | 2 350 | 7 668 | 32 649 | -2 199 | -6 504 | -22 874 |
| 四　　川 | 558 | 1 884 | 14 559 | 630 | 1 880 | 13 088 | -72 | 4 | 1 471 |
| 贵　　州 | 1 447 | 3 014 | 31 211 | 1 491 | 3 143 | 32 813 | -44 | -129 | -1 602 |
| 云　　南 | 881 | 2 881 | 22 172 | 935 | 2 618 | 20 685 | -54 | 263 | 1 487 |
| 西　　藏 | | | | | | | | | |
| 陕　　西 | 575 | 1 404 | 8 276 | 589 | 1 544 | 9 228 | -14 | -140 | -952 |
| 甘　　肃 | 34 | 88 | 1 462 | 35 | 92 | 1 503 | -1 | -4 | -41 |
| 青　　海 | 1 127 | 1 198 | 13 789 | 1 127 | 1 198 | 13 789 | | | |
| 宁　　夏 | 26 | 122 | 1 843 | 26 | 122 | 1 843 | | | |
| 新　　疆 | 920 | 3 190 | 15 416 | 1 025 | 3 808 | 17 641 | -105 | -618 | -2 225 |
| 中农发集团 | 272 | 135 501 | 228 512 | 287 | 147 261 | 221 645 | -15 | -11 760 | 6 867 |

# 各地区机动渔船年末拥有量(按船长分)

| 地　区 | 24米(含)以上 | | | 12(含)~24米 | | | 12米以下 | | |
|---|---|---|---|---|---|---|---|---|---|
| | 艘 | 总吨 | 千瓦 | 艘 | 总吨 | 千瓦 | 艘 | 总吨 | 千瓦 |
| **全国总计** | **35 587** | **7 552 613** | **11 400 137** | **38 536** | **1 295 952** | **3 180 860** | **282 871** | **926 218** | **3 870 992** |
| 北　京 | 14 | 10 146 | 13 122 | 6 | 46 | 531 | 14 | 24 | 827 |
| 天　津 | 83 | 23 765 | 37 710 | 224 | 11 751 | 23 464 | 1 133 | 1 858 | 6 778 |
| 河　北 | 1 210 | 184 439 | 227 079 | 2 090 | 62 566 | 155 228 | 3 891 | 30 878 | 102 032 |
| 山　西 | | | | 12 | 39 | 203 | 156 | 302 | 1 998 |
| 内蒙古 | | | | 19 | 531 | 1 464 | 1 203 | 1 634 | 17 016 |
| 辽　宁 | 2 902 | 402 965 | 822 701 | 5 554 | 207 165 | 576 448 | 18 836 | 71 365 | 354 908 |
| 吉　林 | 8 | 806 | 1 784 | 336 | 1 670 | 9 458 | 3 819 | 4 682 | 61 531 |
| 黑龙江 | 20 | 2 278 | 5 911 | 111 | 1 292 | 5 844 | 9 792 | 13 128 | 98 998 |
| 上　海 | 257 | 103 522 | 152 750 | 53 | 3 021 | 17 612 | 228 | 467 | 11 679 |
| 江　苏 | 2 579 | 287 652 | 480 685 | 3 193 | 76 785 | 176 422 | 24 970 | 54 157 | 313 271 |
| 浙　江 | 12 372 | 2 907 243 | 4 124 707 | 1 801 | 69 681 | 144 936 | 12 937 | 42 328 | 158 198 |
| 安　徽 | 123 | 7 261 | 2 862 | 774 | 35 033 | 24 951 | 5 396 | 32 203 | 75 288 |
| 福　建 | 4 749 | 1 273 771 | 1 986 369 | 4 380 | 162 895 | 435 260 | 46 069 | 130 100 | 504 863 |
| 江　西 | 6 | 399 | 1 597 | 273 | 2 468 | 7 624 | 7 988 | 26 598 | 71 074 |
| 山　东 | 4 996 | 863 866 | 1 345 681 | 4 824 | 133 103 | 330 016 | 44 751 | 173 891 | 596 698 |
| 河　南 | 12 | 904 | 2 300 | 990 | 11 636 | 18 291 | 2 765 | 5 871 | 44 049 |
| 湖　北 | 5 | 326 | 1 730 | 378 | 1 803 | 10 666 | 8 389 | 11 677 | 71 328 |
| 湖　南 | 6 | 157 | 1 086 | 701 | 1 500 | 11 443 | 8 764 | 14 829 | 39 342 |
| 广　东 | 3 081 | 687 805 | 1 043 226 | 7 613 | 255 816 | 562 391 | 37 988 | 117 315 | 502 991 |
| 广　西 | 1 635 | 408 271 | 483 355 | 668 | 41 350 | 83 384 | 20 113 | 43 854 | 260 562 |
| 海　南 | 1 252 | 251 448 | 433 966 | 4 153 | 211 800 | 564 345 | 18 338 | 138 201 | 482 941 |
| 重　庆 | 3 | 180 | 1 595 | 74 | 727 | 3 846 | 74 | 257 | 4 334 |
| 四　川 | 4 | 253 | 910 | 43 | 489 | 2 083 | 511 | 1 142 | 11 566 |
| 贵　州 | 3 | 282 | 417 | 82 | 657 | 5 337 | 1 362 | 2 075 | 25 457 |
| 云　南 | 4 | 200 | 1 774 | 15 | 245 | 1 709 | 862 | 2 436 | 18 689 |
| 西　藏 | | | | | | | | | |
| 陕　西 | | | | 27 | 316 | 1 116 | 548 | 1 088 | 7 160 |
| 甘　肃 | | | | 3 | 15 | 309 | 31 | 73 | 1 153 |
| 青　海 | | | | | | | 1 127 | 1 198 | 13 789 |
| 宁　夏 | | | | | | | 26 | 122 | 1 843 |
| 新　疆 | 2 | 108 | 400 | 128 | 617 | 4 387 | 790 | 2 465 | 10 629 |
| 中农发集团 | 261 | 134 566 | 226 420 | 11 | 935 | 2 092 | | | |

# 各地区机动渔船年末拥有量(生产渔船)

| 地　　区 | 生产渔船 | | | | | | | | |
|---|---|---|---|---|---|---|---|---|---|
| | | | | 捕捞渔船 | | | 养殖渔船 | | |
| | 艘 | 总吨 | 千瓦 | 艘 | 总吨 | 千瓦 | 艘 | 总吨 | 千瓦 |
| **全国总计** | **342 339** | **8 624 749** | **16 066 223** | **238 215** | **8 235 754** | **14 648 242** | **104 124** | **388 995** | **1 417 981** |
| 北　　京 | 14 | 10 146 | 13 122 | 14 | 10 146 | 13 122 | | | |
| 天　　津 | 1 397 | 34 245 | 57 294 | 1 193 | 33 974 | 56 145 | 204 | 271 | 1 149 |
| 河　　北 | 6 443 | 250 784 | 415 478 | 4 500 | 226 237 | 313 014 | 1 943 | 24 547 | 102 464 |
| 山　　西 | 162 | 306 | 1 539 | 120 | 130 | 862 | 42 | 176 | 677 |
| 内 蒙 古 | 1 162 | 1 403 | 12 362 | 996 | 1 164 | 10 160 | 166 | 239 | 2 202 |
| 辽　　宁 | 26 472 | 615 042 | 1 546 198 | 16 468 | 567 926 | 1 327 867 | 10 004 | 47 116 | 218 331 |
| 吉　　林 | 4 044 | 5 611 | 64 508 | 2 627 | 3 374 | 40 253 | 1 417 | 2 237 | 24 255 |
| 黑 龙 江 | 9 774 | 13 406 | 93 232 | 7 380 | 10 086 | 68 795 | 2 394 | 3 320 | 24 437 |
| 上　　海 | 429 | 82 386 | 120 307 | 429 | 82 386 | 120 307 | | | |
| 江　　苏 | 29 683 | 391 534 | 869 326 | 21 993 | 345 755 | 726 541 | 7 690 | 45 779 | 142 785 |
| 浙　　江 | 24 728 | 2 482 517 | 3 574 671 | 19 049 | 2 461 066 | 3 515 643 | 5 679 | 21 451 | 59 028 |
| 安　　徽 | 5 937 | 71 794 | 75 939 | 4 942 | 48 114 | 64 417 | 995 | 23 680 | 11 522 |
| 福　　建 | 53 041 | 1 341 274 | 2 571 093 | 21 856 | 1 258 512 | 2 246 174 | 31 185 | 82 762 | 324 919 |
| 江　　西 | 8 138 | 28 220 | 67 029 | 2 982 | 7 944 | 17 321 | 5 156 | 20 276 | 49 708 |
| 山　　东 | 54 115 | 1 051 384 | 2 092 306 | 38 615 | 980 662 | 1 809 175 | 15 500 | 70 722 | 283 131 |
| 河　　南 | 3 650 | 17 260 | 55 954 | 2 863 | 15 379 | 45 354 | 787 | 1 881 | 10 600 |
| 湖　　北 | 8 463 | 11 510 | 55 922 | 2 433 | 3 018 | 12 119 | 6 030 | 8 492 | 43 803 |
| 湖　　南 | 9 077 | 14 285 | 31 349 | | | | 9 077 | 14 285 | 31 349 |
| 广　　东 | 45 178 | 991 803 | 1 842 888 | 41 681 | 975 311 | 1 790 656 | 3 497 | 16 492 | 52 232 |
| 广　　西 | 21 428 | 481 005 | 767 564 | 20 743 | 479 838 | 755 496 | 685 | 1 167 | 12 068 |
| 海　　南 | 23 523 | 583 085 | 1 441 341 | 23 451 | 582 603 | 1 439 164 | 72 | 482 | 2 177 |
| 重　　庆 | 31 | 244 | 422 | | | | 31 | 244 | 422 |
| 四　　川 | 458 | 1 143 | 5 091 | | | | 458 | 1 143 | 5 091 |
| 贵　　州 | 1 355 | 1 844 | 20 488 | 1 196 | 1 598 | 17 640 | 159 | 246 | 2 848 |
| 云　　南 | 786 | 1 862 | 10 040 | 708 | 1 692 | 9 019 | 78 | 170 | 1 021 |
| 西　　藏 | | | | | | | | | |
| 陕　　西 | 559 | 1 352 | 7 009 | 55 | 199 | 488 | 504 | 1 153 | 6 521 |
| 甘　　肃 | 22 | 22 | 240 | | | | 22 | 22 | 240 |
| 青　　海 | 1 112 | 982 | 11 660 | 1 008 | 765 | 8 878 | 104 | 217 | 2 782 |
| 宁　　夏 | 4 | 4 | 83 | | | | 4 | 4 | 83 |
| 新　　疆 | 882 | 2 795 | 13 256 | 641 | 2 374 | 11 120 | 241 | 421 | 2 136 |
| 中农发集团 | 272 | 135 501 | 228 512 | 272 | 135 501 | 228 512 | | | |

# 各地区海洋机动渔船年末拥有量

| 地　　区 | 2021 年 | | | 2020 年 | | | 2021 年比 2020 年增减(±) | | |
|---|---|---|---|---|---|---|---|---|---|
| | 艘 | 总吨 | 千瓦 | 艘 | 总吨 | 千瓦 | 艘 | 总吨 | 千瓦 |
| **全国总计** | **209 848** | **9 281 621** | **16 502 614** | **214 017** | **9 300 908** | **16 528 966** | **-4 169** | **-19 287** | **-26 352** |
| 北　　京 | 14 | 10 146 | 13 122 | 14 | 10 146 | 13 122 | | | |
| 天　　津 | 418 | 36 794 | 64 371 | 536 | 36 480 | 65 742 | -118 | 314 | -1 371 |
| 河　　北 | 5 962 | 275 611 | 457 174 | 6 218 | 278 981 | 473 248 | -256 | -3 370 | -16 074 |
| 辽　　宁 | 25 561 | 676 446 | 1 736 461 | 27 368 | 691 195 | 1 560 359 | -1 807 | -14 749 | 176 102 |
| 上　　海 | 287 | 103 881 | 152 637 | 313 | 113 094 | 159 551 | -26 | -9 213 | -6 914 |
| 江　　苏 | 4 846 | 343 145 | 614 800 | 5 637 | 387 254 | 721 070 | -791 | -44 109 | -106 270 |
| 浙　　江 | 22 287 | 3 005 672 | 4 364 094 | 23 157 | 3 042 102 | 4 477 914 | -870 | -36 430 | -113 820 |
| 福　　建 | 52 082 | 1 563 221 | 2 906 103 | 49 676 | 1 496 645 | 2 848 413 | 2 406 | 66 576 | 57 690 |
| 山　　东 | 31 546 | 1 075 548 | 1 960 171 | 32 318 | 1 092 934 | 1 992 099 | -772 | -17 386 | -31 928 |
| 广　　东 | 35 132 | 978 488 | 1 902 721 | 38 550 | 977 969 | 1 974 383 | -3 418 | 519 | -71 662 |
| 广　　西 | 7 732 | 475 829 | 621 429 | 8 012 | 496 467 | 648 071 | -280 | -20 638 | -26 642 |
| 海　　南 | 23 709 | 601 339 | 1 481 019 | 21 931 | 530 380 | 1 373 349 | 1 778 | 70 959 | 107 670 |
| 中农发集团 | 272 | 135 501 | 228 512 | 287 | 147 261 | 221 645 | -15 | -11 760 | 6 867 |

# 各地区海洋机动渔船年末拥有量(按船长分)

| 地　　区 | 24 米(含)以上 | | | 12(含)~24 米 | | | 12 米以下 | | |
|---|---|---|---|---|---|---|---|---|---|
| | 艘 | 总吨 | 千瓦 | 艘 | 总吨 | 千瓦 | 艘 | 总吨 | 千瓦 |
| **全国总计** | **35 153** | **7 485 344** | **11 326 651** | **30 500** | **1 197 684** | **2 963 082** | **144 195** | **598 593** | **2 212 881** |
| 北　　京 | 14 | 10 146 | 13 122 | | | | | | |
| 天　　津 | 83 | 23 765 | 37 710 | 224 | 11 751 | 23 464 | 111 | 1 278 | 3 197 |
| 河　　北 | 1 209 | 184 358 | 226 609 | 2 086 | 62 525 | 154 719 | 2 667 | 28 728 | 75 846 |
| 辽　　宁 | 2 896 | 402 158 | 822 173 | 5 511 | 206 507 | 572 909 | 17 154 | 67 781 | 341 379 |
| 上　　海 | 250 | 102 320 | 147 426 | 32 | 1 539 | 4 864 | 5 | 22 | 347 |
| 江　　苏 | 2 497 | 281 488 | 472 754 | 1 531 | 55 088 | 125 302 | 818 | 6 569 | 16 744 |
| 浙　　江 | 12 357 | 2 906 811 | 4 123 987 | 1 733 | 68 038 | 139 714 | 8 197 | 30 823 | 100 393 |
| 福　　建 | 4 749 | 1 273 771 | 1 986 369 | 4 338 | 162 662 | 434 624 | 42 995 | 126 788 | 485 110 |
| 山　　东 | 4 984 | 863 766 | 1 345 088 | 4 729 | 132 972 | 327 559 | 21 833 | 78 810 | 287 524 |
| 广　　东 | 2 968 | 642 523 | 1 008 221 | 5 623 | 243 323 | 536 885 | 26 541 | 92 642 | 357 615 |
| 广　　西 | 1 633 | 408 224 | 482 806 | 529 | 40 544 | 76 605 | 5 570 | 27 061 | 62 018 |
| 海　　南 | 1 252 | 251 448 | 433 966 | 4 153 | 211 800 | 564 345 | 18 304 | 138 091 | 482 708 |
| 中农发集团 | 261 | 134 566 | 226 420 | 11 | 935 | 2 092 | | | |

## 各地区海洋机动渔船年末拥有量(生产渔船)

| 地区 | 生产渔船 | | | 捕捞渔船 | | | 养殖渔船 | | |
|---|---|---|---|---|---|---|---|---|---|
| | 艘 | 总吨 | 千瓦 | 艘 | 总吨 | 千瓦 | 艘 | 总吨 | 千瓦 |
| **全国总计** | **199 005** | **8 167 417** | **14 394 883** | **132 290** | **7 881 561** | **13 315 940** | **66 715** | **285 856** | **1 078 943** |
| 北　京 | 14 | 10 146 | 13 122 | 14 | 10 146 | 13 122 | | | |
| 天　津 | 379 | 33 667 | 53 926 | 379 | 33 667 | 53 926 | | | |
| 河　北 | 5 241 | 248 741 | 391 097 | 3 345 | 224 268 | 289 294 | 1 896 | 24 473 | 101 803 |
| 辽　宁 | 24 780 | 610 631 | 1 532 547 | 15 018 | 564 488 | 1 317 895 | 9 762 | 46 143 | 214 652 |
| 上　海 | 245 | 82 153 | 118 801 | 245 | 82 153 | 118 801 | | | |
| 江　苏 | 4 646 | 320 189 | 541 018 | 4 140 | 292 125 | 479 768 | 506 | 28 064 | 61 250 |
| 浙　江 | 20 109 | 2 470 326 | 3 520 224 | 15 040 | 2 451 142 | 3 469 167 | 5 069 | 19 184 | 51 057 |
| 福　建 | 49 945 | 1 337 820 | 2 552 130 | 18 932 | 1 255 329 | 2 228 751 | 31 013 | 82 491 | 323 379 |
| 山　东 | 31 155 | 957 243 | 1 786 249 | 16 042 | 887 012 | 1 509 584 | 15 113 | 70 231 | 276 665 |
| 广　东 | 31 856 | 913 658 | 1 642 205 | 28 599 | 898 969 | 1 594 945 | 3 257 | 14 689 | 47 260 |
| 广　西 | 6 874 | 464 367 | 573 944 | 6 847 | 464 268 | 573 244 | 27 | 99 | 700 |
| 海　南 | 23 489 | 582 975 | 1 441 108 | 23 417 | 582 493 | 1 438 931 | 72 | 482 | 2 177 |
| 中农发集团 | 272 | 135 501 | 228 512 | 272 | 135 501 | 228 512 | | | |

# 各地区内陆机动渔船年末拥有量

| 地 区 | 2021 年 | | | 2020 年 | | | 2021 年比 2020 年增减(±) | | |
|---|---|---|---|---|---|---|---|---|---|
| | 艘 | 总吨 | 千瓦 | 艘 | 总吨 | 千瓦 | 艘 | 总吨 | 千瓦 |
| **全国总计** | **147 146** | **493 162** | **1 949 375** | **160 740** | **495 908** | **2 034 902** | **-13 594** | **-2 746** | **-85 527** |
| 北 京 | 20 | 70 | 1 358 | 22 | 103 | 1 821 | -2 | -33 | -463 |
| 天 津 | 1 022 | 580 | 3 581 | 1 033 | 605 | 3 858 | -11 | -25 | -277 |
| 河 北 | 1 229 | 2 272 | 27 165 | 1 116 | 2 212 | 26 514 | 113 | 60 | 651 |
| 山 西 | 168 | 341 | 2 201 | 193 | 390 | 3 081 | -25 | -49 | -880 |
| 内 蒙 古 | 1 222 | 2 165 | 18 480 | 1 242 | 2 223 | 18 894 | -20 | -58 | -414 |
| 辽 宁 | 1 731 | 5 049 | 17 596 | 2 239 | 6 582 | 26 334 | -508 | -1 533 | -8 738 |
| 吉 林 | 4 163 | 7 158 | 72 773 | 4 195 | 7 282 | 74 408 | -32 | -124 | -1 635 |
| 黑 龙 江 | 9 923 | 16 698 | 110 753 | 10 143 | 16 800 | 110 664 | -220 | -102 | 89 |
| 上 海 | 251 | 3 129 | 29 404 | 263 | 2 990 | 22 610 | -12 | 139 | 6 794 |
| 江 苏 | 25 896 | 75 449 | 355 578 | 29 613 | 98 570 | 413 018 | -3 717 | -23 121 | -57 440 |
| 浙 江 | 4 823 | 13 580 | 63 747 | 5 467 | 16 006 | 72 450 | -644 | -2 426 | -8 703 |
| 安 徽 | 6 293 | 74 497 | 103 101 | 7 712 | 79 279 | 118 719 | -1 419 | -4 782 | -15 618 |
| 福 建 | 3 116 | 3 545 | 20 389 | 3 143 | 3 588 | 20 576 | -27 | -43 | -187 |
| 江 西 | 8 267 | 29 465 | 80 295 | 9 001 | 34 811 | 91 656 | -734 | -5 346 | -11 361 |
| 山 东 | 23 025 | 95 312 | 312 224 | 26 716 | 98 375 | 356 617 | -3 691 | -3 063 | -44 393 |
| 河 南 | 3 767 | 18 411 | 64 640 | 3 787 | 18 439 | 65 006 | -20 | -28 | -366 |
| 湖 北 | 8 772 | 13 806 | 83 724 | 11 036 | 21 981 | 94 468 | -2 264 | -8 175 | -10 744 |
| 湖 南 | 9 471 | 16 486 | 51 871 | 9 876 | 17 845 | 51 559 | -405 | -1 359 | 312 |
| 广 东 | 13 550 | 82 448 | 205 887 | 10 877 | 27 479 | 111 395 | 2 673 | 54 969 | 94 492 |
| 广 西 | 14 684 | 17 646 | 205 872 | 14 822 | 18 145 | 207 769 | -138 | -499 | -1 897 |
| 海 南 | 34 | 110 | 233 | 36 | 130 | 246 | -2 | -20 | -13 |
| 重 庆 | 151 | 1 164 | 9 775 | 2 350 | 7 668 | 32 649 | -2 199 | -6 504 | -22 874 |
| 四 川 | 558 | 1 884 | 14 559 | 630 | 1 880 | 13 088 | -72 | 4 | 1 471 |
| 贵 州 | 1 447 | 3 014 | 31 211 | 1 491 | 3 143 | 32 813 | -44 | -129 | -1 602 |
| 云 南 | 881 | 2 881 | 22 172 | 935 | 2 618 | 20 685 | -54 | 263 | 1 487 |
| 西 藏 | | | | | | | | | |
| 陕 西 | 575 | 1 404 | 8 276 | 589 | 1 544 | 9 228 | -14 | -140 | -952 |
| 甘 肃 | 34 | 88 | 1 462 | 35 | 92 | 1 503 | -1 | -4 | -41 |
| 青 海 | 1 127 | 1 198 | 13 789 | 1 127 | 1 198 | 13 789 | | | |
| 宁 夏 | 26 | 122 | 1 843 | 26 | 122 | 1 843 | | | |
| 新 疆 | 920 | 3 190 | 15 416 | 1 025 | 3 808 | 17 641 | -105 | -618 | -2 225 |

## 各地区内陆机动渔船年末拥有量(按船长分)

| 地区 | 24米(含)以上 | | | 12(含)~24米 | | | 12米以下 | | |
|---|---|---|---|---|---|---|---|---|---|
| | 艘 | 总吨 | 千瓦 | 艘 | 总吨 | 千瓦 | 艘 | 总吨 | 千瓦 |
| **全国总计** | **434** | **67 269** | **73 486** | **8 036** | **98 268** | **217 778** | **138 676** | **327 625** | **1 658 111** |
| 北京 | | | | 6 | 46 | 531 | 14 | 24 | 827 |
| 天津 | | | | | | | 1 022 | 580 | 3 581 |
| 河北 | 1 | 81 | 470 | 4 | 41 | 509 | 1 224 | 2 150 | 26 186 |
| 山西 | | | | 12 | 39 | 203 | 156 | 302 | 1 998 |
| 内蒙古 | | | | 19 | 531 | 1 464 | 1 203 | 1 634 | 17 016 |
| 辽宁 | 6 | 807 | 528 | 43 | 658 | 3 539 | 1 682 | 3 584 | 13 529 |
| 吉林 | 8 | 806 | 1 784 | 336 | 1 670 | 9 458 | 3 819 | 4 682 | 61 531 |
| 黑龙江 | 20 | 2 278 | 5 911 | 111 | 1 292 | 5 844 | 9 792 | 13 128 | 98 998 |
| 上海 | 7 | 1 202 | 5 324 | 21 | 1 482 | 12 748 | 223 | 445 | 11 332 |
| 江苏 | 82 | 6 164 | 7 931 | 1 662 | 21 697 | 51 120 | 24 152 | 47 588 | 296 527 |
| 浙江 | 15 | 432 | 720 | 68 | 1 643 | 5 222 | 4 740 | 11 505 | 57 805 |
| 安徽 | 123 | 7 261 | 2 862 | 774 | 35 033 | 24 951 | 5 396 | 32 203 | 75 288 |
| 福建 | | | | 42 | 233 | 636 | 3 074 | 3 312 | 19 753 |
| 江西 | 6 | 399 | 1 597 | 273 | 2 468 | 7 624 | 7 988 | 26 598 | 71 074 |
| 山东 | 12 | 100 | 593 | 95 | 131 | 2 457 | 22 918 | 95 081 | 309 174 |
| 河南 | 12 | 904 | 2 300 | 990 | 11 636 | 18 291 | 2 765 | 5 871 | 44 049 |
| 湖北 | 5 | 326 | 1 730 | 378 | 1 803 | 10 666 | 8 389 | 11 677 | 71 328 |
| 湖南 | 6 | 157 | 1 086 | 701 | 1 500 | 11 443 | 8 764 | 14 829 | 39 342 |
| 广东 | 113 | 45 282 | 35 005 | 1 990 | 12 493 | 25 506 | 11 447 | 24 673 | 145 376 |
| 广西 | 2 | 47 | 549 | 139 | 806 | 6 779 | 14 543 | 16 793 | 198 544 |
| 海南 | | | | | | | 34 | 110 | 233 |
| 重庆 | 3 | 180 | 1 595 | 74 | 727 | 3 846 | 74 | 257 | 4 334 |
| 四川 | 4 | 253 | 910 | 43 | 489 | 2 083 | 511 | 1 142 | 11 566 |
| 贵州 | 3 | 282 | 417 | 82 | 657 | 5 337 | 1 362 | 2 075 | 25 457 |
| 云南 | 4 | 200 | 1 774 | 15 | 245 | 1 709 | 862 | 2 436 | 18 689 |
| 西藏 | | | | | | | | | |
| 陕西 | | | | 27 | 316 | 1 116 | 548 | 1 088 | 7 160 |
| 甘肃 | | | | 3 | 15 | 309 | 31 | 73 | 1 153 |
| 青海 | | | | | | | 1 127 | 1 198 | 13 789 |
| 宁夏 | | | | | | | 26 | 122 | 1 843 |
| 新疆 | 2 | 108 | 400 | 128 | 617 | 4 387 | 790 | 2 465 | 10 629 |

# 各地区内陆机动渔船年末拥有量(生产渔船)

| 地区 | 生产渔船 | | | 捕捞渔船 | | | 养殖渔船 | | |
|---|---|---|---|---|---|---|---|---|---|
| | 艘 | 总吨 | 千瓦 | 艘 | 总吨 | 千瓦 | 艘 | 总吨 | 千瓦 |
| **全国总计** | **143 334** | **457 332** | **1 671 340** | **105 925** | **354 193** | **1 332 302** | **37 409** | **103 139** | **339 038** |
| 北京 | | | | | | | | | |
| 天津 | 1 018 | 578 | 3 368 | 814 | 307 | 2 219 | 204 | 271 | 1 149 |
| 河北 | 1 202 | 2 043 | 24 381 | 1 155 | 1 969 | 23 720 | 47 | 74 | 661 |
| 山西 | 162 | 306 | 1 539 | 120 | 130 | 862 | 42 | 176 | 677 |
| 内蒙古 | 1 162 | 1 403 | 12 362 | 996 | 1 164 | 10 160 | 166 | 239 | 2 202 |
| 辽宁 | 1 692 | 4 411 | 13 651 | 1 450 | 3 438 | 9 972 | 242 | 973 | 3 679 |
| 吉林 | 4 044 | 5 611 | 64 508 | 2 627 | 3 374 | 40 253 | 1 417 | 2 237 | 24 255 |
| 黑龙江 | 9 774 | 13 406 | 93 232 | 7 380 | 10 086 | 68 795 | 2 394 | 3 320 | 24 437 |
| 上海 | 184 | 233 | 1 506 | 184 | 233 | 1 506 | | | |
| 江苏 | 25 037 | 71 345 | 328 308 | 17 853 | 53 630 | 246 773 | 7 184 | 17 715 | 81 535 |
| 浙江 | 4 619 | 12 191 | 54 447 | 4 009 | 9 924 | 46 476 | 610 | 2 267 | 7 971 |
| 安徽 | 5 937 | 71 794 | 75 939 | 4 942 | 48 114 | 64 417 | 995 | 23 680 | 11 522 |
| 福建 | 3 096 | 3 454 | 18 963 | 2 924 | 3 183 | 17 423 | 172 | 271 | 1 540 |
| 江西 | 8 138 | 28 220 | 67 029 | 2 982 | 7 944 | 17 321 | 5 156 | 20 276 | 49 708 |
| 山东 | 22 960 | 94 141 | 306 057 | 22 573 | 93 650 | 299 591 | 387 | 491 | 6 466 |
| 河南 | 3 650 | 17 260 | 55 954 | 2 863 | 15 379 | 45 354 | 787 | 1 881 | 10 600 |
| 湖北 | 8 463 | 11 510 | 55 922 | 2 433 | 3 018 | 12 119 | 6 030 | 8 492 | 43 803 |
| 湖南 | 9 077 | 14 285 | 31 349 | | | | 9 077 | 14 285 | 31 349 |
| 广东 | 13 322 | 78 145 | 200 683 | 13 082 | 76 342 | 195 711 | 240 | 1 803 | 4 972 |
| 广西 | 14 554 | 16 638 | 193 620 | 13 896 | 15 570 | 182 252 | 658 | 1 068 | 11 368 |
| 海南 | 34 | 110 | 233 | 34 | 110 | 233 | | | |
| 重庆 | 31 | 244 | 422 | | | | 31 | 244 | 422 |
| 四川 | 458 | 1 143 | 5 091 | | | | 458 | 1 143 | 5 091 |
| 贵州 | 1 355 | 1 844 | 20 488 | 1 196 | 1 598 | 17 640 | 159 | 246 | 2 848 |
| 云南 | 786 | 1 862 | 10 040 | 708 | 1 692 | 9 019 | 78 | 170 | 1 021 |
| 西藏 | | | | | | | | | |
| 陕西 | 559 | 1 352 | 7 009 | 55 | 199 | 488 | 504 | 1 153 | 6 521 |
| 甘肃 | 22 | 22 | 240 | | | | 22 | 22 | 240 |
| 青海 | 1 112 | 982 | 11 660 | 1 008 | 765 | 8 878 | 104 | 217 | 2 782 |
| 宁夏 | 4 | 4 | 83 | | | | 4 | 4 | 83 |
| 新疆 | 882 | 2 795 | 13 256 | 641 | 2 374 | 11 120 | 241 | 421 | 2 136 |

# 各地区捕捞机动渔船年末拥有量(按功率分)

| 地区 | 44.1千瓦以下 | | | 44.1(含)~441千瓦 | | | 441千瓦(含)以上 | | |
|---|---|---|---|---|---|---|---|---|---|
| | 艘 | 总吨 | 千瓦 | 艘 | 总吨 | 千瓦 | 艘 | 总吨 | 千瓦 |
| **全国总计** | **187 201** | **816 615** | **2 571 485** | **47 745** | **5 648 571** | **9 116 061** | **3 269** | **1 770 568** | **2 960 696** |
| 北京 | | | | 6 | 788 | 1 480 | 8 | 9 358 | 11 642 |
| 天津 | 909 | 1 962 | 4 439 | 275 | 25 921 | 42 961 | 9 | 6 091 | 8 745 |
| 河北 | 2 763 | 20 594 | 47 582 | 1 734 | 204 899 | 264 109 | 3 | 744 | 1 323 |
| 山西 | 120 | 130 | 862 | | | | | | |
| 内蒙古 | 996 | 1 164 | 10 160 | | | | | | |
| 辽宁 | 10 814 | 83 068 | 181 280 | 5 171 | 370 084 | 814 187 | 483 | 114 774 | 332 400 |
| 吉林 | 2 576 | 3 240 | 37 660 | 51 | 134 | 2 593 | | | |
| 黑龙江 | 7 375 | 10 053 | 68 496 | 5 | 33 | 299 | | | |
| 上海 | 190 | 343 | 1 796 | 166 | 24 285 | 34 243 | 73 | 57 758 | 84 268 |
| 江苏 | 18 945 | 66 669 | 261 900 | 3 026 | 274 833 | 454 869 | 22 | 4 253 | 9 772 |
| 浙江 | 7 841 | 40 847 | 108 364 | 10 509 | 1 954 147 | 2 703 886 | 699 | 466 072 | 703 393 |
| 安徽 | 4 870 | 45 418 | 55 718 | 72 | 2 696 | 8 699 | | | |
| 福建 | 14 705 | 51 105 | 173 474 | 6 657 | 833 987 | 1 433 064 | 494 | 373 420 | 639 636 |
| 江西 | 2 982 | 7 944 | 17 321 | | | | | | |
| 山东 | 31 973 | 154 763 | 434 932 | 6 298 | 612 804 | 990 755 | 344 | 213 095 | 383 488 |
| 河南 | 2 829 | 15 255 | 43 668 | 34 | 124 | 1 686 | | | |
| 湖北 | 2 433 | 3 018 | 12 119 | | | | | | |
| 湖南 | | | | | | | | | |
| 广东 | 34 570 | 144 141 | 414 572 | 6 631 | 607 986 | 1 030 015 | 480 | 223 184 | 346 069 |
| 广西 | 18 866 | 42 591 | 237 850 | 1 768 | 388 995 | 465 796 | 109 | 48 252 | 51 850 |
| 海南 | 17 847 | 118 022 | 415 830 | 5 261 | 334 321 | 840 498 | 343 | 130 260 | 182 836 |
| 重庆 | | | | | | | | | |
| 四川 | | | | | | | | | |
| 贵州 | 1 195 | 1 562 | 17 574 | 1 | 36 | 66 | | | |
| 云南 | 708 | 1 692 | 9 019 | | | | | | |
| 西藏 | | | | | | | | | |
| 陕西 | 55 | 199 | 488 | | | | | | |
| 甘肃 | | | | | | | | | |
| 青海 | 1 008 | 765 | 8 878 | | | | | | |
| 宁夏 | | | | | | | | | |
| 新疆 | 631 | 2 070 | 7 503 | 10 | 304 | 3 617 | | | |
| 中农发集团 | | | | 70 | 12 194 | 23 238 | 202 | 123 307 | 205 274 |

# 各地区海洋捕捞机动渔船基本情况

| 地　　区 | 合　计 | | 1. 国内海洋捕捞 | | 2. 远洋渔船 | |
|---|---|---|---|---|---|---|
| | 艘 | 千瓦 | 艘 | 千瓦 | 艘 | 千瓦 |
| **全国总计** | **132 290** | **13 315 940** | **129 731** | **10 344 688** | **2 559** | **2 971 252** |
| 北　京 | 14 | 13 122 | | | 14 | 13 122 |
| 天　津 | 379 | 53 926 | 364 | 45 490 | 15 | 8 436 |
| 河　北 | 3 345 | 289 294 | 3 322 | 262 715 | 23 | 26 579 |
| 辽　宁 | 15 018 | 1 317 895 | 14 732 | 1 008 865 | 286 | 309 030 |
| 上　海 | 245 | 118 801 | 172 | 38 127 | 73 | 80 674 |
| 江　苏 | 4 140 | 479 768 | 4 098 | 463 902 | 42 | 15 866 |
| 浙　江 | 15 040 | 3 469 167 | 14 427 | 2 758 763 | 613 | 710 404 |
| 福　建 | 18 932 | 2 228 751 | 18 460 | 1 603 244 | 472 | 625 507 |
| 山　东 | 16 042 | 1 509 584 | 15 549 | 805 697 | 493 | 703 887 |
| 广　东 | 28 599 | 1 594 945 | 28 362 | 1 372 298 | 237 | 222 647 |
| 广　西 | 6 847 | 573 244 | 6 828 | 546 656 | 19 | 26 588 |
| 海　南 | 23 417 | 1 438 931 | 23 417 | 1 438 931 | | |
| 中农发集团 | 272 | 228 512 | | | 272 | 228 512 |

# 各地区海洋捕捞机动渔船年末拥有量(按功率分)

| 地　　区 | 44.1 千瓦以下 | | | 44.1(含)~441 千瓦 | | | 441 千瓦(含)以上 | | |
|---|---|---|---|---|---|---|---|---|---|
| | 艘 | 总吨 | 千瓦 | 艘 | 总吨 | 千瓦 | 艘 | 总吨 | 千瓦 |
| **全国总计** | **81 978** | **521 248** | **1 332 719** | **47 058** | **5 596 811** | **9 034 135** | **3 254** | **1 763 502** | **2 949 086** |
| 北　京 | | | | 6 | 788 | 1 480 | 8 | 9 358 | 11 642 |
| 天　津 | 95 | 1 655 | 2 220 | 275 | 25 921 | 42 961 | 9 | 6 091 | 8 745 |
| 河　北 | 1 608 | 18 625 | 23 862 | 1 734 | 204 899 | 264 109 | 3 | 744 | 1 323 |
| 辽　宁 | 9 387 | 80 630 | 172 882 | 5 150 | 369 084 | 812 613 | 481 | 114 774 | 332 400 |
| 上　海 | 6 | 110 | 290 | 166 | 24 285 | 34 243 | 73 | 57 758 | 84 268 |
| 江　苏 | 1 287 | 22 420 | 30 296 | 2 831 | 265 452 | 439 700 | 22 | 4 253 | 9 772 |
| 浙　江 | 3 841 | 31 189 | 62 670 | 10 500 | 1 953 881 | 2 703 104 | 699 | 466 072 | 703 393 |
| 福　建 | 11 782 | 47 932 | 156 154 | 6 656 | 833 977 | 1 432 961 | 494 | 373 420 | 639 636 |
| 山　东 | 9 406 | 61 142 | 135 559 | 6 292 | 612 775 | 990 537 | 344 | 213 095 | 383 488 |
| 广　东 | 21 781 | 112 612 | 276 543 | 6 351 | 570 239 | 983 943 | 467 | 216 118 | 334 459 |
| 广　西 | 4 970 | 27 021 | 56 646 | 1 768 | 388 995 | 464 748 | 109 | 48 252 | 51 850 |
| 海　南 | 17 815 | 117 912 | 415 597 | 5 259 | 334 321 | 840 498 | 343 | 130 260 | 182 836 |
| 中农发集团 | | | | 70 | 12 194 | 23 238 | 202 | 123 307 | 205 274 |

## 各地区海洋捕捞机动渔船年末拥有量(按作业类型分)(一)

| 地　　区 | 拖　网 | | | 围　网 | | | 刺　网 | | |
|---|---|---|---|---|---|---|---|---|---|
| | 艘 | 总吨 | 千瓦 | 艘 | 总吨 | 千瓦 | 艘 | 总吨 | 千瓦 |
| **全国总计** | **24 949** | **3 199 004** | **5 589 391** | **5 818** | **1 017 212** | **1 384 276** | **73 210** | **1 942 572** | **3 641 939** |
| 北　京 | | | | | | | | | |
| 天　津 | 24 | 5 490 | 9 180 | 9 | 4 608 | 3 536 | 321 | 15 313 | 28 197 |
| 河　北 | 172 | 36 200 | 55 594 | 42 | 16 288 | 15 598 | 3 131 | 171 780 | 218 102 |
| 辽　宁 | 3 924 | 211 533 | 597 361 | 84 | 65 154 | 7 581 | 8 496 | 230 557 | 597 002 |
| 上　海 | 189 | 44 010 | 63 964 | 12 | 20 066 | 32 279 | | | |
| 江　苏 | 571 | 49 246 | 103 363 | 35 | 5 636 | 5 116 | 2 670 | 183 268 | 303 245 |
| 浙　江 | 5 490 | 1 002 099 | 1 565 970 | 304 | 116 863 | 156 914 | 5 351 | 508 950 | 635 806 |
| 福　建 | 2 744 | 419 882 | 815 927 | 1 311 | 446 810 | 606 831 | 7 990 | 162 580 | 354 047 |
| 山　东 | 4 962 | 479 289 | 845 712 | 265 | 83 502 | 116 303 | 7 972 | 163 394 | 288 873 |
| 广　东 | 3 496 | 384 865 | 681 286 | 1 241 | 143 965 | 203 723 | 18 660 | 221 953 | 436 085 |
| 广　西 | 1 722 | 379 907 | 450 296 | 209 | 1 617 | 8 820 | 4 223 | 22 984 | 50 719 |
| 海　南 | 1 520 | 125 571 | 290 513 | 2 301 | 104 863 | 214 411 | 14 392 | 261 649 | 729 423 |
| 中农发集团 | 135 | 60 912 | 110 225 | 5 | 7 840 | 13 164 | 4 | 144 | 440 |

## 各地区海洋捕捞机动渔船年末拥有量(按作业类型分)(二)

| 地　　区 | 张　网 | | | 钓　业 | | | 其　他 | | |
|---|---|---|---|---|---|---|---|---|---|
| | 艘 | 总吨 | 千瓦 | 艘 | 总吨 | 千瓦 | 艘 | 总吨 | 千瓦 |
| **全国总计** | **8 974** | **352 134** | **518 233** | **9 919** | **1 017 404** | **1 612 972** | **9 420** | **353 235** | **569 129** |
| 北　京 | 6 | 788 | 1 480 | 8 | 9 358 | 11 642 | | | |
| 天　津 | 12 | 2 010 | 3 914 | 9 | 6 091 | 8 745 | 4 | 155 | 354 |
| 河　北 | | | | | | | | | |
| 辽　宁 | 1 125 | 6 937 | 17 696 | 817 | 44 832 | 80 849 | 572 | 5 475 | 17 406 |
| 上　海 | 21 | 549 | 1 610 | 23 | 17 528 | 20 948 | | | |
| 江　苏 | 774 | 48 400 | 61 296 | 1 | 25 | 29 | 89 | 5 550 | 6 719 |
| 浙　江 | 2 055 | 238 963 | 302 469 | 1 143 | 458 968 | 654 133 | 697 | 125 299 | 153 875 |
| 福　建 | 2 256 | 31 466 | 74 120 | 1 335 | 134 626 | 204 407 | 3 296 | 59 965 | 173 419 |
| 山　东 | 1 593 | 15 767 | 33 208 | 954 | 133 619 | 209 678 | 296 | 11 441 | 15 810 |
| 广　东 | 206 | 2 374 | 5 379 | 2 289 | 106 708 | 194 087 | 2 707 | 39 104 | 74 385 |
| 广　西 | | | | 241 | 683 | 880 | 452 | 59 077 | 62 529 |
| 海　南 | 922 | 4 384 | 16 181 | 2 979 | 39 261 | 124 651 | 1 303 | 46 765 | 63 752 |
| 中农发集团 | 4 | 496 | 880 | 120 | 65 705 | 102 923 | 4 | 404 | 880 |

# 各地区内陆捕捞机动渔船年末拥有量(按功率分)

| 地　　区 | 44.1 千瓦以下 | | | 44.1(含)~441 千瓦 | | | 441 千瓦(含)以上 | | |
|---|---|---|---|---|---|---|---|---|---|
| | 艘 | 总吨 | 千瓦 | 艘 | 总吨 | 千瓦 | 艘 | 总吨 | 千瓦 |
| **全国总计** | **105 223** | **295 367** | **1 238 766** | **687** | **51 760** | **81 926** | **15** | **7 066** | **11 610** |
| 北　　京 | | | | | | | | | |
| 天　　津 | 814 | 307 | 2 219 | | | | | | |
| 河　　北 | 1 155 | 1 969 | 23 720 | | | | | | |
| 山　　西 | 120 | 130 | 862 | | | | | | |
| 内 蒙 古 | 996 | 1 164 | 10 160 | | | | | | |
| 辽　　宁 | 1 427 | 2 438 | 8 398 | 21 | 1 000 | 1 574 | | | |
| 吉　　林 | 2 576 | 3 240 | 37 660 | 51 | 134 | 2 593 | | | |
| 黑 龙 江 | 7 375 | 10 053 | 68 496 | 5 | 33 | 299 | | | |
| 上　　海 | 184 | 233 | 1 506 | | | | | | |
| 江　　苏 | 17 658 | 44 249 | 231 604 | 195 | 9 381 | 15 169 | | | |
| 浙　　江 | 4 000 | 9 658 | 45 694 | 9 | 266 | 782 | | | |
| 安　　徽 | 4 870 | 45 418 | 55 718 | 72 | 2 696 | 8 699 | | | |
| 福　　建 | 2 923 | 3 173 | 17 320 | 1 | 10 | 103 | | | |
| 江　　西 | 2 982 | 7 944 | 17 321 | | | | | | |
| 山　　东 | 22 567 | 93 621 | 299 373 | 6 | 29 | 218 | | | |
| 河　　南 | 2 829 | 15 255 | 43 668 | 34 | 124 | 1 686 | | | |
| 湖　　北 | 2 433 | 3 018 | 12 119 | | | | | | |
| 湖　　南 | | | | | | | | | |
| 广　　东 | 12 789 | 31 529 | 138 029 | 280 | 37 747 | 46 072 | 13 | 7 066 | 11 610 |
| 广　　西 | 13 896 | 15 570 | 181 204 | | | | | | |
| 海　　南 | 32 | 110 | 233 | | | | | | |
| 重　　庆 | | | | | | | | | |
| 四　　川 | | | | | | | | | |
| 贵　　州 | 1 195 | 1 562 | 17 574 | 1 | 36 | 66 | | | |
| 云　　南 | 708 | 1 692 | 9 019 | | | | | | |
| 西　　藏 | | | | | | | | | |
| 陕　　西 | 55 | 199 | 488 | | | | | | |
| 甘　　肃 | | | | | | | | | |
| 青　　海 | 1 008 | 765 | 8 878 | | | | | | |
| 宁　　夏 | | | | | | | | | |
| 新　　疆 | 631 | 2 070 | 7 503 | 10 | 304 | 3 617 | | | |

# 各地区远洋渔船年末拥有量

| 地 区 | 2021 年 | | 2020 年 | | 2021 年比 2020 年增减(±) | |
|---|---|---|---|---|---|---|
| | 艘 | 千瓦 | 艘 | 千瓦 | 艘 | 千瓦 |
| **全国总计** | **2 559** | **2 971 252** | **2 705** | **2 879 078** | **−146** | **92 174** |
| 北 京 | 14 | 13 122 | 14 | 13 122 | | |
| 天 津 | 15 | 8 436 | 16 | 16 084 | −1 | −7 648 |
| 河 北 | 23 | 26 579 | 23 | 26 579 | | |
| 辽 宁 | 286 | 309 030 | 328 | 316 816 | −42 | −7 786 |
| 上 海 | 73 | 80 674 | 78 | 99 247 | −5 | −18 573 |
| 江 苏 | 42 | 15 866 | 42 | 14 766 | | 1 100 |
| 浙 江 | 613 | 710 404 | 676 | 761 330 | −63 | −50 926 |
| 福 建 | 472 | 625 507 | 481 | 543 352 | −9 | 82 155 |
| 山 东 | 493 | 703 887 | 499 | 650 499 | −6 | 53 388 |
| 广 东 | 237 | 222 647 | 242 | 189 050 | −5 | 33 597 |
| 广 西 | 19 | 26 588 | 19 | 26 588 | | |
| 海 南 | | | | | | |
| 中农发集团 | 272 | 228 512 | 287 | 221 645 | −15 | 6 867 |

# 各地区辅助渔船年末拥有量

| 地　区 | 合　计 | | | 其　中 | | | | | |
|---|---|---|---|---|---|---|---|---|---|
| | | | | 捕捞辅助船 | | | 渔业执法船 | | |
| | 艘 | 总吨 | 千瓦 | 艘 | 总吨 | 千瓦 | 艘 | 总吨 | 千瓦 |
| **全国总计** | **14 655** | **1 150 034** | **2 385 766** | **10 901** | **1 061 222** | **1 668 701** | **2 957** | **81 527** | **693 660** |
| 北　京 | 20 | 70 | 1 358 | | | | 20 | 70 | 1 358 |
| 天　津 | 43 | 3 129 | 10 658 | 36 | 2 209 | 6 753 | 7 | 920 | 3 905 |
| 河　北 | 748 | 27 099 | 68 861 | 711 | 25 450 | 60 571 | 33 | 1 641 | 8 202 |
| 山　西 | 6 | 35 | 662 | | | | 6 | 34 | 662 |
| 内蒙古 | 60 | 762 | 6 118 | 10 | 276 | 670 | 50 | 486 | 5 448 |
| 辽　宁 | 820 | 66 453 | 207 859 | 739 | 57 682 | 157 505 | 80 | 8 760 | 50 336 |
| 吉　林 | 119 | 1 547 | 8 265 | 22 | 27 | 128 | 85 | 1 493 | 7 912 |
| 黑龙江 | 149 | 3 292 | 17 521 | | | | 122 | 3 236 | 16 491 |
| 上　海 | 109 | 24 624 | 61 734 | 27 | 19 156 | 23 266 | 82 | 5 468 | 38 468 |
| 江　苏 | 1 059 | 27 060 | 101 052 | 812 | 21 106 | 44 290 | 247 | 5 954 | 56 762 |
| 浙　江 | 2 382 | 536 735 | 853 170 | 2 009 | 519 323 | 715 747 | 163 | 15 253 | 133 013 |
| 安　徽 | 356 | 2 703 | 27 162 | 121 | 489 | 3 933 | 235 | 2 214 | 23 229 |
| 福　建 | 2 157 | 225 492 | 355 399 | 1 832 | 218 891 | 302 509 | 84 | 5 233 | 47 366 |
| 江　西 | 129 | 1 245 | 13 266 | 12 | 26 | 29 | 117 | 1 219 | 13 097 |
| 山　东 | 456 | 119 476 | 180 089 | 318 | 110 988 | 121 687 | 125 | 7 829 | 56 576 |
| 河　南 | 117 | 1 151 | 8 686 | | | | 117 | 1 151 | 8 686 |
| 湖　北 | 309 | 2 296 | 27 802 | 46 | 71 | 656 | 263 | 2 225 | 27 146 |
| 湖　南 | 394 | 2 201 | 20 522 | | | | 240 | 1 536 | 16 609 |
| 广　东 | 3 504 | 69 133 | 265 720 | 3 159 | 63 056 | 187 406 | 232 | 5 475 | 78 314 |
| 广　西 | 988 | 12 470 | 59 737 | 837 | 6 103 | 16 815 | 144 | 6 259 | 42 118 |
| 海　南 | 220 | 18 364 | 39 911 | 196 | 16 138 | 26 347 | 24 | 722 | 9 609 |
| 重　庆 | 120 | 920 | 9 353 | 7 | 60 | 98 | 113 | 860 | 9 255 |
| 四　川 | 100 | 741 | 9 468 | | | | 95 | 730 | 9 279 |
| 贵　州 | 92 | 1 170 | 10 723 | 1 | 5 | 62 | 89 | 1 092 | 9 698 |
| 云　南 | 95 | 1 019 | 12 132 | 1 | 12 | 60 | 93 | 985 | 12 012 |
| 西　藏 | | | | | | | | | |
| 陕　西 | 16 | 52 | 1 267 | | | | 11 | 41 | 1 207 |
| 甘　肃 | 12 | 66 | 1 222 | | | | 10 | 66 | 1 022 |
| 青　海 | 15 | 216 | 2 129 | | | | 15 | 216 | 2 129 |
| 宁　夏 | 22 | 118 | 1 760 | | | | 22 | 118 | 1 760 |
| 新　疆 | 38 | 395 | 2 160 | 5 | 154 | 169 | 33 | 241 | 1 991 |

# 各地区海洋辅助渔船年末拥有量

| 地区 | 合计 | | | 其中 | | | | | |
|---|---|---|---|---|---|---|---|---|---|
| | | | | 捕捞辅助船 | | | 渔业执法船 | | |
| | 艘 | 总吨 | 千瓦 | 艘 | 总吨 | 千瓦 | 艘 | 总吨 | 千瓦 |
| **全国总计** | **10 843** | **1 114 204** | **2 107 731** | **9 842** | **1 047 809** | **1 648 343** | **547** | **55 973** | **435 826** |
| 北京 | | | | | | | | | |
| 天津 | 39 | 3 127 | 10 445 | 36 | 2 209 | 6 753 | 3 | 918 | 3 692 |
| 河北 | 721 | 26 870 | 66 077 | 711 | 25 450 | 60 571 | 9 | 1 420 | 5 506 |
| 辽宁 | 781 | 65 815 | 203 914 | 713 | 57 370 | 154 612 | 68 | 8 415 | 49 302 |
| 上海 | 42 | 21 728 | 33 836 | 26 | 19 138 | 23 096 | 16 | 2 590 | 10 740 |
| 江苏 | 200 | 22 956 | 73 782 | 175 | 18 193 | 38 712 | 25 | 4 763 | 35 070 |
| 浙江 | 2 178 | 535 346 | 843 870 | 2 006 | 519 308 | 715 692 | 83 | 15 123 | 125 081 |
| 福建 | 2 137 | 225 401 | 353 973 | 1 828 | 218 873 | 302 470 | 68 | 5 161 | 45 974 |
| 山东 | 391 | 118 305 | 173 922 | 318 | 110 988 | 121 687 | 63 | 7 051 | 50 527 |
| 广东 | 3 276 | 64 830 | 260 516 | 3 017 | 54 068 | 182 391 | 146 | 4 422 | 68 852 |
| 广西 | 858 | 11 462 | 47 485 | 816 | 6 074 | 16 012 | 42 | 5 388 | 31 473 |
| 海南 | 220 | 18 364 | 39 911 | 196 | 16 138 | 26 347 | 24 | 722 | 9 609 |

# 各地区内陆辅助渔船年末拥有量

| 地　区 | 合　计 | | | 其　中 | | | | | |
| --- | --- | --- | --- | --- | --- | --- | --- | --- | --- |
| | | | | 捕捞辅助船 | | | 渔业执法船 | | |
| | 艘 | 总吨 | 千瓦 | 艘 | 总吨 | 千瓦 | 艘 | 总吨 | 千瓦 |
| **全国总计** | **3 812** | **35 830** | **278 035** | **1 059** | **13 413** | **20 358** | **2 410** | **25 554** | **257 834** |
| 北　京 | 20 | 70 | 1 358 | | | | 20 | 70 | 1 358 |
| 天　津 | 4 | 2 | 213 | | | | 4 | 2 | 213 |
| 河　北 | 27 | 229 | 2 784 | | | | 24 | 221 | 2 696 |
| 山　西 | 6 | 35 | 662 | | | | 6 | 34 | 662 |
| 内蒙古 | 60 | 762 | 6 118 | 10 | 276 | 670 | 50 | 486 | 5 448 |
| 辽　宁 | 39 | 638 | 3 945 | 26 | 312 | 2 893 | 12 | 345 | 1 034 |
| 吉　林 | 119 | 1 547 | 8 265 | 22 | 27 | 128 | 85 | 1 493 | 7 912 |
| 黑龙江 | 149 | 3 292 | 17 521 | | | | 122 | 3 236 | 16 491 |
| 上　海 | 67 | 2 896 | 27 898 | 1 | 18 | 170 | 66 | 2 878 | 27 728 |
| 江　苏 | 859 | 4 104 | 27 270 | 637 | 2 913 | 5 578 | 222 | 1 191 | 21 692 |
| 浙　江 | 204 | 1 389 | 9 300 | 3 | 15 | 55 | 80 | 130 | 7 932 |
| 安　徽 | 356 | 2 703 | 27 162 | 121 | 489 | 3 933 | 235 | 2 214 | 23 229 |
| 福　建 | 20 | 91 | 1 426 | 4 | 18 | 39 | 16 | 72 | 1 392 |
| 江　西 | 129 | 1 245 | 13 266 | 12 | 26 | 29 | 117 | 1 219 | 13 097 |
| 山　东 | 65 | 1 171 | 6 167 | | | | 62 | 778 | 6 049 |
| 河　南 | 117 | 1 151 | 8 686 | | | | 117 | 1 151 | 8 686 |
| 湖　北 | 309 | 2 296 | 27 802 | 46 | 71 | 656 | 263 | 2 225 | 27 146 |
| 湖　南 | 394 | 2 201 | 20 522 | | | | 240 | 1 536 | 16 609 |
| 广　东 | 228 | 4 303 | 5 204 | 142 | 8 988 | 5 015 | 86 | 1 053 | 9 462 |
| 广　西 | 130 | 1 008 | 12 252 | 21 | 29 | 803 | 102 | 871 | 10 645 |
| 海　南 | | | | | | | | | |
| 重　庆 | 120 | 920 | 9 353 | 7 | 60 | 98 | 113 | 860 | 9 255 |
| 四　川 | 100 | 741 | 9 468 | | | | 95 | 730 | 9 279 |
| 贵　州 | 92 | 1 170 | 10 723 | 1 | 5 | 62 | 89 | 1 092 | 9 698 |
| 云　南 | 95 | 1 019 | 12 132 | 1 | 12 | 60 | 93 | 985 | 12 012 |
| 西　藏 | | | | | | | | | |
| 陕　西 | 16 | 52 | 1 267 | | | | 11 | 41 | 1 207 |
| 甘　肃 | 12 | 66 | 1 222 | | | | 10 | 66 | 1 022 |
| 青　海 | 15 | 216 | 2 129 | | | | 15 | 216 | 2 129 |
| 宁　夏 | 22 | 118 | 1 760 | | | | 22 | 118 | 1 760 |
| 新　疆 | 38 | 395 | 2 160 | 5 | 154 | 169 | 33 | 241 | 1 991 |

# 各地区非机动渔船年末拥有量

| 地　　区 | 合　　计 | | 海洋渔业非机动渔船 | | 内陆渔业非机动渔船 | |
|---|---|---|---|---|---|---|
| | 艘 | 总吨 | 艘 | 总吨 | 艘 | 总吨 |
| **全国总计** | **163 851** | **241 031** | **3 014** | **9 057** | **160 837** | **231 974** |
| 北　京 | 217 | 217 | | | 217 | 217 |
| 天　津 | 1 146 | 540 | | | 1 146 | 540 |
| 河　北 | 1 925 | 1 130 | | | 1 925 | 1 130 |
| 山　西 | 37 | 14 | | | 37 | 14 |
| 内蒙古 | 166 | 131 | | | 166 | 131 |
| 辽　宁 | 2 116 | 2 828 | | 329 | 2 116 | 2 499 |
| 吉　林 | 2 315 | 1 480 | | | 2 315 | 1 480 |
| 黑龙江 | 1 369 | 920 | | | 1 369 | 920 |
| 上　海 | 32 | 2 188 | 1 | 1 458 | 31 | 730 |
| 江　苏 | 63 877 | 136 341 | 147 | 328 | 63 730 | 136 013 |
| 浙　江 | 9 900 | 16 277 | 62 | 32 | 9 838 | 16 245 |
| 安　徽 | 10 127 | 23 498 | | | 10 127 | 23 498 |
| 福　建 | 1 643 | 1 561 | 1 583 | 1 513 | 60 | 48 |
| 江　西 | 15 257 | 13 750 | | | 15 257 | 13 750 |
| 山　东 | 30 709 | 15 541 | 10 | 5 | 30 699 | 15 536 |
| 河　南 | 4 624 | 3 663 | | | 4 624 | 3 663 |
| 湖　北 | 6 239 | 5 019 | | | 6 239 | 5 019 |
| 湖　南 | 7 049 | 4 043 | | | 7 049 | 4 043 |
| 广　东 | 1 650 | 9 236 | 1 177 | 5 286 | 473 | 3 950 |
| 广　西 | 274 | 82 | | | 274 | 82 |
| 海　南 | 34 | 106 | 34 | 106 | | |
| 重　庆 | 138 | 38 | | | 138 | 38 |
| 四　川 | 565 | 337 | | | 565 | 337 |
| 贵　州 | | | | | | |
| 云　南 | 1 635 | 1 576 | | | 1 635 | 1 576 |
| 西　藏 | | | | | | |
| 陕　西 | 267 | 224 | | | 267 | 224 |
| 甘　肃 | 29 | 29 | | | 29 | 29 |
| 青　海 | | 40 | | | | 40 |
| 宁　夏 | 166 | 120 | | | 166 | 120 |
| 新　疆 | 345 | 102 | | | 345 | 102 |

# 各地区渔业基础设施情况

单位:个

| 地　　区 | 国家级水产原良种场 | 渔港合计 | 其中：沿海中心渔港 | 沿海一级渔港 | 内陆重点渔港 | 国家级种质资源保护区 | 国家级水生野生动植物自然保护区 |
|---|---|---|---|---|---|---|---|
| **全国总计** | **87** | **1 154** | **73** | **95** | **222** | **396** | **368** |
| 北　京 | 3 | | | | | | |
| 天　津 | 2 | 5 | | 1 | | | 4 |
| 河　北 | 5 | 30 | 5 | 5 | 8 | 5 | 7 |
| 山　西 | 1 | | | | | | |
| 内蒙古 | 1 | | | | | | |
| 辽　宁 | 1 | 125 | 3 | 9 | 28 | 15 | 70 |
| 吉　林 | 1 | | | | | | |
| 黑龙江 | 1 | | | | | | |
| 上　海 | 1 | 1 | | 1 | | | |
| 江　苏 | 7 | 20 | 7 | 4 | 4 | | 5 |
| 浙　江 | 6 | 129 | 9 | 13 | 28 | 32 | 47 |
| 安　徽 | 3 | | | | | | |
| 福　建 | 1 | 270 | 10 | 14 | 68 | 170 | 8 |
| 江　西 | 4 | | | | | | |
| 山　东 | 12 | 177 | 9 | 11 | 6 | 80 | 71 |
| 河　南 | | | | | | | |
| 湖　北 | 12 | | | | | | |
| 湖　南 | 4 | | | | | | |
| 广　东 | 5 | 106 | 12 | 15 | 24 | 39 | 16 |
| 广　西 | 2 | 15 | 4 | 5 | 3 | 3 | |
| 海　南 | 2 | 50 | 6 | 5 | 13 | 11 | 15 |
| 重　庆 | 1 | | | | | | |
| 四　川 | 2 | | | | | | |
| 贵　州 | | | | | | | |
| 云　南 | | | | | | | |
| 西　藏 | | | | | | | |
| 陕　西 | 1 | | | | | | |
| 甘　肃 | 1 | | | | | | |
| 青　海 | 1 | | | | | | |
| 宁　夏 | | | | | | | |
| 新　疆 | | | | | | | |
| 大　连 | 4 | 99 | 4 | 6 | 30 | 22 | 37 |
| 青　岛 | 2 | 61 | 2 | 2 | | 4 | 53 |
| 宁　波 | 1 | 57 | 1 | 3 | 7 | 14 | 32 |
| 厦　门 | | 3 | 1 | | | | 2 |
| 深　圳 | | 6 | | 1 | 3 | 1 | 1 |

## 3-4 渔业人口

### 全国渔业人口与从业人员

| 指 标 | 计量单位 | 2021 年 | 2020 年 | 2021 年比 2020 年增减(±) | 其中:海洋渔业 | | |
|---|---|---|---|---|---|---|---|
| | | | | | 2021 年 | 2020 年 | 2021 年比 2020 年增减(±) |
| 1. 渔业乡 | 个 | 696 | 694 | 2 | 380 | 379 | 1 |
| 2. 渔业村 | 个 | 7 078 | 7 120 | -42 | 3 235 | 3 271 | -36 |
| 3. 渔业户 | 户 | 4 196 021 | 4 391 007 | -194 986 | 1 284 811 | 1 335 965 | -51 154 |
| 4. 渔业人口 | 人 | 16 342 392 | 17 207 654 | -865 262 | 5 036 462 | 5 257 826 | -221 364 |
| 其中:传统渔民 | 人 | 5 171 560 | 5 554 348 | -382 788 | 2 524 113 | 2 720 313 | -196 200 |
| 5. 渔业从业人员 | 人 | 11 846 287 | 12 395 858 | -549 571 | 3 351 954 | 3 494 297 | -142 343 |
| (1)专业从业人员 | 人 | 6 341 223 | 6 664 892 | -323 669 | 2 034 784 | 2 145 665 | -110 881 |
| 其中:女性 | 人 | 1 220 156 | 1 276 745 | -56 589 | 295 184 | 313 309 | -18 125 |
| 其中:捕捞 | 人 | 1 212 667 | 1 298 588 | -85 921 | 855 874 | 890 633 | -34 759 |
| 养殖 | 人 | 4 353 995 | 4 575 402 | -221 407 | 827 121 | 888 844 | -61 723 |
| 其他 | 人 | 774 561 | 790 902 | -16 341 | 351 789 | 366 188 | -14 399 |
| (2)兼业从业人员 | 人 | 4 003 042 | 4 188 354 | -185 312 | 766 318 | 793 241 | -26 923 |
| (3)临时从业人员 | 人 | 1 502 022 | 1 542 612 | -40 590 | 550 852 | 555 391 | -4 539 |

# 各地区渔业人口与从业人员(一)

| 地 区 | 1. 渔业乡(个) | 2. 渔业村(个) | 3. 渔业户(户) | 4. 渔业人口(人) | | 5. 渔业从业人员(人) |
|---|---|---|---|---|---|---|
| | | | | 小 计 | 其中:传统渔民 | |
| **全国总计** | **696** | **7 078** | **4 196 021** | **16 342 392** | **5 171 560** | **11 846 287** |
| 北 京 | 8 | 32 | 1 682 | 4 457 | 962 | 4 713 |
| 天 津 | | 4 | 7 056 | 23 895 | 6 663 | 15 115 |
| 河 北 | 28 | 159 | 51 517 | 218 037 | 132 860 | 177 052 |
| 山 西 | | | 876 | 3 963 | | 3 873 |
| 内 蒙 古 | 4 | 31 | 6 710 | 35 047 | 4 678 | 25 049 |
| 辽 宁 | 129 | 665 | 141 968 | 576 768 | 293 321 | 451 369 |
| 吉 林 | 1 | 4 | 23 450 | 84 782 | 906 | 76 137 |
| 黑 龙 江 | 6 | 29 | 44 531 | 154 560 | 131 376 | 113 743 |
| 上 海 | | 13 | 3 076 | 10 258 | 4 110 | 8 889 |
| 江 苏 | 31 | 472 | 261 848 | 1 081 847 | 301 417 | 904 867 |
| 浙 江 | 92 | 615 | 286 468 | 943 747 | 346 175 | 629 724 |
| 安 徽 | 8 | 81 | 148 247 | 608 487 | 162 030 | 547 696 |
| 福 建 | 53 | 545 | 396 839 | 1 605 781 | 833 608 | 886 222 |
| 江 西 | 6 | 108 | 221 757 | 1 023 253 | 217 194 | 788 420 |
| 山 东 | 94 | 1 190 | 418 597 | 1 517 752 | 580 641 | 1 194 646 |
| 河 南 | 24 | 369 | 110 583 | 442 375 | 24 712 | 359 816 |
| 湖 北 | 63 | 848 | 435 755 | 1 377 075 | 516 790 | 1 042 942 |
| 湖 南 | 5 | 235 | 222 081 | 1 002 408 | 111 743 | 840 601 |
| 广 东 | 77 | 1 022 | 494 018 | 2 030 978 | 829 768 | 1 155 209 |
| 广 西 | 14 | 205 | 224 808 | 1 002 561 | 303 012 | 801 897 |
| 海 南 | 24 | 260 | 68 544 | 335 677 | 140 695 | 194 069 |
| 重 庆 | | 5 | 101 725 | 378 491 | 280 | 302 252 |
| 四 川 | 28 | 151 | 415 761 | 1 404 999 | 150 895 | 966 877 |
| 贵 州 | | 2 | 27 044 | 144 793 | 6 630 | 73 793 |
| 云 南 | | | 56 230 | 230 615 | 55 507 | 192 140 |
| 西 藏 | | | | | | |
| 陕 西 | 1 | 31 | 18 186 | 62 998 | 11 259 | 55 879 |
| 甘 肃 | | | 1 883 | 8 906 | 411 | 7 269 |
| 青 海 | | | 106 | 3 750 | | 3 504 |
| 宁 夏 | | | 1 512 | 7 544 | | 8 903 |
| 新 疆 | | 2 | 3 163 | 16 588 | 3 917 | 13 621 |

# 各地区渔业人口与从业人员(二)

单位:人

| 地　区 | 5. 渔业从业人员(续) | | | | | | |
|---|---|---|---|---|---|---|---|
| | (1)专业从业人员 | | | | | (2)兼业从业人员 | (3)临时从业人员 |
| | 合　计 | 其中:女性 | a. 捕捞 | b. 养殖 | c. 其他 | | |
| **全国总计** | **6 341 223** | **1 220 156** | **1 212 667** | **4 353 995** | **774 561** | **4 003 042** | **1 502 022** |
| 北　京 | 3 467 | 817 | 682 | 2 166 | 619 | 1 087 | 159 |
| 天　津 | 9 784 | 272 | 2 037 | 7 534 | 213 | 4 208 | 1 123 |
| 河　北 | 84 161 | 18 881 | 33 419 | 37 377 | 13 365 | 30 615 | 62 276 |
| 山　西 | 2 266 | 477 | 401 | 1 728 | 137 | 1 149 | 458 |
| 内蒙古 | 13 860 | 2 867 | 3 237 | 8 346 | 2 277 | 8 754 | 2 435 |
| 辽　宁 | 276 850 | 38 530 | 105 766 | 137 613 | 33 471 | 100 015 | 74 504 |
| 吉　林 | 20 137 | 2 535 | 3 836 | 14 478 | 1 823 | 49 394 | 6 606 |
| 黑龙江 | 74 740 | 26 159 | 19 215 | 46 996 | 8 529 | 31 803 | 7 200 |
| 上　海 | 8 054 | 746 | 2 985 | 4 687 | 382 | 478 | 357 |
| 江　苏 | 520 056 | 120 680 | 93 333 | 387 625 | 39 098 | 265 629 | 119 182 |
| 浙　江 | 385 563 | 68 612 | 139 059 | 154 882 | 91 622 | 145 234 | 98 927 |
| 安　徽 | 267 227 | 56 585 | 32 179 | 207 156 | 27 892 | 207 430 | 73 039 |
| 福　建 | 545 063 | 85 426 | 173 753 | 298 360 | 72 950 | 264 652 | 76 507 |
| 江　西 | 356 881 | 65 153 | 10 696 | 290 672 | 55 513 | 329 384 | 102 155 |
| 山　东 | 609 399 | 116 612 | 171 642 | 294 224 | 143 533 | 242 108 | 343 139 |
| 河　南 | 150 989 | 37 996 | 17 790 | 115 621 | 17 578 | 178 206 | 30 621 |
| 湖　北 | 667 771 | 169 399 | 5 850 | 621 512 | 40 409 | 264 363 | 110 808 |
| 湖　南 | 378 172 | 79 712 | | 343 199 | 34 973 | 393 534 | 68 895 |
| 广　东 | 792 096 | 131 514 | 214 479 | 506 489 | 71 128 | 305 392 | 57 721 |
| 广　西 | 399 577 | 50 822 | 63 261 | 297 914 | 38 402 | 315 452 | 86 868 |
| 海　南 | 160 147 | 24 103 | 99 796 | 44 918 | 15 433 | 26 347 | 7 575 |
| 重　庆 | 140 189 | 47 234 | | 127 395 | 12 794 | 118 738 | 43 325 |
| 四　川 | 328 670 | 52 981 | | 288 266 | 40 404 | 569 249 | 68 958 |
| 贵　州 | 21 660 | 2 467 | 2 047 | 16 416 | 3 197 | 37 107 | 15 026 |
| 云　南 | 73 365 | 12 830 | 13 082 | 56 880 | 3 403 | 85 392 | 33 383 |
| 西　藏 | | | | | | | |
| 陕　西 | 31 607 | 4 023 | | 27 698 | 3 909 | 18 309 | 5 963 |
| 甘　肃 | 3 059 | 517 | | 2 789 | 270 | 2 938 | 1 272 |
| 青　海 | 2 523 | 227 | 2 124 | 349 | 50 | 931 | 50 |
| 宁　夏 | 4 894 | 876 | 322 | 4 121 | 451 | 2 605 | 1 404 |
| 新　疆 | 8 996 | 1 103 | 1 676 | 6 584 | 736 | 2 539 | 2 086 |

# 各地区海洋渔业人口与从业人员(一)

| 地　区 | 1. 渔业乡(个) | 2. 渔业村(个) | 3. 渔业户(户) | 4. 渔业人口(人) | | 5. 渔业从业人员(人) |
|---|---|---|---|---|---|---|
| | | | | 小　计 | 其中:传统渔民 | |
| **全国总计** | **380** | **3 235** | **1 284 811** | **5 036 462** | **2 524 113** | **3 351 954** |
| 北　京 | | | | | | 278 |
| 天　津 | 1 | 3 | 1 917 | 6 081 | 2 429 | 2 088 |
| 河　北 | 11 | 67 | 37 047 | 141 461 | 108 187 | 128 045 |
| 山　西 | | | | | | |
| 内蒙古 | | | | | | |
| 辽　宁 | 74 | 327 | 83 325 | 384 559 | 214 385 | 271 986 |
| 吉　林 | | | | | | |
| 黑龙江 | | | | | | |
| 上　海 | | 6 | 623 | 2 346 | 1 903 | 3 053 |
| 江　苏 | 12 | 90 | 34 890 | 222 021 | 82 333 | 159 920 |
| 浙　江 | 78 | 487 | 192 006 | 582 842 | 256 236 | 335 943 |
| 安　徽 | | | | | | |
| 福　建 | 53 | 528 | 330 281 | 1 327 892 | 754 566 | 710 857 |
| 江　西 | | | | | | |
| 山　东 | 61 | 800 | 286 878 | 896 305 | 392 420 | 889 228 |
| 河　南 | | | | | | |
| 湖　北 | | | | | | |
| 湖　南 | | | | | | |
| 广　东 | 64 | 611 | 193 966 | 889 109 | 491 614 | 437 121 |
| 广　西 | 5 | 110 | 64 709 | 311 961 | 87 098 | 264 568 |
| 海　南 | 21 | 206 | 59 169 | 271 885 | 132 942 | 148 867 |
| 重　庆 | | | | | | |
| 四　川 | | | | | | |
| 贵　州 | | | | | | |
| 云　南 | | | | | | |
| 西　藏 | | | | | | |
| 陕　西 | | | | | | |
| 甘　肃 | | | | | | |
| 青　海 | | | | | | |
| 宁　夏 | | | | | | |
| 新　疆 | | | | | | |

# 各地区海洋渔业人口与从业人员(二)

单位:人

| 地区 | 5. 渔业从业人员(续) | | | | | | |
|---|---|---|---|---|---|---|---|
| | (1)专业从业人员 | | | | | (2)兼业从业人员 | (3)临时从业人员 |
| | 合计 | 其中:女性 | a. 捕捞 | b. 养殖 | c. 其他 | | |
| **全国总计** | **2 034 784** | **295 184** | **855 874** | **827 121** | **351 789** | **766 318** | **550 852** |
| 北京 | 278 | | 248 | | 30 | | |
| 天津 | 1 718 | 50 | 954 | 734 | 30 | 330 | 40 |
| 河北 | 58 764 | 2 834 | 23 597 | 23 037 | 12 130 | 12 316 | 56 965 |
| 山西 | | | | | | | |
| 内蒙古 | | | | | | | |
| 辽宁 | 172 971 | 23 825 | 93 532 | 57 771 | 21 668 | 45 245 | 53 770 |
| 吉林 | | | | | | | |
| 黑龙江 | | | | | | | |
| 上海 | 2 948 | 55 | 2 632 | | 316 | 55 | 50 |
| 江苏 | 89 750 | 21 348 | 42 688 | 38 941 | 8 121 | 53 711 | 16 459 |
| 浙江 | 231 743 | 31 124 | 117 965 | 46 910 | 66 868 | 50 278 | 53 922 |
| 安徽 | | | | | | | |
| 福建 | 453 411 | 73 660 | 162 132 | 226 137 | 65 142 | 190 618 | 66 828 |
| 江西 | | | | | | | |
| 山东 | 391 956 | 73 669 | 113 521 | 160 614 | 117 821 | 247 080 | 250 192 |
| 河南 | | | | | | | |
| 湖北 | | | | | | | |
| 湖南 | | | | | | | |
| 广东 | 323 139 | 35 037 | 177 655 | 110 755 | 34 729 | 89 183 | 24 799 |
| 广西 | 180 508 | 13 594 | 37 674 | 132 201 | 10 633 | 62 211 | 21 849 |
| 海南 | 127 598 | 19 988 | 83 276 | 30 021 | 14 301 | 15 291 | 5 978 |
| 重庆 | | | | | | | |
| 四川 | | | | | | | |
| 贵州 | | | | | | | |
| 云南 | | | | | | | |
| 西藏 | | | | | | | |
| 陕西 | | | | | | | |
| 甘肃 | | | | | | | |
| 青海 | | | | | | | |
| 宁夏 | | | | | | | |
| 新疆 | | | | | | | |

# 第四部分

# 加工与贸易

# 4-1　水产品加工

## 全国水产加工情况

| 指　　标 | 计量单位 | 2021 年 | 2020 年 | 2021 年比 2020 年增减(±) | |
|---|---|---|---|---|---|
| | | | | 绝对量 | 幅度(%) |
| 1. 水产加工企业 | 个 | 9 202 | 9 136 | 66 | 0. 72 |
| 水产品加工能力 | 吨/年 | 28 935 838 | 28 534 343 | 401 495 | 1. 41 |
| 其中:规模以上加工企业 | 个 | 2 497 | 2 513 | -16 | -0. 64 |
| 2. 水产冷库 | 座 | 8 454 | 8 188 | 266 | 3. 25 |
| 冻结能力 | 吨/日 | 853 396 | 882 134 | -28 738 | -3. 26 |
| 冷藏能力 | 吨/次 | 4 746 275 | 4 643 754 | 102 521 | 2. 21 |
| 制冰能力 | 吨/日 | 201 510 | 214 863 | -13 353 | -6. 21 |
| 3. 水产加工品总量 | 吨 | 21 250 370 | 20 907 861 | 342 509 | 1. 64 |
| 淡水加工产品 | 吨 | 4 162 262 | 4 115 121 | 47 141 | 1. 15 |
| 海水加工产品 | 吨 | 17 088 108 | 16 792 740 | 295 368 | 1. 76 |
| (1)水产冷冻品 | 吨 | 15 195 232 | 14 759 139 | 436 093 | 2. 95 |
| 其中:冷冻品 | 吨 | 7 979 198 | 7 600 877 | 378 321 | 4. 98 |
| 冷冻加工品 | 吨 | 7 216 034 | 7 158 262 | 57 772 | 0. 81 |
| (2)鱼糜制品及干腌制品 | 吨 | 2 765 064 | 2 650 891 | 114 173 | 4. 31 |
| 其中:鱼糜制品 | 吨 | 1 349 803 | 1 267 727 | 82 076 | 6. 47 |
| 干腌制品 | 吨 | 1 415 261 | 1 383 164 | 32 097 | 2. 32 |
| (3)藻类加工品 | 吨 | 1 023 691 | 1 048 090 | -24 399 | -2. 33 |
| (4)罐制品 | 吨 | 330 392 | 329 857 | 535 | 0. 16 |
| (5)水产饲料(鱼粉) | 吨 | 659 018 | 707 638 | -48 620 | -6. 87 |
| (6)鱼油制品 | 吨 | 67 807 | 53 243 | 14 564 | 27. 35 |
| (7)其他水产加工品 | 吨 | 1 192 166 | 1 116 003 | 76 163 | 6. 82 |
| 其中:助剂和添加剂 | 吨 | 16 197 | 40 848 | -24 651 | -60. 35 |
| 珍珠 | 千克 | 11 563 | 27 943 | -16 380 | -58. 62 |
| 4. 用于加工的水产品总量 | 吨 | 25 226 780 | 24 771 592 | 455 188 | 1. 84 |
| 其中:淡水产品 | 吨 | 5 715 741 | 5 241 770 | 473 971 | 9. 04 |
| 海水产品 | 吨 | 19 511 039 | 19 529 822 | -18 783 | -0. 10 |
| 5. 部分水产品年加工量 | 吨 | 1 916 476 | 1 782 023 | 134 453 | 7. 54 |
| 其中:对虾 | 吨 | 482 322 | 490 773 | -8 451 | -1. 72 |
| 克氏原螯虾 | 吨 | 661 843 | 566 102 | 95 741 | 16. 91 |
| 罗非鱼 | 吨 | 567 059 | 549 463 | 17 596 | 3. 20 |
| 鳗鱼 | 吨 | 151 370 | 129 160 | 22 210 | 17. 20 |
| 斑点叉尾鮰 | 吨 | 53 882 | 46 525 | 7 357 | 15. 81 |

# 各地区水产加工品总量

单位:吨

| 地　区 | 2021 年 | | 2020 年 | | 2021 年比 2020 年增减(±) | | | |
|---|---|---|---|---|---|---|---|---|
| | | | | | 绝对量 | | 幅度(%) | |
| | 水产加工品总量 | 其中:淡水加工产品 | 水产加工品总量 | 其中:淡水加工产品 | 水产加工品总量 | 其中:淡水加工产品 | 水产加工品总量 | 其中:淡水加工产品 |
| **全国总计** | **21 250 370** | **4 162 262** | **20 907 861** | **4 115 121** | **342 509** | **47 141** | **1.64** | **1.15** |
| 北　京 | 1 889 | 1 026 | 2 425 | 1 642 | -536 | -616 | -22.10 | -37.52 |
| 天　津 | 720 | 720 | 1 400 | 1 400 | -680 | -680 | -48.57 | -48.57 |
| 河　北 | 98 542 | 13 464 | 98 451 | 13 985 | 91 | -521 | 0.09 | -3.73 |
| 山　西 | 760 | 305 | 785 | 295 | -25 | 10 | -3.18 | 3.39 |
| 内蒙古 | 3 038 | 3 038 | 3 366 | 3 366 | -328 | -328 | -9.74 | -9.74 |
| 辽　宁 | 2 354 950 | 28 050 | 2 333 821 | 27 844 | 21 129 | 206 | 0.91 | 0.74 |
| 吉　林 | 255 228 | 1 546 | 254 549 | 1 474 | 679 | 72 | 0.27 | 4.88 |
| 黑龙江 | 13 236 | 13 236 | 10 442 | 10 442 | 2 794 | 2 794 | 26.76 | 26.76 |
| 上　海 | 2 805 | 329 | 2 430 | 338 | 375 | -9 | 15.43 | -2.66 |
| 江　苏 | 1 347 997 | 708 664 | 1 286 801 | 645 015 | 61 196 | 63 649 | 4.76 | 9.87 |
| 浙　江 | 1 815 309 | 66 262 | 1 857 099 | 68 785 | -41 790 | -2 523 | -2.25 | -3.67 |
| 安　徽 | 212 458 | 212 063 | 209 008 | 204 177 | 3 450 | 7 886 | 1.65 | 3.86 |
| 福　建 | 4 051 762 | 207 071 | 3 704 087 | 192 471 | 347 675 | 14 600 | 9.39 | 7.59 |
| 江　西 | 374 999 | 374 999 | 371 737 | 371 737 | 3 262 | 3 262 | 0.88 | 0.88 |
| 山　东 | 6 417 417 | 101 108 | 6 464 797 | 118 904 | -47 380 | -17 796 | -0.73 | -14.97 |
| 河　南 | 19 384 | 19 384 | 19 831 | 19 831 | -447 | -447 | -2.25 | -2.25 |
| 湖　北 | 1 357 937 | 1 357 937 | 1 538 116 | 1 538 116 | -180 179 | -180 179 | -11.71 | -11.71 |
| 湖　南 | 321 162 | 321 162 | 218 561 | 218 561 | 102 601 | 102 601 | 46.94 | 46.94 |
| 广　东 | 1 483 550 | 425 914 | 1 454 584 | 396 997 | 28 966 | 28 917 | 1.99 | 7.28 |
| 广　西 | 747 625 | 122 506 | 745 052 | 123 930 | 2 573 | -1 424 | 0.35 | -1.15 |
| 海　南 | 311 465 | 125 341 | 257 802 | 83 094 | 53 663 | 42 247 | 20.82 | 50.84 |
| 重　庆 | 780 | 780 | 584 | 584 | 196 | 196 | 33.56 | 33.56 |
| 四　川 | 4 261 | 4 261 | 3 921 | 3 921 | 340 | 340 | 8.67 | 8.67 |
| 贵　州 | 3 597 | 3 597 | 4 929 | 4 929 | -1 332 | -1 332 | -27.02 | -27.02 |
| 云　南 | 13 017 | 13 017 | 32 068 | 32 068 | -19 051 | -19 051 | -59.41 | -59.41 |
| 西　藏 | | | | | | | | |
| 陕　西 | 1 206 | 1 206 | 1 150 | 1 150 | 56 | 56 | 4.87 | 4.87 |
| 甘　肃 | | | | | | | | |
| 青　海 | 28 000 | 28 000 | 28 000 | 28 000 | | | | |
| 宁　夏 | 1 006 | 1 006 | | | 1 006 | 1 006 | | |
| 新　疆 | 6 270 | 6 270 | 2 065 | 2 065 | 4 205 | 4 205 | 203.63 | 203.63 |

# 各地区水产加工品总量(按品种分)(一)

单位:吨

| 地　区 | 水产加工品总量 | | | 1. 水产冷冻品 | | |
|---|---|---|---|---|---|---|
| | | 淡水加工品 | 海水加工品 | | 冷冻品 | 冷冻加工品 |
| **全国总计** | **21 250 370** | **4 162 262** | **17 088 108** | **15 195 232** | **7 979 198** | **7 216 034** |
| 北　京 | 1 889 | 1 026 | 863 | 1 889 | | 1 889 |
| 天　津 | 720 | 720 | | | | |
| 河　北 | 98 542 | 13 464 | 85 078 | 70 687 | 39 325 | 31 362 |
| 山　西 | 760 | 305 | 455 | 760 | 305 | 455 |
| 内蒙古 | 3 038 | 3 038 | | 1 835 | 1 835 | |
| 辽　宁 | 2 354 950 | 28 050 | 2 326 900 | 1 765 553 | 662 318 | 1 103 235 |
| 吉　林 | 255 228 | 1 546 | 253 682 | 236 515 | 150 345 | 86 170 |
| 黑龙江 | 13 236 | 13 236 | | 7 807 | 7 807 | |
| 上　海 | 2 805 | 329 | 2 476 | 2 805 | 3 | 2 802 |
| 江　苏 | 1 347 997 | 708 664 | 639 333 | 637 827 | 417 822 | 220 005 |
| 浙　江 | 1 815 309 | 66 262 | 1 749 047 | 1 433 060 | 1 042 863 | 390 197 |
| 安　徽 | 212 458 | 212 063 | 395 | 166 194 | 71 545 | 94 649 |
| 福　建 | 4 051 762 | 207 071 | 3 844 691 | 2 683 319 | 1 539 131 | 1 144 188 |
| 江　西 | 374 999 | 374 999 | | 137 381 | 58 982 | 78 399 |
| 山　东 | 6 417 417 | 101 108 | 6 316 309 | 4 944 544 | 2 775 377 | 2 169 167 |
| 河　南 | 19 384 | 19 384 | | 17 978 | 6 692 | 11 286 |
| 湖　北 | 1 357 937 | 1 357 937 | | 825 226 | 327 205 | 498 021 |
| 湖　南 | 321 162 | 321 162 | | 215 975 | 123 344 | 92 631 |
| 广　东 | 1 483 550 | 425 914 | 1 057 636 | 1 059 382 | 432 610 | 626 772 |
| 广　西 | 747 625 | 122 506 | 625 119 | 655 044 | 169 517 | 485 527 |
| 海　南 | 311 465 | 125 341 | 186 124 | 300 415 | 127 554 | 172 861 |
| 重　庆 | 780 | 780 | | 438 | 360 | 78 |
| 四　川 | 4 261 | 4 261 | | 2 633 | 470 | 2 163 |
| 贵　州 | 3 597 | 3 597 | | 2 650 | 965 | 1 685 |
| 云　南 | 13 017 | 13 017 | | 7 481 | 5 379 | 2 102 |
| 西　藏 | | | | | | |
| 陕　西 | 1 206 | 1 206 | | 1 144 | 1 144 | |
| 甘　肃 | | | | | | |
| 青　海 | 28 000 | 28 000 | | 11 000 | 11 000 | |
| 宁　夏 | 1 006 | 1 006 | | | | |
| 新　疆 | 6 270 | 6 270 | | 5 690 | 5 300 | 390 |

# 各地区水产加工品总量(按品种分)(二)

单位:吨

| 地区 | 2. 鱼糜制品及干腌制品 | | | 3. 藻类加工品 | 4. 罐制品 | 5. 鱼粉 |
|---|---|---|---|---|---|---|
| | | 鱼糜制品 | 干腌制品 | | | |
| **全国总计** | **2 765 064** | **1 349 803** | **1 415 261** | **1 023 691** | **330 392** | **659 018** |
| 北京 | | | | | | |
| 天津 | | | | | 720 | |
| 河北 | 2 908 | | 2 908 | | 7 338 | 16 275 |
| 山西 | | | | | | |
| 内蒙古 | 633 | | 633 | 540 | 30 | |
| 辽宁 | 146 191 | 43 927 | 102 264 | 229 969 | 18 677 | 57 346 |
| 吉林 | 18 562 | 2 875 | 15 687 | | 130 | |
| 黑龙江 | 3 199 | 33 | 3 166 | | 60 | |
| 上海 | | | | | | |
| 江苏 | 122 098 | 24 492 | 97 606 | 24 233 | 18 728 | 1 562 |
| 浙江 | 166 320 | 85 461 | 80 859 | 27 237 | 34 687 | 140 605 |
| 安徽 | 40 755 | 18 110 | 22 645 | | 5 509 | |
| 福建 | 698 151 | 410 078 | 288 073 | 342 406 | 36 116 | 25 448 |
| 江西 | 207 109 | 71 151 | 135 958 | 1 340 | 13 679 | 600 |
| 山东 | 601 874 | 335 128 | 266 746 | 389 875 | 125 995 | 252 966 |
| 河南 | 1 401 | 322 | 1 079 | | 2 | 3 |
| 湖北 | 459 250 | 225 937 | 233 313 | | 10 752 | 60 325 |
| 湖南 | 66 177 | 20 286 | 45 891 | 2 061 | 3 670 | 19 242 |
| 广东 | 182 741 | 90 844 | 91 897 | 4 776 | 52 478 | 83 546 |
| 广西 | 37 421 | 18 219 | 19 202 | | 671 | |
| 海南 | 4 432 | 2 119 | 2 313 | | | |
| 重庆 | 192 | 3 | 189 | | | |
| 四川 | 1 240 | 309 | 931 | | 343 | |
| 贵州 | 947 | 43 | 904 | | | |
| 云南 | 3 091 | 424 | 2 667 | 248 | 537 | 1 100 |
| 西藏 | | | | | | |
| 陕西 | 62 | 2 | 60 | | | |
| 甘肃 | | | | | | |
| 青海 | | | | | | |
| 宁夏 | | | | 1 006 | | |
| 新疆 | 310 | 40 | 270 | | 270 | |

# 各地区水产加工品总量(按品种分)(三)

单位:吨

| 地　　区 | 6. 鱼油制品 | 7. 其他水产加工品 | 其　　中 | |
|---|---|---|---|---|
| | | | 助剂和添加剂 | 珍珠(千克) |
| **全国总计** | **67 807** | **1 192 166** | **16 197** | **11 563** |
| 北　　京 | | | | |
| 天　　津 | | | | |
| 河　　北 | 34 | 1 300 | | |
| 山　　西 | | | | |
| 内 蒙 古 | | | | |
| 辽　　宁 | 3 281 | 133 933 | 30 | 1 350 |
| 吉　　林 | | 21 | | |
| 黑 龙 江 | | 2 170 | | |
| 上　　海 | | | | |
| 江　　苏 | | 543 549 | 235 | 6 000 |
| 浙　　江 | 508 | 12 892 | 298 | 1 000 |
| 安　　徽 | | | | |
| 福　　建 | 27 400 | 238 922 | 10 419 | |
| 江　　西 | 136 | 14 754 | | 45 |
| 山　　东 | 35 833 | 66 330 | 200 | |
| 河　　南 | | | | |
| 湖　　北 | | 2 384 | 300 | |
| 湖　　南 | 5 | 14 032 | 205 | |
| 广　　东 | 50 | 100 577 | | 3 168 |
| 广　　西 | | 54 489 | 4 510 | |
| 海　　南 | | 6 618 | | |
| 重　　庆 | | 150 | | |
| 四　　川 | | 45 | | |
| 贵　　州 | | | | |
| 云　　南 | 560 | | | |
| 西　　藏 | | | | |
| 陕　　西 | | | | |
| 甘　　肃 | | | | |
| 青　　海 | | | | |
| 宁　　夏 | | | | |
| 新　　疆 | | | | |

# 各地区用于加工的水产品量

单位:吨

| 地　　区 | 用于加工的水产品量 | 淡水产品 | 海水产品 |
|---|---|---|---|
| **全国总计** | **25 226 780** | **5 715 741** | **19 511 039** |
| 北　　京 | 1 949 | 1 086 | 863 |
| 天　　津 | 750 | 750 | |
| 河　　北 | 171 153 | 12 506 | 158 647 |
| 山　　西 | 978 | 409 | 569 |
| 内 蒙 古 | 4 119 | 4 119 | |
| 辽　　宁 | 3 514 168 | 256 052 | 3 258 116 |
| 吉　　林 | 281 577 | 2 015 | 279 562 |
| 黑 龙 江 | 27 173 | 27 173 | |
| 上　　海 | 2 805 | 329 | 2 476 |
| 江　　苏 | 1 526 755 | 797 808 | 728 947 |
| 浙　　江 | 1 642 313 | 74 428 | 1 567 885 |
| 安　　徽 | 274 147 | 273 752 | 395 |
| 福　　建 | 4 731 805 | 220 486 | 4 511 319 |
| 江　　西 | 675 840 | 675 840 | |
| 山　　东 | 7 243 366 | 72 621 | 7 170 745 |
| 河　　南 | 32 904 | 32 904 | |
| 湖　　北 | 1 931 818 | 1 931 818 | |
| 湖　　南 | 339 969 | 339 969 | |
| 广　　东 | 1 622 978 | 582 937 | 1 040 041 |
| 广　　西 | 751 167 | 164 632 | 586 535 |
| 海　　南 | 400 772 | 196 839 | 203 933 |
| 重　　庆 | 1 243 | 1 243 | |
| 四　　川 | 5 908 | 5 908 | |
| 贵　　州 | 3 990 | 3 990 | |
| 云　　南 | 13 867 | 13 867 | |
| 西　　藏 | | | |
| 陕　　西 | 960 | 960 | |
| 甘　　肃 | | | |
| 青　　海 | 14 000 | 14 000 | |
| 宁　　夏 | 1 006 | | 1 006 |
| 新　　疆 | 7 300 | 7 300 | |

# 各地区水产品加工企业、冷库基本情况

| 地　　区 | 水产品加工企业 | | | 水产品冷库 | | | |
|---|---|---|---|---|---|---|---|
| | 小计（个） | 水产品加工能力(吨/年) | 其中:规模以上加工企业(个) | 数量（座） | 冻结能力（吨/日） | 冷藏能力（吨/次） | 制冰能力（吨/日） |
| **全国总计** | **9 202** | **28 935 838** | **2 497** | **8 454** | **853 396** | **4 746 275** | **201 510** |
| 北　　京 | 2 | 2 200 | 1 | 11 | 29 | 33 010 | 2 |
| 天　　津 | 1 | 750 | 1 | 2 | 10 | 400 | |
| 河　　北 | 222 | 325 348 | 33 | 233 | 6 853 | 55 611 | 4 432 |
| 山　　西 | 3 | 1 103 | 1 | 3 | 5 | 203 | 5 |
| 内 蒙 古 | 23 | 6 550 | 20 | 15 | 285 | 1 674 | 175 |
| 辽　　宁 | 908 | 3 153 131 | 327 | 619 | 62 035 | 603 508 | 12 898 |
| 吉　　林 | 102 | 307 223 | 43 | 51 | 230 379 | 231 785 | 115 |
| 黑 龙 江 | 19 | 13 600 | | 16 | 460 | 1 075 | 445 |
| 上　　海 | 3 | 13 010 | 1 | 4 | 172 | 3 152 | 150 |
| 江　　苏 | 1 077 | 2 133 400 | 321 | 1 110 | 39 441 | 216 149 | 25 778 |
| 浙　　江 | 1 801 | 2 188 381 | 252 | 1 097 | 39 908 | 719 517 | 29 544 |
| 安　　徽 | 181 | 291 208 | 94 | 606 | 14 882 | 63 739 | 2 395 |
| 福　　建 | 1 186 | 5 433 675 | 403 | 840 | 109 741 | 567 318 | 17 348 |
| 江　　西 | 162 | 290 492 | 43 | 194 | 2 227 | 22 322 | 3 080 |
| 山　　东 | 1 661 | 8 222 323 | 492 | 1 819 | 164 180 | 1 343 409 | 43 054 |
| 河　　南 | 46 | 67 785 | 5 | 98 | 1 544 | 17 631 | 651 |
| 湖　　北 | 269 | 2 053 853 | 117 | 447 | 78 316 | 188 494 | 6 132 |
| 湖　　南 | 204 | 493 528 | 68 | 269 | 47 149 | 125 925 | 3 788 |
| 广　　东 | 995 | 2 298 865 | 172 | 706 | 32 698 | 431 593 | 43 735 |
| 广　　西 | 187 | 1 041 991 | 62 | 44 | 1 829 | 95 118 | 3 105 |
| 海　　南 | 34 | 415 664 | 10 | 55 | 3 734 | 7 544 | 3 876 |
| 重　　庆 | 10 | 3 565 | 3 | 17 | 12 882 | 5 237 | 76 |
| 四　　川 | 13 | 31 150 | 7 | 31 | 1 556 | 3 941 | 463 |
| 贵　　州 | 23 | 5 811 | 1 | 6 | 90 | 218 | 10 |
| 云　　南 | 47 | 111 062 | 14 | 116 | 1 870 | 4 701 | 238 |
| 西　　藏 | | | | | | | |
| 陕　　西 | 9 | 970 | 1 | 15 | 221 | 101 | 3 |
| 甘　　肃 | | | | | | | |
| 青　　海 | 2 | 13 000 | | | | | |
| 宁　　夏 | 2 | 1 200 | 2 | | | | |
| 新　　疆 | 10 | 15 000 | 3 | 30 | 900 | 2 900 | 12 |

# 4-2 水产品贸易

## 各地区水产品进出口贸易情况

单位：万美元，吨

| 地区 | 2021 年进出口 | | 2020 年进出口 | | 2021 年比 2020 年增减（±） | | | |
|---|---|---|---|---|---|---|---|---|
| | | | | | 绝对量 | | 幅度（%） | |
| | 金额 | 数量 | 金额 | 数量 | 金额 | 数量 | 金额 | 数量 |
| **全国总计** | **3 994 927.44** | **9 548 176** | **3 461 575.62** | **9 480 195** | **533 351.82** | **67 981** | **15.41** | **0.72** |
| 北京 | 167 761.55 | 576 626 | 172 346.46 | 641 985 | -4 584.91 | -65 359 | -2.66 | -10.18 |
| 天津 | 89 995.81 | 208 999 | 69 842.41 | 170 659 | 20 153.40 | 38 340 | 28.86 | 22.47 |
| 河北 | 40 855.94 | 91 535 | 35 879.03 | 77 985 | 4 976.91 | 13 550 | 13.87 | 17.37 |
| 山西 | 27.96 | 76 | 97.06 | 60 | -69.10 | 16 | -71.19 | 25.93 |
| 内蒙古 | 46.25 | 58 | 146.17 | 314 | -99.92 | -257 | -68.36 | -81.66 |
| 辽宁 | 362 448.82 | 1 162 222 | 425 981.17 | 1 771 732 | -63 532.35 | -609 510 | -14.91 | -34.40 |
| 吉林 | 76 854.62 | 150 256 | 34 596.00 | 79 272 | 42 258.62 | 70 983 | 122.15 | 89.54 |
| 黑龙江 | 2 076.32 | 4 362 | 2 275.18 | 3 075 | -198.86 | 1 287 | -8.74 | 41.86 |
| 上海 | 227 712.79 | 240 609 | 191 494.76 | 252 224 | 36 218.03 | -11 615 | 18.91 | -4.60 |
| 江苏 | 79 619.19 | 133 363 | 68 233.84 | 128 947 | 11 385.35 | 4 416 | 16.69 | 3.42 |
| 浙江 | 317 489.58 | 839 110 | 253 015.23 | 709 077 | 64 474.35 | 130 033 | 25.48 | 18.34 |
| 安徽 | 16 699.03 | 85 229 | 12 321.23 | 63 322 | 4 377.81 | 21 907 | 35.53 | 34.60 |
| 福建 | 1 020 913.00 | 2 152 312 | 801 431.71 | 1 845 768 | 219 481.29 | 306 544 | 27.39 | 16.61 |
| 江西 | 13 769.58 | 14 566 | 10 396.07 | 7 754 | 3 373.50 | 6 812 | 32.45 | 87.86 |
| 山东 | 760 896.26 | 2 091 004 | 711 330.82 | 2 106 899 | 49 565.44 | -15 896 | 6.97 | -0.75 |
| 河南 | 5 446.14 | 8 445 | 3 611.48 | 8 102 | 1 834.66 | 343 | 50.80 | 4.23 |
| 湖北 | 9 700.44 | 20 254 | 7 908.25 | 19 768 | 1 792.18 | 486 | 22.66 | 2.46 |
| 湖南 | 40 525.05 | 42 449 | 42 658.76 | 44 678 | -2 133.71 | -2 229 | -5.00 | -4.99 |
| 广东 | 624 200.67 | 1 292 438 | 500 928.47 | 1 104 011 | 123 272.20 | 188 426 | 24.61 | 17.07 |
| 广西 | 40 450.02 | 127 416 | 35 761.19 | 131 509 | 4 688.83 | -4 094 | 13.11 | -3.11 |
| 海南 | 55 161.25 | 186 101 | 48 702.83 | 183 167 | 6 458.42 | 2 934 | 13.26 | 1.60 |
| 重庆 | 4 053.50 | 9 975 | 3 680.05 | 18 239 | 373.44 | -8 265 | 10.15 | -45.31 |
| 四川 | 23 745.30 | 77 438 | 15 016.08 | 50 724 | 8 729.22 | 26 715 | 58.13 | 52.67 |
| 贵州 | 312.34 | 372 | 172.89 | 17 | 139.45 | 355 | 80.66 | 2 095.75 |
| 云南 | 6 895.50 | 13 041 | 4 511.25 | 11 150 | 2 384.26 | 1 891 | 52.85 | 16.96 |
| 西藏 | 4.29 | 9 | 71.30 | 222 | -67.01 | -212 | -93.98 | -95.87 |
| 陕西 | 478.48 | 247 | 490.96 | 1 509 | -12.48 | -1 262 | -2.54 | -83.64 |
| 甘肃 | 82.52 | 117 | 974.90 | 1 532 | -892.37 | -1 415 | -91.54 | -92.37 |
| 青海 | 1 562.08 | 2 592 | 209.56 | 371 | 1 352.51 | 2 221 | 645.40 | 597.77 |
| 宁夏 | 124.47 | 49 | 96.33 | 114 | 28.14 | -65 | 29.21 | -57.40 |
| 新疆 | 5 018.70 | 16 907 | 7 394.18 | 46 006 | -2 375.48 | -29 099 | -32.13 | -63.25 |

注：由于海关系统数据调整，2020 年水产品贸易数据与上年公布数据不同。

# 各地区水产品出口贸易情况

单位:万美元,吨

| 地　　区 | 2021 年出口 | | 2020 年出口 | | 2021 年比 2020 年增减(±) | | | |
|---|---|---|---|---|---|---|---|---|
| | | | | | 绝对量 | | 幅度(%) | |
| | 金额 | 数量 | 金额 | 数量 | 金额 | 数量 | 金额 | 数量 |
| **全国总计** | **2 192 614.52** | **3 800 729** | **1 904 445.24** | **3 811 341** | **288 169.28** | **-10 612** | **15.13** | **-0.28** |
| 北　　京 | 1 825.75 | 2 842 | 2 353.84 | 2 837 | -528.08 | 5 | -22.44 | 0.17 |
| 天　　津 | 3 091.39 | 5 775 | 2 664.53 | 4 760 | 426.86 | 1 015 | 16.02 | 21.32 |
| 河　　北 | 23 045.71 | 29 399 | 18 599.12 | 26 286 | 4 446.59 | 3 113 | 23.91 | 11.84 |
| 山　　西 | | | | | | | | |
| 内 蒙 古 | 46.25 | 58 | 40.70 | 51 | 5.55 | 7 | 13.63 | 12.90 |
| 辽　　宁 | 217 843.23 | 536 528 | 244 223.26 | 709 086 | -26 380.03 | -172 559 | -10.80 | -24.34 |
| 吉　　林 | 13 886.18 | 34 581 | 12 565.47 | 30 345 | 1 320.72 | 4 236 | 10.51 | 13.96 |
| 黑 龙 江 | 53.65 | 167 | 138.96 | 206 | -85.30 | -40 | -61.39 | -19.27 |
| 上　　海 | 15 477.92 | 11 726 | 19 226.04 | 15 404 | -3 748.12 | -3 678 | -19.50 | -23.88 |
| 江　　苏 | 47 624.61 | 48 698 | 41 251.93 | 48 131 | 6 372.68 | 567 | 15.45 | 1.18 |
| 浙　　江 | 185 173.93 | 455 904 | 172 674.14 | 441 107 | 12 499.79 | 14 797 | 7.24 | 3.35 |
| 安　　徽 | 4 132.63 | 4 069 | 2 900.59 | 2 910 | 1 232.04 | 1 159 | 42.48 | 39.82 |
| 福　　建 | 785 672.46 | 902 239 | 593 971.04 | 826 048 | 191 701.42 | 76 191 | 32.27 | 9.22 |
| 江　　西 | 9 027.27 | 5 081 | 6 600.80 | 3 938 | 2 426.47 | 1 144 | 36.76 | 29.04 |
| 山　　东 | 445 818.29 | 914 730 | 431 335.63 | 944 067 | 14 482.66 | -29 338 | 3.36 | -3.11 |
| 河　　南 | 210.17 | 266 | 8.64 | 100 | 201.53 | 166 | 2 331.58 | 165.77 |
| 湖　　北 | 5 491.67 | 6 230 | 4 211.06 | 5 884 | 1 280.61 | 346 | 30.41 | 5.88 |
| 湖　　南 | 3 369.80 | 3 699 | 2 196.94 | 3 009 | 1 172.86 | 690 | 53.39 | 22.92 |
| 广　　东 | 343 961.49 | 614 966 | 281 441.76 | 538 028 | 62 519.72 | 76 938 | 22.21 | 14.30 |
| 广　　西 | 20 476.81 | 36 882 | 15 756.66 | 35 630 | 4 720.15 | 1 252 | 29.96 | 3.51 |
| 海　　南 | 52 746.72 | 176 935 | 45 644.05 | 168 336 | 7 102.67 | 8 599 | 15.56 | 5.11 |
| 重　　庆 | 40.22 | 21 | 11.33 | 81 | 28.88 | -60 | 254.90 | -73.97 |
| 四　　川 | 9 512.69 | 4 620 | 4 763.75 | 2 639 | 4 748.94 | 1 981 | 99.69 | 75.06 |
| 贵　　州 | 310.77 | 372 | 170.06 | 16 | 140.71 | 355 | 82.74 | 2 188.72 |
| 云　　南 | 1 672.79 | 1 838 | 1 148.62 | 1 509 | 524.17 | 329 | 45.64 | 21.81 |
| 西　　藏 | 4.29 | 9 | | | 4.29 | 9 | | |
| 陕　　西 | 172.43 | 164 | 73.07 | 73 | 99.36 | 91 | 135.97 | 123.56 |
| 甘　　肃 | 2.45 | | | | 2.45 | | | |
| 青　　海 | 1 561.20 | 2 592 | 209.56 | 371 | 1 351.64 | 2 221 | 644.98 | 597.76 |
| 宁　　夏 | 124.47 | 49 | 46.19 | 23 | 78.28 | 26 | 169.46 | 111.16 |
| 新　　疆 | 237.27 | 292 | 217.51 | 465 | 19.76 | -173 | 9.09 | -37.24 |

# 各地区水产品进口贸易情况

单位:万美元,吨

| 地区 | 2021年进口 | | 2020年进口 | | 2021年比2020年增减(±) | | | |
|---|---|---|---|---|---|---|---|---|
| | | | | | 绝对量 | | 幅度(%) | |
| | 金额 | 数量 | 金额 | 数量 | 金额 | 数量 | 金额 | 数量 |
| **全国总计** | **1 802 312.92** | **5 747 447** | **1 557 130.38** | **5 668 854** | **245 182.54** | **78 593** | **15.75** | **1.39** |
| 北京 | 165 935.80 | 573 784 | 169 992.62 | 639 148 | −4 056.82 | −65 364 | −2.39 | −10.23 |
| 天津 | 86 904.42 | 203 225 | 67 177.89 | 165 899 | 19 726.54 | 37 325 | 29.36 | 22.50 |
| 河北 | 17 810.23 | 62 137 | 17 279.91 | 51 700 | 530.32 | 10 437 | 3.07 | 20.19 |
| 山西 | 27.96 | 76 | 97.06 | 60 | −69.10 | 16 | −71.19 | 25.93 |
| 内蒙古 | | | 105.47 | 263 | −105.47 | −263 | | |
| 辽宁 | 144 605.59 | 625 694 | 181 757.91 | 1 062 646 | −37 152.32 | −436 952 | −20.44 | −41.12 |
| 吉林 | 62 968.44 | 115 675 | 22 030.53 | 48 927 | 40 937.90 | 66 748 | 185.82 | 136.42 |
| 黑龙江 | 2 022.67 | 4 196 | 2 136.23 | 2 869 | −113.56 | 1 327 | −5.32 | 46.25 |
| 上海 | 212 234.88 | 228 883 | 172 268.73 | 236 820 | 39 966.15 | −7 937 | 23.20 | −3.35 |
| 江苏 | 31 994.58 | 84 665 | 26 981.91 | 80 817 | 5 012.67 | 3 849 | 18.58 | 4.76 |
| 浙江 | 132 315.65 | 383 206 | 80 341.09 | 267 971 | 51 974.56 | 115 235 | 64.69 | 43.00 |
| 安徽 | 12 566.40 | 81 160 | 9 420.63 | 60 412 | 3 145.76 | 20 748 | 33.39 | 34.34 |
| 福建 | 235 240.54 | 1 250 073 | 207 460.67 | 1 019 721 | 27 779.87 | 230 352 | 13.39 | 22.59 |
| 江西 | 4 742.31 | 9 485 | 3 795.28 | 3 816 | 947.03 | 5 668 | 24.95 | 148.54 |
| 山东 | 315 077.97 | 1 176 274 | 279 995.20 | 1 162 832 | 35 082.78 | 13 442 | 12.53 | 1.16 |
| 河南 | 5 235.97 | 8 178 | 3 602.84 | 8 002 | 1 633.13 | 177 | 45.33 | 2.21 |
| 湖北 | 4 208.77 | 14 024 | 3 697.20 | 13 884 | 511.57 | 140 | 13.84 | 1.01 |
| 湖南 | 37 155.26 | 38 750 | 40 461.82 | 41 669 | −3 306.57 | −2 919 | −8.17 | −7.00 |
| 广东 | 280 239.19 | 677 472 | 219 486.71 | 565 984 | 60 752.48 | 111 488 | 27.68 | 19.70 |
| 广西 | 19 973.20 | 90 534 | 20 004.53 | 95 880 | −31.32 | −5 345 | −0.16 | −5.58 |
| 海南 | 2 414.53 | 9 166 | 3 058.78 | 14 831 | −644.25 | −5 664 | −21.06 | −38.19 |
| 重庆 | 4 013.28 | 9 954 | 3 668.72 | 18 159 | 344.56 | −8 205 | 9.39 | −45.19 |
| 四川 | 14 232.61 | 72 818 | 10 252.33 | 48 085 | 3 980.28 | 24 734 | 38.82 | 51.44 |
| 贵州 | 1.57 | | 2.82 | 1 | −1.25 | | −44.39 | |
| 云南 | 5 222.71 | 11 203 | 3 362.63 | 9 641 | 1 860.08 | 1 562 | 55.32 | 16.20 |
| 西藏 | | | 71.30 | 222 | −71.30 | −222 | | |
| 陕西 | 306.05 | 83 | 417.89 | 1 435 | −111.84 | −1 353 | −26.76 | −94.24 |
| 甘肃 | 80.07 | 117 | 974.90 | 1 532 | −894.83 | −1 415 | −91.79 | −92.37 |
| 青海 | 0.87 | | | | 0.87 | | | |
| 宁夏 | | | 50.14 | 91 | −50.14 | −91 | | |
| 新疆 | 4 781.43 | 16 615 | 7 176.68 | 45 541 | −2 395.25 | −28 926 | −33.38 | −63.52 |

# 第五部分

# 渔政管理

# 各地区渔政管理机构情况（按机构性质分）

单位：个

| 地　　区 | 渔业执法机构个数 | 行政单位 | 参照公务员管理单位 | 事业单位 | 其　他 |
|---|---|---|---|---|---|
| **全国总计** | **2 629** | **410** | **631** | **1 545** | **43** |
| 部直属 | 2 | 2 | | | |
| 北　京 | 16 | 5 | 1 | 10 | |
| 天　津 | 11 | 1 | 2 | 8 | |
| 河　北 | 103 | 18 | 7 | 78 | |
| 山　西 | 55 | 6 | 1 | 48 | |
| 内蒙古 | 96 | 11 | 23 | 62 | |
| 辽　宁 | 74 | 5 | 7 | 61 | 1 |
| 吉　林 | 55 | 8 | 8 | 38 | 1 |
| 黑龙江 | 91 | 6 | 12 | 73 | |
| 上　海 | 10 | 2 | 8 | | |
| 江　苏 | 116 | 5 | 62 | 48 | 1 |
| 浙　江 | 95 | 3 | 78 | 13 | 1 |
| 安　徽 | 102 | 4 | 3 | 95 | |
| 福　建 | 83 | 3 | 47 | 30 | 3 |
| 江　西 | 91 | 1 | 2 | 85 | 3 |
| 山　东 | 153 | 30 | 9 | 113 | 1 |
| 河　南 | 103 | 22 | 5 | 76 | |
| 湖　北 | 108 | 3 | 14 | 90 | 1 |
| 湖　南 | 122 | 12 | 21 | 88 | 1 |
| 广　东 | 123 | 116 | 4 | 3 | |
| 广　西 | 110 | 6 | 92 | 8 | 4 |
| 海　南 | 21 | 1 | 5 | 15 | |
| 重　庆 | 42 | 2 | 36 | 4 | |
| 四　川 | 213 | 60 | 114 | 39 | |
| 贵　州 | 94 | 1 | 8 | 85 | |
| 云　南 | 146 | 10 | 11 | 120 | 5 |
| 西　藏 | 58 | 23 | 2 | 33 | |
| 陕　西 | 112 | 8 | 8 | 88 | 8 |
| 甘　肃 | 88 | 11 | 15 | 51 | 11 |
| 青　海 | 49 | 1 | 3 | 45 | |
| 宁　夏 | 22 | 1 | | 21 | |
| 新　疆 | 65 | 23 | 23 | 17 | 2 |

# 各地区渔政管理机构情况(按执法业务类型分)

单位:个

| 地区 | 独立渔政执法队伍 | 农业综合执法队伍内设独立渔政执法分支机构 | 农业综合执法队伍内设科室 | 海洋与渔业整合设置的综合执法队伍 | 水利与渔业整合设置的综合执法队伍 | 渔政与其他行业整合设置的综合执法队伍 |
|---|---|---|---|---|---|---|
| **全国总计** | **571** | **347** | **1341** | **82** | **27** | **261** |
| 部直属 | 2 | | | | | |
| 北京 | 10 | | 5 | | | 1 |
| 天津 | 3 | 5 | 3 | | | |
| 河北 | 38 | 13 | 41 | 6 | 2 | 3 |
| 山西 | 6 | 5 | 44 | | | |
| 内蒙古 | 54 | 2 | 33 | | 4 | 3 |
| 辽宁 | 32 | 9 | 26 | 3 | | 4 |
| 吉林 | 36 | 3 | 15 | | 1 | |
| 黑龙江 | 20 | 11 | 60 | | | |
| 上海 | | 1 | 9 | | | |
| 江苏 | 31 | 25 | 39 | 2 | 1 | 18 |
| 浙江 | 15 | 7 | 60 | 5 | 2 | 6 |
| 安徽 | 17 | 25 | 33 | | 1 | 26 |
| 福建 | 18 | 6 | 28 | 19 | 1 | 11 |
| 江西 | 7 | 7 | 77 | | | |
| 山东 | 7 | 4 | 75 | 34 | 2 | 31 |
| 河南 | 28 | 20 | 37 | | 5 | 13 |
| 湖北 | 14 | 43 | 28 | | 1 | 22 |
| 湖南 | 10 | 34 | 63 | | | 15 |
| 广东 | 55 | 2 | 58 | 4 | 1 | 3 |
| 广西 | 41 | 26 | 32 | 6 | | 5 |
| 海南 | 9 | 3 | 3 | 3 | | 3 |
| 重庆 | | 1 | 38 | | | 3 |
| 四川 | 14 | 40 | 131 | | | 28 |
| 贵州 | 5 | 15 | 50 | | 1 | 23 |
| 云南 | 34 | 25 | 65 | | | 22 |
| 西藏 | 2 | | 56 | | | |
| 陕西 | 32 | 8 | 54 | | 5 | 13 |
| 甘肃 | 15 | 2 | 71 | | | |
| 青海 | | 2 | 40 | | | 7 |
| 宁夏 | 15 | 1 | 5 | | | 1 |
| 新疆 | 1 | 2 | 62 | | | |

# 各地区渔政管理人员情况

单位：人

| 地　　区 | 现有人数合计 | 按教育水平分 | | | | 持渔业行政执法证人数 |
|---|---|---|---|---|---|---|
| | | 大学本科以上 | 大学本科 | 大学专科 | 大学专科以下 | |
| **全国总计** | **34 599** | **1 270** | **15 048** | **12 464** | **5 817** | **17 325** |
| 部 直 属 | 36 | 26 | 10 | | | 14 |
| 北　　京 | 235 | 28 | 166 | 38 | 3 | 210 |
| 天　　津 | 116 | 2 | 65 | 19 | 30 | 100 |
| 河　　北 | 1 177 | 24 | 514 | 427 | 212 | 736 |
| 山　　西 | 270 | 11 | 138 | 103 | 18 | 43 |
| 内 蒙 古 | 820 | 22 | 348 | 343 | 107 | 464 |
| 辽　　宁 | 2 119 | 76 | 947 | 819 | 277 | 1 387 |
| 吉　　林 | 405 | 13 | 187 | 159 | 46 | 272 |
| 黑 龙 江 | 502 | 10 | 224 | 223 | 45 | 323 |
| 上　　海 | 381 | 59 | 223 | 50 | 49 | 273 |
| 江　　苏 | 2 529 | 191 | 1 222 | 802 | 314 | 1 527 |
| 浙　　江 | 2 393 | 104 | 1 183 | 711 | 395 | 975 |
| 安　　徽 | 1 739 | 60 | 810 | 667 | 202 | 523 |
| 福　　建 | 1 809 | 66 | 850 | 500 | 393 | 1 075 |
| 江　　西 | 1 075 | 28 | 360 | 465 | 222 | 405 |
| 山　　东 | 3 958 | 140 | 1 668 | 1 280 | 870 | 1 625 |
| 河　　南 | 873 | 31 | 283 | 378 | 181 | 445 |
| 湖　　北 | 1 536 | 29 | 351 | 913 | 243 | 890 |
| 湖　　南 | 1 330 | 19 | 404 | 667 | 240 | 531 |
| 广　　东 | 2 794 | 119 | 1 098 | 881 | 696 | 1 618 |
| 广　　西 | 1 039 | 30 | 448 | 417 | 144 | 614 |
| 海　　南 | 686 | 9 | 157 | 266 | 254 | 250 |
| 重　　庆 | 519 | 18 | 241 | 191 | 69 | 268 |
| 四　　川 | 1 527 | 64 | 744 | 566 | 153 | 632 |
| 贵　　州 | 789 | 17 | 386 | 343 | 43 | 215 |
| 云　　南 | 1 336 | 17 | 652 | 378 | 289 | 706 |
| 西　　藏 | 166 | 1 | 133 | 28 | 4 | 122 |
| 陕　　西 | 1 044 | 15 | 402 | 394 | 233 | 475 |
| 甘　　肃 | 606 | 16 | 331 | 212 | 47 | 254 |
| 青　　海 | 386 | 8 | 261 | 104 | 13 | 181 |
| 宁　　夏 | 109 | 5 | 79 | 23 | 2 | 90 |
| 新　　疆 | 295 | 12 | 163 | 97 | 23 | 82 |

# 第六部分

# 科技与推广

# 6-1　科技

## 全国渔业科技基本情况

| | | | |
|---|---|---|---|
| **一、渔业科研机构个数(个)** | **72** | 承担政府项目 | 858 864 |
| **二、渔业科研机构从业人员(人)** | **6 465** | 其他 | 31 753 |
| 1. 科技活动人员 | 5 273 | 非政府资金 | 547 656 |
| 按职称分:高级职称 | 1 913 | 其中:技术性收入 | 485 784 |
| 中级职称 | 2 045 | 2. 生产经营收入 | 72 107 |
| 初级职称及其他 | 1 315 | 3. 其他收入 | 351 978 |
| 按学位分:研究生 | 2 653 | **四、科研机构固定资产情况(千元)** | |
| 大学 | 1 836 | 年末固定资产合计 | 6 171 036 |
| 大专 | 416 | **五、科技著述和专利申请情况** | |
| 其他 | 368 | 发表科技论文(篇) | 2 815 |
| 2. 生产经营活动人员 | 217 | 其中:国外发表 | 840 |
| 3. 其他人员 | 975 | 出版科技著作(种) | 78 |
| **三、本年度收入(千元)** | **3 633 787** | 专利受理数(件) | 1 050 |
| 1. 科技活动收入 | 3 209 702 | 专利授权(件) | 904 |
| 政府资金 | 2 662 046 | 其中:发明专利 | 357 |
| 财政拨款 | 1 771 429 | 国外授权 | 12 |
| | | 拥有发明专利总数(件) | 3 757 |

## 6-2 技术推广

### 各地区水产技术推广机构情况(按层级分)

单位:个

| 地区 | 数量 | | | 省级站 | | 市级站 | | 县级站 | | 区域站 | | 乡镇站 | |
|---|---|---|---|---|---|---|---|---|---|---|---|---|---|
| | | 专业站 | 综合站 | 专业站 | 综合站 | 专业站 | 综合站 | 专业站 | 综合站 | 专业站 | 综合站 | 专业站 | 综合站 |
| **全国总计** | **10 846** | **1 681** | **9 165** | **30** | **6** | **202** | **104** | **997** | **983** | **45** | **47** | **407** | **8 025** |
| 北　京 | 14 | 2 | 12 | 1 | | 1 | 12 | | | | | | |
| 天　津 | 11 | 8 | 3 | 1 | | 7 | 3 | | | | | | |
| 河　北 | 160 | 65 | 95 | 1 | | 11 | | 47 | 88 | 6 | 4 | | 3 |
| 山　西 | 56 | 15 | 41 | 1 | | 4 | 6 | 10 | 35 | | | | |
| 内蒙古 | 99 | 15 | 84 | | 1 | 4 | 8 | 11 | 74 | | 1 | | |
| 辽　宁 | 73 | 19 | 54 | | 1 | 4 | 2 | 6 | 14 | 4 | | 5 | 37 |
| 吉　林 | 362 | 36 | 326 | 1 | | 8 | 1 | 27 | 18 | | 4 | | 303 |
| 黑龙江 | 120 | 29 | 91 | 1 | | 3 | 7 | 25 | 46 | | | | 38 |
| 上　海 | 99 | 9 | 90 | 1 | | | | 8 | 1 | | | | 89 |
| 江　苏 | 880 | 76 | 804 | 1 | | 9 | 4 | 57 | 26 | | 1 | 9 | 773 |
| 浙　江 | 354 | 38 | 316 | 1 | | 7 | 3 | 30 | 44 | | | | 269 |
| 安　徽 | 629 | 104 | 525 | 1 | | 11 | 5 | 53 | 28 | 7 | 6 | 32 | 486 |
| 福　建 | 677 | 136 | 541 | 1 | | 7 | 2 | 62 | 8 | | 2 | 66 | 529 |
| 江　西 | 650 | 74 | 576 | | 1 | 9 | 2 | 56 | 39 | 2 | 7 | 7 | 527 |
| 山　东 | 889 | 167 | 722 | 1 | | 13 | 2 | 82 | 46 | 6 | 9 | 65 | 665 |
| 河　南 | 128 | 88 | 40 | 1 | | 17 | 1 | 69 | 39 | 1 | | | |
| 湖　北 | 515 | 256 | 259 | 1 | | 8 | 2 | 37 | 27 | 5 | | 205 | 230 |
| 湖　南 | 784 | 44 | 740 | | 1 | 4 | 7 | 40 | 60 | | 13 | | 659 |
| 广　东 | 410 | 49 | 361 | | 1 | 9 | 11 | 26 | 54 | 14 | | | 295 |
| 广　西 | 992 | 82 | 910 | 1 | | 11 | 3 | 58 | 35 | | | 12 | 872 |
| 海　南 | 22 | 6 | 16 | 1 | | 2 | | 3 | 8 | | | | 8 |
| 重　庆 | 802 | 18 | 784 | 1 | | | | 17 | 21 | | | | 763 |
| 四　川 | 865 | 86 | 779 | 1 | | 12 | 5 | 73 | 65 | | | | 709 |
| 贵　州 | 764 | 50 | 714 | 1 | | 6 | 3 | 43 | 49 | | | | 662 |
| 云　南 | 163 | 94 | 69 | 1 | | 14 | 2 | 79 | 42 | | | | 25 |
| 陕　西 | 108 | 58 | 50 | 1 | | 8 | 3 | 49 | 47 | | | | |
| 甘　肃 | 77 | 25 | 52 | 1 | | 9 | 4 | 14 | 43 | | | 1 | 5 |
| 青　海 | 1 | 1 | | 1 | | | | | | | | | |
| 宁　夏 | 35 | 3 | 32 | 1 | | 1 | 4 | 1 | 15 | | | | 13 |
| 新　疆 | 11 | 6 | 5 | 1 | | 3 | 2 | 2 | 3 | | | | |
| 大　连 | 22 | 8 | 14 | | 1 | | | 3 | 3 | | | 5 | 10 |
| 青　岛 | 42 | 6 | 36 | 1 | | | | 5 | 2 | | | | 34 |
| 宁　波 | 29 | 5 | 24 | 1 | | | | 4 | 3 | | | | 21 |
| 厦　门 | 1 | 1 | | 1 | | | | | | | | | |
| 深　圳 | 1 | 1 | | 1 | | | | | | | | | |
| 新疆兵团 | 1 | 1 | | 1 | | | | | | | | | |

# 各地区水产技术推广机构情况(按机构性质分)(一)

单位:个

| 地　区 | 行政单位 | | | | | |
|---|---|---|---|---|---|---|
| | 合　计 | 省级站 | 市级站 | 县级站 | 区域站 | 乡镇站 |
| **全国总计** | **105** | | **7** | **60** | | **38** |
| 北　京 | | | | | | |
| 天　津 | | | | | | |
| 河　北 | 8 | | | 8 | | |
| 山　西 | | | | | | |
| 内 蒙 古 | 1 | | | 1 | | |
| 辽　宁 | | | | | | |
| 吉　林 | 1 | | 1 | | | |
| 黑 龙 江 | 8 | | 1 | 7 | | |
| 上　海 | | | | | | |
| 江　苏 | 2 | | | 2 | | |
| 浙　江 | 13 | | | 6 | | 7 |
| 安　徽 | 1 | | | 1 | | |
| 福　建 | | | | | | |
| 江　西 | 2 | | | 2 | | |
| 山　东 | 7 | | | 2 | | 5 |
| 河　南 | 3 | | | 3 | | |
| 湖　北 | 2 | | | 1 | | 1 |
| 湖　南 | 13 | | 1 | 2 | | 10 |
| 广　东 | 19 | | | 4 | | 15 |
| 广　西 | | | | | | |
| 海　南 | 2 | | | 2 | | |
| 重　庆 | 1 | | | 1 | | |
| 四　川 | 16 | | 4 | 12 | | |
| 贵　州 | | | | | | |
| 云　南 | 1 | | | 1 | | |
| 陕　西 | 2 | | | 2 | | |
| 甘　肃 | 3 | | | 3 | | |
| 青　海 | | | | | | |
| 宁　夏 | | | | | | |
| 新　疆 | | | | | | |
| 大　连 | | | | | | |
| 青　岛 | | | | | | |
| 宁　波 | | | | | | |
| 厦　门 | | | | | | |
| 深　圳 | | | | | | |
| 新疆兵团 | | | | | | |

# 各地区水产技术推广机构情况（按机构性质分）（二）

单位：个

| 地区 | 事业单位 | | | | | | |
|---|---|---|---|---|---|---|---|
| | 总计 | 全额拨款 | | | | | |
| | | 合计 | 省级站 | 市级站 | 县级站 | 区域站 | 乡镇站 |
| **全国总计** | **10 741** | **10 202** | **36** | **285** | **1 836** | **86** | **7 959** |
| 北京 | 14 | 14 | 1 | 13 | | | |
| 天津 | 11 | 11 | 1 | 10 | | | |
| 河北 | 152 | 128 | 1 | 10 | 110 | 4 | 3 |
| 山西 | 56 | 54 | 1 | 8 | 45 | | |
| 内蒙古 | 98 | 96 | 1 | 12 | 82 | 1 | |
| 辽宁 | 73 | 73 | 1 | 6 | 20 | 4 | 42 |
| 吉林 | 361 | 361 | 1 | 8 | 45 | 4 | 303 |
| 黑龙江 | 112 | 111 | 1 | 9 | 63 | | 38 |
| 上海 | 99 | 96 | 1 | | 9 | | 86 |
| 江苏 | 878 | 832 | 1 | 13 | 71 | 1 | 746 |
| 浙江 | 341 | 338 | 1 | 10 | 68 | | 259 |
| 安徽 | 628 | 610 | 1 | 16 | 78 | 13 | 502 |
| 福建 | 677 | 675 | 1 | 9 | 69 | 2 | 594 |
| 江西 | 648 | 623 | 1 | 11 | 92 | 9 | 510 |
| 山东 | 882 | 846 | 1 | 14 | 120 | 15 | 696 |
| 河南 | 125 | 110 | 1 | 17 | 91 | 1 | |
| 湖北 | 513 | 196 | 1 | 9 | 43 | 5 | 138 |
| 湖南 | 771 | 752 | 1 | 8 | 92 | 13 | 638 |
| 广东 | 391 | 371 | 1 | 17 | 74 | 14 | 265 |
| 广西 | 992 | 992 | 1 | 14 | 93 | | 884 |
| 海南 | 20 | 20 | 1 | 2 | 9 | | 8 |
| 重庆 | 801 | 800 | 1 | | 36 | | 763 |
| 四川 | 849 | 849 | 1 | 13 | 126 | | 709 |
| 贵州 | 764 | 764 | 1 | 9 | 92 | | 662 |
| 云南 | 162 | 162 | 1 | 16 | 120 | | 25 |
| 陕西 | 106 | 104 | 1 | 10 | 93 | | |
| 甘肃 | 74 | 72 | 1 | 11 | 54 | | 6 |
| 青海 | 1 | 1 | 1 | | | | |
| 宁夏 | 35 | 35 | 1 | 5 | 16 | | 13 |
| 新疆 | 11 | 11 | 1 | 5 | 5 | | |
| 大连 | 22 | 22 | 1 | | 6 | | 15 |
| 青岛 | 42 | 41 | 1 | | 7 | | 33 |
| 宁波 | 29 | 29 | 1 | | 7 | | 21 |
| 厦门 | 1 | 1 | 1 | | | | |
| 深圳 | 1 | 1 | 1 | | | | |
| 新疆兵团 | 1 | 1 | 1 | | | | |

# 各地区水产技术推广机构情况（按机构性质分）（三）

单位：个

| 地　区 | 事业单位（续） | | | | | | | | | | | |
|---|---|---|---|---|---|---|---|---|---|---|---|---|
| | 差额拨款 | | | | | | 自收自支 | | | | | |
| | 合计 | 省级站 | 市级站 | 县级站 | 区域站 | 乡镇站 | 合计 | 省级站 | 市级站 | 县级站 | 区域站 | 乡镇站 |
| **全国总计** | **381** | | **13** | **63** | | **305** | **158** | | **1** | **21** | **6** | **130** |
| 北　京 | | | | | | | | | | | | |
| 天　津 | | | | | | | | | | | | |
| 河　北 | 16 | | 1 | 15 | | | 8 | | | 2 | 6 | |
| 山　西 | 1 | | 1 | | | | 1 | | 1 | | | |
| 内蒙古 | 2 | | | 2 | | | | | | | | |
| 辽　宁 | | | | | | | | | | | | |
| 吉　林 | | | | | | | | | | | | |
| 黑龙江 | 1 | | | 1 | | | | | | | | |
| 上　海 | 3 | | | | | 3 | | | | | | |
| 江　苏 | 40 | | | 7 | | 33 | 6 | | | 3 | | 3 |
| 浙　江 | 3 | | | | | 3 | | | | | | |
| 安　徽 | 2 | | | 2 | | | 16 | | | | | 16 |
| 福　建 | 1 | | | 1 | | | 1 | | | | | 1 |
| 江　西 | 25 | | | 1 | | 24 | | | | | | |
| 山　东 | 34 | | 1 | 6 | | 27 | 2 | | | | | 2 |
| 河　南 | 6 | | 1 | 5 | | | 9 | | | 9 | | |
| 湖　北 | 205 | | 1 | 15 | | 189 | 112 | | | 5 | | 107 |
| 湖　南 | 17 | | 2 | 4 | | 11 | 2 | | | 2 | | |
| 广　东 | 20 | | 3 | 2 | | 15 | | | | | | |
| 广　西 | | | | | | | | | | | | |
| 海　南 | | | | | | | | | | | | |
| 重　庆 | 1 | | | 1 | | | | | | | | |
| 四　川 | | | | | | | | | | | | |
| 贵　州 | | | | | | | | | | | | |
| 云　南 | | | | | | | | | | | | |
| 陕　西 | 2 | | 1 | 1 | | | | | | | | |
| 甘　肃 | 2 | | 2 | | | | | | | | | |
| 青　海 | | | | | | | | | | | | |
| 宁　夏 | | | | | | | | | | | | |
| 新　疆 | | | | | | | | | | | | |
| 大　连 | | | | | | | | | | | | |
| 青　岛 | | | | | | | 1 | | | | | 1 |
| 宁　波 | | | | | | | | | | | | |
| 厦　门 | | | | | | | | | | | | |
| 深　圳 | | | | | | | | | | | | |
| 新疆兵团 | | | | | | | | | | | | |

## 各地区水产技术推广经费情况(一)

单位:万元

| 地　区 | 总　计 | 人员经费 | | | | | |
|---|---|---|---|---|---|---|---|
| | | 合　计 | 省级站 | 市级站 | 县级站 | 区域站 | 乡镇站 |
| **全国总计** | **401 731.31** | **265 320.81** | **28 695.74** | **48 437.06** | **99 424.36** | **1 312.95** | **87 450.71** |
| 北　京 | 6 765.81 | 4 711.48 | 2 021.90 | 2 689.58 | | | |
| 天　津 | 5 460.81 | 4 397.54 | 3 090.70 | 1 306.84 | | | |
| 河　北 | 7 889.01 | 5 674.67 | 543.78 | 2 206.00 | 2 840.79 | 54.10 | 30.00 |
| 山　西 | 1 490.42 | 944.61 | 146.08 | 259.48 | 539.05 | | |
| 内蒙古 | 8 503.96 | 6 074.55 | 455.00 | 1 868.95 | 3 750.60 | | |
| 辽　宁 | 1 579.19 | 1 132.32 | | 612.46 | 340.36 | 43.00 | 136.50 |
| 吉　林 | 8 538.11 | 6 571.56 | 420.50 | 1 652.83 | 2 012.65 | 2.30 | 2 483.28 |
| 黑龙江 | 5 679.78 | 4 178.31 | 493.00 | 458.15 | 2 988.28 | | 238.88 |
| 上　海 | 18 212.14 | 10 643.46 | 4 439.76 | | 4 235.53 | | 1 968.17 |
| 江　苏 | 38 603.48 | 28 202.24 | 1 578.92 | 4 588.37 | 9 642.60 | 10.00 | 12 382.35 |
| 浙　江 | 26 846.38 | 12 342.52 | 502.70 | 2 555.54 | 5 268.10 | | 4 016.18 |
| 安　徽 | 15 181.42 | 11 323.35 | 365.71 | 2 036.61 | 4 214.09 | 304.59 | 4 402.35 |
| 福　建 | 12 793.86 | 8 465.65 | 628.13 | 1 454.99 | 2 918.16 | 15.40 | 3 448.97 |
| 江　西 | 7 797.91 | 5 880.44 | 144.00 | 412.72 | 1 958.44 | 178.86 | 3 186.42 |
| 山　东 | 31 105.71 | 21 724.66 | 1 396.20 | 3 538.74 | 9 068.95 | 26.00 | 7 694.78 |
| 河　南 | 8 508.59 | 5 972.57 | 488.21 | 2 692.05 | 2 792.31 | | |
| 湖　北 | 16 499.80 | 10 581.06 | 369.60 | 1 705.04 | 3 886.58 | 61.70 | 4 558.14 |
| 湖　南 | 11 639.14 | 9 388.49 | 296.00 | 1 053.85 | 2 400.69 | 399.00 | 5 238.95 |
| 广　东 | 28 945.00 | 16 756.00 | 1 432.00 | 5 301.00 | 4 329.00 | 218.00 | 5 476.00 |
| 广　西 | 22 487.78 | 16 835.80 | 415.68 | 1 582.16 | 3 358.29 | | 11 479.67 |
| 海　南 | 1 390.32 | 921.66 | 312.08 | 119.20 | 451.98 | | 38.40 |
| 重　庆 | 23 211.32 | 12 290.18 | 1 192.44 | | 3 460.48 | | 7 637.26 |
| 四　川 | 19 931.12 | 12 740.40 | 50.00 | 1 756.10 | 5 762.11 | | 5 172.19 |
| 贵　州 | 13 615.78 | 10 358.75 | 212.47 | 783.80 | 2 883.71 | | 6 478.77 |
| 云　南 | 18 011.56 | 10 633.97 | 351.43 | 2 875.49 | 7 144.26 | | 262.79 |
| 陕　西 | 14 736.51 | 10 418.21 | 1 309.19 | 2 028.19 | 7 080.83 | | |
| 甘　肃 | 7 109.29 | 5 188.71 | 855.11 | 1 781.60 | 2 545.00 | | 7.00 |
| 青　海 | 1 260.46 | 459.34 | 459.34 | | | | |
| 宁　夏 | 3 973.40 | 1 932.17 | 578.36 | 475.81 | 798.34 | | 79.66 |
| 新　疆 | 2 859.45 | 1 882.73 | 1 102.37 | 641.51 | 138.85 | | |
| 大　连 | 1 609.38 | 1 160.42 | 299.42 | | 604.80 | | 256.20 |
| 青　岛 | 1 299.55 | 1 062.02 | 77.81 | | 511.41 | | 472.80 |
| 宁　波 | 5 377.55 | 3 145.12 | 1 342.00 | | 1 498.12 | | 305.00 |
| 厦　门 | 110.00 | 80.00 | 80.00 | | | | |
| 深　圳 | 2 431.21 | 1 099.72 | 1 099.72 | | | | |
| 新疆兵团 | 276.11 | 146.13 | 146.13 | | | | |

# 各地区水产技术推广经费情况(二)

单位:万元

| 地 区 | 公共经费 | | | | | |
| --- | --- | --- | --- | --- | --- | --- |
| | 合 计 | 省级站 | 市级站 | 县级站 | 区域站 | 乡镇站 |
| **全国总计** | **25 530.70** | **3 537.80** | **4 477.64** | **9 220.89** | **110.80** | **8 183.56** |
| 北 京 | 444.23 | 179.88 | 264.35 | | | |
| 天 津 | 532.75 | 467.70 | 65.05 | | | |
| 河 北 | 405.87 | 18.96 | 184.16 | 199.95 | 2.80 | |
| 山 西 | 56.15 | 11.30 | 19.20 | 25.65 | | |
| 内蒙古 | 535.83 | 72.00 | 243.67 | 220.16 | | |
| 辽 宁 | 72.87 | | 45.79 | 12.68 | 3.00 | 11.40 |
| 吉 林 | 699.79 | 81.55 | 455.21 | 97.51 | | 65.52 |
| 黑龙江 | 199.49 | 33.30 | 17.51 | 148.68 | | |
| 上 海 | 1 239.37 | 591.80 | | 486.97 | | 160.60 |
| 江 苏 | 2 675.79 | 112.89 | 307.16 | 947.16 | | 1 308.58 |
| 浙 江 | 2 551.72 | 577.73 | 354.47 | 1 062.65 | | 556.87 |
| 安 徽 | 933.43 | 32.42 | 174.73 | 410.53 | 45.20 | 270.55 |
| 福 建 | 575.76 | 44.73 | 148.74 | 200.17 | 0.80 | 181.32 |
| 江 西 | 634.43 | 6.00 | 48.53 | 253.00 | 20.90 | 306.00 |
| 山 东 | 1 083.45 | 114.69 | 199.49 | 509.16 | 2.00 | 258.11 |
| 河 南 | 556.23 | 41.50 | 99.95 | 414.78 | | |
| 湖 北 | 918.52 | 31.00 | 189.52 | 366.00 | 1.10 | 330.90 |
| 湖 南 | 1 248.85 | 78.00 | 167.01 | 407.21 | 29.00 | 567.63 |
| 广 东 | 1 300.00 | 48.00 | 346.00 | 359.00 | 6.00 | 541.00 |
| 广 西 | 1 244.26 | 32.69 | 106.50 | 256.58 | | 848.49 |
| 海 南 | 173.94 | 57.54 | 16.00 | 100.40 | | |
| 重 庆 | 2 510.28 | 89.87 | | 864.76 | | 1 555.65 |
| 四 川 | 1 648.74 | 10.00 | 220.43 | 725.10 | | 693.21 |
| 贵 州 | 766.08 | 8.92 | 107.56 | 185.81 | | 463.79 |
| 云 南 | 590.90 | 24.33 | 203.95 | 353.62 | | 9.00 |
| 陕 西 | 686.36 | 114.90 | 358.68 | 212.78 | | |
| 甘 肃 | 340.46 | 101.75 | 75.61 | 163.10 | | |
| 青 海 | 25.75 | 25.75 | | | | |
| 宁 夏 | 100.18 | 41.99 | 27.63 | 26.76 | | 3.80 |
| 新 疆 | 115.61 | 77.85 | 30.75 | 7.01 | | |
| 大 连 | 104.54 | 27.54 | | 58.00 | | 19.00 |
| 青 岛 | 53.00 | 4.00 | | 41.86 | | 7.14 |
| 宁 波 | 388.85 | 260.00 | | 103.85 | | 25.00 |
| 厦 门 | 20.00 | 20.00 | | | | |
| 深 圳 | 73.54 | 73.54 | | | | |
| 新疆兵团 | 23.68 | 23.68 | | | | |

# 各地区水产技术推广经费情况(三)

单位:万元

| 地　　区 | 项目经费 | | | | | |
|---|---|---|---|---|---|---|
| | 合　计 | 省级站 | 市级站 | 县级站 | 区域站 | 乡镇站 |
| **全国总计** | **110 879.80** | **30 714.71** | **21 417.18** | **54 431.73** | **16.50** | **4 299.68** |
| 北　　京 | 1 610.10 | 1 341.45 | 268.65 | | | |
| 天　　津 | 530.52 | 405.60 | 124.92 | | | |
| 河　　北 | 1 808.47 | 941.12 | 699.24 | 168.11 | | |
| 山　　西 | 489.66 | 280.66 | 57.00 | 152.00 | | |
| 内 蒙 古 | 1 893.58 | 279.00 | 493.04 | 1 121.54 | | |
| 辽　　宁 | 374.00 | | 243.00 | 131.00 | | |
| 吉　　林 | 1 266.76 | 196.26 | 431.60 | 636.40 | 2.50 | |
| 黑 龙 江 | 1 301.98 | 801.00 | 1.50 | 499.48 | | |
| 上　　海 | 6 329.31 | 2 364.98 | | 3 695.60 | | 268.73 |
| 江　　苏 | 7 725.45 | 242.00 | 2 721.53 | 4 216.80 | | 545.12 |
| 浙　　江 | 11 952.15 | 1 870.52 | 510.05 | 7 432.03 | | 2 139.55 |
| 安　　徽 | 2 924.64 | 673.30 | 766.11 | 1 471.23 | 6.00 | 8.00 |
| 福　　建 | 3 752.45 | 1 247.55 | 858.64 | 1 627.76 | | 18.50 |
| 江　　西 | 1 283.04 | 60.00 | 94.00 | 1 112.04 | 8.00 | 9.00 |
| 山　　东 | 8 297.60 | 5 433.64 | 831.36 | 2 021.60 | | 11.00 |
| 河　　南 | 1 979.79 | 485.06 | 283.73 | 1 211.00 | | |
| 湖　　北 | 5 000.22 | 165.00 | 609.26 | 4 053.18 | | 172.78 |
| 湖　　南 | 1 001.80 | 208.00 | 80.00 | 663.80 | | 50.00 |
| 广　　东 | 10 889.00 | 2 254.00 | 6 857.00 | 1 016.00 | | 762.00 |
| 广　　西 | 4 407.72 | 1 081.14 | 2 005.26 | 1 289.00 | | 32.32 |
| 海　　南 | 294.72 | 142.00 | 43.00 | 109.72 | | |
| 重　　庆 | 8 410.86 | 2 855.25 | | 5 421.93 | | 133.68 |
| 四　　川 | 5 541.98 | | 207.82 | 5 185.16 | | 149.00 |
| 贵　　州 | 2 490.95 | 184.35 | 321.70 | 1 984.90 | | |
| 云　　南 | 6 786.68 | 720.99 | 519.99 | 5 545.70 | | |
| 陕　　西 | 3 631.94 | 347.73 | 569.37 | 2 714.84 | | |
| 甘　　肃 | 1 580.12 | 927.44 | 160.68 | 492.00 | | |
| 青　　海 | 775.37 | 775.37 | | | | |
| 宁　　夏 | 1 941.05 | 170.00 | 1 622.55 | 148.50 | | |
| 新　　疆 | 861.11 | 763.43 | 36.18 | 61.50 | | |
| 大　　连 | 344.42 | 241.82 | | 102.60 | | |
| 青　　岛 | 184.53 | 127.00 | | 57.53 | | |
| 宁　　波 | 1 843.58 | 1 754.80 | | 88.78 | | |
| 厦　　门 | 10.00 | 10.00 | | | | |
| 深　　圳 | 1 257.95 | 1 257.95 | | | | |
| 新疆兵团 | 106.30 | 106.30 | | | | |

# 各地区水产技术推广人员编制情况(按层级分)

单位:人

| 地　　区 | 编制人数 | | | | | |
|---|---|---|---|---|---|---|
| | 合　计 | 省级站 | 市级站 | 县级站 | 区域站 | 乡镇站 |
| **全国总计** | **33 103** | **1 488** | **3 627** | **13 006** | **269** | **14 713** |
| 北　　京 | 181 | 57 | 124 | | | |
| 天　　津 | 256 | 165 | 91 | | | |
| 河　　北 | 837 | 26 | 148 | 625 | 32 | 6 |
| 山　　西 | 230 | 16 | 89 | 125 | | |
| 内 蒙 古 | 642 | 30 | 166 | 446 | | |
| 辽　　宁 | 280 | 21 | 72 | 115 | 10 | 62 |
| 吉　　林 | 2 321 | 31 | 131 | 312 | 2 | 1 845 |
| 黑 龙 江 | 784 | 31 | 67 | 647 | | 39 |
| 上　　海 | 460 | 175 | | 159 | | 126 |
| 江　　苏 | 2 133 | 48 | 180 | 636 | 2 | 1 267 |
| 浙　　江 | 808 | 20 | 97 | 403 | | 288 |
| 安　　徽 | 1 295 | 17 | 160 | 447 | 45 | 626 |
| 福　　建 | 1 218 | 33 | 116 | 382 | 2 | 685 |
| 江　　西 | 1 246 | 12 | 59 | 471 | 18 | 686 |
| 山　　东 | 2 683 | 68 | 270 | 1 271 | 15 | 1 059 |
| 河　　南 | 935 | 38 | 207 | 680 | 10 | |
| 湖　　北 | 1 172 | 30 | 112 | 502 | 5 | 523 |
| 湖　　南 | 2 061 | 15 | 155 | 646 | 89 | 1 156 |
| 广　　东 | 1 784 | 21 | 384 | 620 | 39 | 720 |
| 广　　西 | 2 588 | 18 | 108 | 507 | | 1 955 |
| 海　　南 | 106 | 18 | 4 | 76 | | 8 |
| 重　　庆 | 1 081 | 38 | | 325 | | 718 |
| 四　　川 | 1 762 | 10 | 175 | 789 | | 788 |
| 贵　　州 | 2 645 | 12 | 117 | 505 | | 2 011 |
| 云　　南 | 967 | 23 | 202 | 717 | | 25 |
| 陕　　西 | 1 277 | 156 | 173 | 948 | | |
| 甘　　肃 | 609 | 120 | 140 | 334 | | 15 |
| 青　　海 | 69 | 26 | 2 | 41 | | |
| 宁　　夏 | 160 | 28 | 34 | 86 | | 12 |
| 新　　疆 | 131 | 71 | 44 | 16 | | |
| 大　　连 | 102 | 23 | | 54 | | 25 |
| 青　　岛 | 120 | 5 | | 68 | | 47 |
| 宁　　波 | 117 | 43 | | 53 | | 21 |
| 厦　　门 | 6 | 6 | | | | |
| 深　　圳 | 27 | 27 | | | | |
| 新疆兵团 | 10 | 10 | | | | |

## 各地区水产技术推广实有人员情况(按层级分)

单位:人

| 地　区 | 实有人数 | | | | | |
|---|---|---|---|---|---|---|
| | 合　计 | 省级站 | 市级站 | 县级站 | 区域站 | 乡镇站 |
| **全国总计** | **29 579** | **1 298** | **3 321** | **11 894** | **274** | **12 792** |
| 北　京 | 164 | 57 | 107 | | | |
| 天　津 | 205 | 123 | 82 | | | |
| 河　北 | 759 | 31 | 150 | 540 | 32 | 6 |
| 山　西 | 235 | 12 | 71 | 152 | | |
| 内 蒙 古 | 640 | 23 | 150 | 464 | 3 | |
| 辽　宁 | 242 | 21 | 77 | 87 | 10 | 47 |
| 吉　林 | 1 782 | 29 | 106 | 295 | 6 | 1 346 |
| 黑 龙 江 | 570 | 23 | 54 | 455 | | 38 |
| 上　海 | 394 | 140 | | 139 | | 115 |
| 江　苏 | 1 965 | 46 | 163 | 571 | 2 | 1 183 |
| 浙　江 | 727 | 18 | 81 | 335 | | 293 |
| 安　徽 | 1 140 | 15 | 133 | 462 | 39 | 491 |
| 福　建 | 952 | 30 | 107 | 346 | 2 | 467 |
| 江　西 | 1 090 | 12 | 50 | 407 | 24 | 597 |
| 山　东 | 2 608 | 62 | 296 | 1 105 | 15 | 1 130 |
| 河　南 | 877 | 36 | 201 | 630 | 10 | |
| 湖　北 | 1 252 | 24 | 99 | 451 | 12 | 666 |
| 湖　南 | 1 881 | 15 | 145 | 547 | 93 | 1 081 |
| 广　东 | 1 722 | 21 | 336 | 576 | 26 | 763 |
| 广　西 | 2 257 | 16 | 105 | 489 | | 1 647 |
| 海　南 | 114 | 19 | 13 | 74 | | 8 |
| 重　庆 | 1 066 | 36 | | 274 | | 756 |
| 四　川 | 1 610 | 4 | 151 | 704 | | 751 |
| 贵　州 | 1 737 | 11 | 90 | 396 | | 1 240 |
| 云　南 | 920 | 22 | 190 | 683 | | 25 |
| 陕　西 | 1 371 | 128 | 179 | 1 064 | | |
| 甘　肃 | 593 | 79 | 120 | 382 | | 12 |
| 青　海 | 65 | 22 | 2 | 41 | | |
| 宁　夏 | 147 | 30 | 25 | 79 | | 13 |
| 新　疆 | 111 | 61 | 38 | 12 | | |
| 大　连 | 92 | 23 | | 46 | | 23 |
| 青　岛 | 111 | 4 | | 35 | | 72 |
| 宁　波 | 129 | 54 | | 53 | | 22 |
| 厦　门 | 7 | 7 | | | | |
| 深　圳 | 35 | 35 | | | | |
| 新疆兵团 | 9 | 9 | | | | |

# 各地区水产技术推广实有人员情况(按技术职称和文化程度分)

单位:人

| 地区 | 技术职称 | | | | | 文化程度 | | | | | |
|---|---|---|---|---|---|---|---|---|---|---|---|
| | 正高级 | 副高级 | 中级 | 初级 | 其他 | 博士 | 硕士 | 本科 | 大专 | 中专 | 其他 |
| **全国总计** | **636** | **3 979** | **9 665** | **7 743** | **7 556** | **90** | **1 576** | **10 690** | **11 024** | **3 724** | **2 475** |
| 北京 | 9 | 27 | 55 | 16 | 57 | 3 | 24 | 95 | 25 | 4 | 13 |
| 天津 | 9 | 56 | 77 | 29 | 34 | 12 | 47 | 92 | 18 | 7 | 29 |
| 河北 | 51 | 138 | 255 | 151 | 164 | 1 | 34 | 385 | 192 | 87 | 60 |
| 山西 | 6 | 37 | 88 | 44 | 60 | | 7 | 132 | 62 | 11 | 23 |
| 内蒙古 | 19 | 149 | 199 | 93 | 180 | 1 | 42 | 296 | 223 | 51 | 27 |
| 辽宁 | 29 | 57 | 84 | 25 | 47 | | 29 | 115 | 94 | 4 | |
| 吉林 | 49 | 313 | 450 | 598 | 372 | | 27 | 535 | 761 | 230 | 229 |
| 黑龙江 | 38 | 141 | 130 | 87 | 174 | | 20 | 290 | 212 | 30 | 18 |
| 上海 | 21 | 65 | 118 | 143 | 47 | 9 | 73 | 185 | 83 | 29 | 15 |
| 江苏 | 87 | 331 | 727 | 484 | 336 | 11 | 187 | 699 | 779 | 180 | 109 |
| 浙江 | 28 | 110 | 295 | 147 | 147 | 5 | 101 | 396 | 178 | 31 | 16 |
| 安徽 | 39 | 183 | 463 | 257 | 198 | 2 | 49 | 406 | 457 | 151 | 75 |
| 福建 | 11 | 167 | 288 | 305 | 181 | 1 | 69 | 400 | 287 | 167 | 28 |
| 江西 | 13 | 105 | 267 | 271 | 434 | | 31 | 288 | 395 | 221 | 155 |
| 山东 | 36 | 257 | 872 | 798 | 645 | 9 | 199 | 921 | 888 | 372 | 219 |
| 河南 | 14 | 128 | 292 | 156 | 287 | 1 | 36 | 365 | 291 | 95 | 89 |
| 湖北 | 4 | 51 | 322 | 389 | 486 | 3 | 26 | 167 | 538 | 324 | 194 |
| 湖南 | 7 | 93 | 543 | 572 | 666 | | 41 | 430 | 779 | 362 | 269 |
| 广东 | 29 | 116 | 429 | 422 | 726 | 24 | 120 | 628 | 442 | 245 | 263 |
| 广西 | 12 | 105 | 1 018 | 787 | 335 | 1 | 22 | 619 | 1 193 | 333 | 89 |
| 海南 | 1 | 8 | 12 | 28 | 65 | | 19 | 38 | 35 | 4 | 18 |
| 重庆 | 13 | 148 | 444 | 266 | 195 | 1 | 56 | 416 | 451 | 105 | 37 |
| 四川 | 9 | 175 | 581 | 458 | 387 | | 59 | 553 | 755 | 167 | 76 |
| 贵州 | 13 | 255 | 729 | 607 | 133 | 1 | 51 | 769 | 739 | 137 | 40 |
| 云南 | 19 | 364 | 270 | 116 | 151 | | 22 | 425 | 354 | 84 | 35 |
| 陕西 | 12 | 135 | 263 | 262 | 699 | 2 | 42 | 394 | 470 | 193 | 270 |
| 甘肃 | 16 | 119 | 166 | 117 | 175 | | 24 | 264 | 186 | 63 | 56 |
| 青海 | 3 | 11 | 20 | 21 | 10 | | 3 | 42 | 17 | 2 | 1 |
| 宁夏 | 10 | 51 | 53 | 19 | 14 | | 11 | 98 | 29 | 8 | 1 |
| 新疆 | 10 | 18 | 32 | 20 | 31 | | 29 | 53 | 21 | 3 | 5 |
| 大连 | 2 | 13 | 34 | 26 | 17 | | 22 | 34 | 31 | 5 | |
| 青岛 | 2 | 16 | 33 | 9 | 51 | | 12 | 58 | 21 | 7 | 13 |
| 宁波 | 12 | 30 | 33 | 16 | 38 | 3 | 32 | 72 | 11 | 8 | 3 |
| 厦门 | | 1 | 5 | | 1 | | 1 | 4 | 2 | | |
| 深圳 | | 4 | 14 | 4 | 13 | | 8 | 19 | 4 | 4 | |
| 新疆兵团 | 3 | 2 | 4 | | | | 1 | 7 | 1 | | |

# 各地区水产技术推广实有人员情况（按性别和年龄分）

单位：人

| 地　　区 | 性　别 | | 年龄结构 | | |
|---|---|---|---|---|---|
| | 男　性 | 女　性 | 35 岁及以下 | 36~49 岁 | 50 岁及以上 |
| **全国总计** | **21 757** | **7 822** | **5 838** | **13 891** | **9 850** |
| 北　　京 | 87 | 77 | 27 | 81 | 56 |
| 天　　津 | 119 | 86 | 40 | 106 | 59 |
| 河　　北 | 458 | 301 | 123 | 376 | 260 |
| 山　　西 | 135 | 100 | 20 | 121 | 94 |
| 内 蒙 古 | 433 | 207 | 100 | 209 | 331 |
| 辽　　宁 | 160 | 82 | 28 | 121 | 93 |
| 吉　　林 | 1 361 | 421 | 378 | 870 | 534 |
| 黑 龙 江 | 369 | 201 | 77 | 244 | 249 |
| 上　　海 | 295 | 99 | 115 | 124 | 155 |
| 江　　苏 | 1 446 | 519 | 337 | 803 | 825 |
| 浙　　江 | 558 | 169 | 198 | 238 | 291 |
| 安　　徽 | 904 | 236 | 129 | 556 | 455 |
| 福　　建 | 740 | 212 | 232 | 386 | 334 |
| 江　　西 | 893 | 197 | 231 | 449 | 410 |
| 山　　东 | 1 773 | 835 | 553 | 1 318 | 737 |
| 河　　南 | 574 | 303 | 129 | 463 | 285 |
| 湖　　北 | 981 | 271 | 154 | 623 | 475 |
| 湖　　南 | 1 590 | 291 | 273 | 964 | 644 |
| 广　　东 | 1 352 | 370 | 442 | 751 | 529 |
| 广　　西 | 1 732 | 525 | 507 | 1 230 | 520 |
| 海　　南 | 78 | 36 | 29 | 59 | 26 |
| 重　　庆 | 772 | 294 | 292 | 449 | 325 |
| 四　　川 | 1 190 | 420 | 342 | 742 | 526 |
| 贵　　州 | 1 334 | 403 | 473 | 874 | 390 |
| 云　　南 | 622 | 298 | 122 | 417 | 381 |
| 陕　　西 | 902 | 469 | 203 | 784 | 384 |
| 甘　　肃 | 413 | 180 | 143 | 216 | 234 |
| 青　　海 | 36 | 29 | 20 | 28 | 17 |
| 宁　　夏 | 99 | 48 | 16 | 50 | 81 |
| 新　　疆 | 69 | 42 | 34 | 58 | 19 |
| 大　　连 | 71 | 21 | 16 | 45 | 31 |
| 青　　岛 | 83 | 28 | 21 | 58 | 32 |
| 宁　　波 | 94 | 35 | 29 | 55 | 45 |
| 厦　　门 | 6 | 1 | 2 | | 5 |
| 深　　圳 | 22 | 13 | 3 | 19 | 13 |
| 新疆兵团 | 6 | 3 | | 4 | 5 |

# 各地区水产技术推广机构自有试验示范基地情况

单位:个,公顷

| 地　　区 | 合　计 | | 省级站 | | 市级站 | | 县级站 | | 区域站 | | 乡镇站 | |
|---|---|---|---|---|---|---|---|---|---|---|---|---|
| | 数量 | 养殖面积 | 数量 | 养殖面积 | 数量 | 养殖面积 | 数量 | 养殖面积 | 数量 | 养殖面积 | 数量 | 养殖面积 |
| **全国总计** | **440** | **12 116.3** | **29** | **606.2** | **78** | **1 416.6** | **235** | **5 882.7** | **1** | **13.0** | **97** | **4 197.8** |
| 北　　京 | 2 | 19.3 | 2 | 19.3 | | | | | | | | |
| 天　　津 | 4 | 42.0 | 1 | 20.0 | 3 | 22.0 | | | | | | |
| 河　　北 | 4 | 8.7 | 2 | 7.7 | 2 | 1.0 | | | | | | |
| 山　　西 | 2 | 23.1 | | | 1 | 16.0 | 1 | 7.1 | | | | |
| 内 蒙 古 | 7 | 52.3 | | | 1 | 8.0 | 6 | 44.3 | | | | |
| 辽　　宁 | 3 | 38.7 | | | 1 | 8.0 | 2 | 30.7 | | | | |
| 吉　　林 | 6 | 41.5 | | | 2 | 5.0 | 4 | 36.5 | | | | |
| 黑 龙 江 | 9 | 215.0 | 1 | 16.0 | 4 | 19.0 | 4 | 180.0 | | | | |
| 上　　海 | 11 | 132.0 | 3 | 79.8 | | | 4 | 35.5 | | | 4 | 16.7 |
| 江　　苏 | 28 | 1 206.9 | 1 | 35.0 | 5 | 221.3 | 8 | 476.8 | | | 14 | 473.8 |
| 浙　　江 | 7 | 70.9 | 2 | 22.4 | 2 | 19.7 | 3 | 28.8 | | | | |
| 安　　徽 | 23 | 545.5 | | | | | 11 | 110.5 | | | 12 | 435.0 |
| 福　　建 | 10 | 66.1 | | | 1 | 9.6 | 9 | 56.5 | | | | |
| 江　　西 | 16 | 113.1 | | | | | 15 | 103.1 | | | 1 | 10.0 |
| 山　　东 | 21 | 921.1 | | | 4 | 206.1 | 7 | 315.0 | | | 10 | 400.0 |
| 河　　南 | 22 | 328.3 | | | 4 | 16.5 | 17 | 298.8 | 1 | 13.0 | | |
| 湖　　北 | 62 | 2 788.1 | | | 6 | 399.4 | 19 | 1 054.7 | | | 37 | 1 334.0 |
| 湖　　南 | 45 | 2 812.6 | | | 4 | 47.1 | 23 | 1 238.2 | | | 18 | 1 527.3 |
| 广　　东 | 36 | 478.6 | 1 | 33.3 | 17 | 294.7 | 18 | 150.6 | | | | |
| 广　　西 | 8 | 1 135.2 | | | 2 | 15.7 | 5 | 1 118.5 | | | 1 | 1.0 |
| 海　　南 | 1 | 10.0 | | | 1 | 10.0 | | | | | | |
| 重　　庆 | 5 | 56.0 | | | | | 5 | 56.0 | | | | |
| 四　　川 | 36 | 227.4 | 1 | 29.0 | 4 | 28.2 | 31 | 170.2 | | | | |
| 贵　　州 | 9 | 153.4 | | | 2 | 7.0 | 7 | 146.4 | | | | |
| 云　　南 | 32 | 93.8 | 1 | 6.0 | 5 | 18.8 | 26 | 69.0 | | | | |
| 陕　　西 | 15 | 143.1 | 3 | 30.0 | 4 | 28.7 | 8 | 84.4 | | | | |
| 甘　　肃 | 5 | 102.9 | 3 | 100.0 | 2 | 2.9 | | | | | | |
| 青　　海 | 1 | 0.4 | 1 | 0.4 | | | | | | | | |
| 宁　　夏 | | | | | | | | | | | | |
| 新　　疆 | 4 | 229.7 | 1 | 146.7 | 1 | 11.9 | 2 | 71.2 | | | | |
| 大　　连 | | | | | | | | | | | | |
| 青　　岛 | | | | | | | | | | | | |
| 宁　　波 | 3 | 57.0 | 3 | 57.0 | | | | | | | | |
| 厦　　门 | 1 | 0.5 | 1 | 0.5 | | | | | | | | |
| 深　　圳 | 1 | 0.5 | 1 | 0.5 | | | | | | | | |
| 新疆兵团 | 1 | 2.6 | 1 | 2.6 | | | | | | | | |

# 各地区水产技术推广机构合作试验示范基地情况

单位:个,公顷

| 地　区 | 合　计 | | 省级站 | | 市级站 | | 县级站 | | 区域站 | | 乡镇站 | |
|---|---|---|---|---|---|---|---|---|---|---|---|---|
| | 数量 | 养殖面积 | 数量 | 养殖面积 | 数量 | 养殖面积 | 数量 | 养殖面积 | 数量 | 养殖面积 | 数量 | 养殖面积 |
| **全国总计** | **2 495** | **121 097.8** | **211** | **34 190.7** | **313** | **11 063.2** | **1 535** | **64 445.4** | **6** | **33.2** | **430** | **11 365.4** |
| 北　京 | 2 | 15.7 | | | 14 | 15.7 | | | | | | |
| 天　津 | 4 | | | | | | | | | | | |
| 河　北 | 4 | 914.4 | 16 | 286.8 | 15 | 121.3 | 48 | 506.3 | | | | |
| 山　西 | 2 | 81.6 | | | | | 10 | 81.6 | | | | |
| 内蒙古 | 7 | 473.0 | 1 | 20.0 | 2 | 37.0 | 8 | 416.0 | | | | |
| 辽　宁 | 3 | 1 190.7 | | | 6 | 645.0 | 16 | 545.7 | | | | |
| 吉　林 | 6 | 35 225.0 | 32 | 30 000.0 | 13 | 432.0 | 66 | 4 785.8 | 1 | 7.2 | | |
| 黑龙江 | 9 | 460.0 | | | | | 5 | 460.0 | | | | |
| 上　海 | 27 | 591.4 | 14 | 365.6 | | | 15 | 175.8 | | | 16 | 50.0 |
| 江　苏 | 50 | 2 330.3 | | | 17 | 359.0 | 37 | 980.0 | | | 22 | 991.3 |
| 浙　江 | 10 | 1 858.6 | 3 | 61.9 | 12 | 74.4 | 100 | 1 532.3 | | | 3 | 190.0 |
| 安　徽 | 101 | 9 818.6 | | | 17 | 3 233.0 | 153 | 4 396.6 | | | 78 | 2 189.0 |
| 福　建 | 15 | 3 825.5 | 13 | 169.0 | 6 | 124.5 | 100 | 3 526.9 | | | 5 | 5.0 |
| 江　西 | 63 | 3 859.8 | | | 17 | 184.0 | 83 | 2 703.8 | 4 | 9.0 | 47 | 963.0 |
| 山　东 | 52 | 12 211.2 | | | 17 | 534.0 | 133 | 11 112.2 | | | 31 | 565.0 |
| 河　南 | 22 | 6 308.3 | 1 | 15.0 | 10 | 132.9 | 101 | 6 143.4 | 1 | 17.0 | | |
| 湖　北 | 195 | 16 878.8 | 7 | 83.0 | 22 | 1 220.0 | 113 | 12 712.9 | | | 133 | 2 862.9 |
| 湖　南 | 97 | 7 184.4 | 7 | 813.0 | 20 | 430.0 | 72 | 3 029.0 | | | 52 | 2 912.4 |
| 广　东 | 37 | 5 908.1 | 52 | 1 996.8 | 55 | 2 490.4 | 47 | 1 390.9 | | | 1 | 30.0 |
| 广　西 | 17 | 4 702.6 | 25 | 35.0 | 41 | 568.6 | 64 | 3 915.6 | | | 9 | 183.3 |
| 海　南 | 1 | 58.7 | | | 2 | 20.0 | 2 | 38.7 | | | | |
| 重　庆 | 11 | 1 122.6 | 27 | 7.3 | | | 99 | 1 039.3 | | | 6 | 76.0 |
| 四　川 | 37 | 1 824.4 | | | 1 | 9.0 | 84 | 1 550.4 | | | 18 | 265.0 |
| 贵　州 | 9 | 419.0 | 1 | 2.3 | 5 | 100.0 | 18 | 316.7 | | | | |
| 云　南 | 32 | 113.2 | | | 4 | 18.4 | 16 | 94.9 | | | | |
| 陕　西 | 15 | 699.5 | | | 6 | 110.3 | 56 | 589.2 | | | | |
| 甘　肃 | 5 | 476.5 | | | 5 | 93.6 | 16 | 382.9 | | | | |
| 青　海 | 1 | 10.0 | | | | | 6 | 10.0 | | | | |
| 宁　夏 | | 1 284.0 | 4 | 97.0 | 6 | 110.0 | 12 | 1 077.0 | | | | |
| 新　疆 | 4 | 318.7 | 7 | 218.7 | | | 1 | 100.0 | | | | |
| 大　连 | | 80.0 | | | | | 1 | 80.0 | | | | |
| 青　岛 | | 87.0 | | | | | 2 | 87.0 | | | | |
| 宁　波 | 12 | 747.0 | | | | | 51 | 664.5 | | | 9 | 82.5 |
| 厦　门 | 1 | | | | | | | | | | | |
| 深　圳 | 1 | | | | | | | | | | | |
| 新疆兵团 | 1 | 19.3 | 1 | 19.3 | | | | | | | | |

# 各地区水产技术推广机构房屋条件情况(一)

单位:米²

| 地　区 | 办公用房面积 | | | | | |
|---|---|---|---|---|---|---|
| | 合　计 | 省级站 | 市级站 | 县级站 | 区域站 | 乡镇站 |
| **全国总计** | **464 824** | **48 875** | **70 558** | **146 557** | **1 639** | **197 194** |
| 北　京 | 2 243 | 375 | 1 868 | | | |
| 天　津 | 15 922 | 15 315 | 607 | | | |
| 河　北 | 8 003 | 700 | 2 096 | 4 907 | 210 | 90 |
| 山　西 | 2 290 | | 1 415 | 875 | | |
| 内蒙古 | 6 994 | 1 000 | 1 689 | 4 275 | 30 | |
| 辽　宁 | 2 998 | | 1 047 | 1 502 | 53 | 396 |
| 吉　林 | 16 892 | 1 326 | 3 881 | 2 875 | 55 | 8 755 |
| 黑龙江 | 2 502 | 142 | 314 | 2 046 | | |
| 上　海 | 11 756 | 6 059 | | 3 941 | | 1 756 |
| 江　苏 | 32 401 | 235 | 3 385 | 6 820 | | 21 961 |
| 浙　江 | 9 256 | 383 | 1 409 | 2 883 | | 4 582 |
| 安　徽 | 22 911 | 178 | 2 354 | 6 090 | 300 | 13 989 |
| 福　建 | 14 968 | 1 313 | 5 259 | 3 280 | 19 | 5 097 |
| 江　西 | 17 052 | 122 | 478 | 3 571 | 144 | 12 737 |
| 山　东 | 22 372 | 600 | 2 816 | 11 800 | | 7 156 |
| 河　南 | 10 117 | 336 | 2 477 | 7 004 | 300 | |
| 湖　北 | 28 787 | 571 | 2 778 | 12 669 | | 12 769 |
| 湖　南 | 33 630 | 180 | 4 734 | 9 556 | 483 | 18 677 |
| 广　东 | 36 051 | 1 800 | 7 995 | 9 067 | 45 | 17 145 |
| 广　西 | 50 311 | 2 400 | 1 112 | 3 497 | | 43 302 |
| 海　南 | 1 553 | 180 | 164 | 1 209 | | |
| 重　庆 | 15 915 | 2 102 | | 3 817 | | 9 996 |
| 四　川 | 20 054 | | 4 508 | 9 211 | | 6 334 |
| 贵　州 | 17 427 | 300 | 2 875 | 3 209 | | 11 043 |
| 云　南 | 16 067 | 462 | 5 387 | 10 198 | | 20 |
| 陕　西 | 21 053 | 1 820 | 3 686 | 15 547 | | |
| 甘　肃 | 6 776 | 715 | 2 953 | 2 868 | | 240 |
| 青　海 | 2 257 | 1 680 | 42 | 535 | | |
| 宁　夏 | 2 310 | 660 | 804 | 744 | | 102 |
| 新　疆 | 5 428 | 2 300 | 2 426 | 702 | | |
| 大　连 | 849 | 106 | | 743 | | |
| 青　岛 | 988 | 36 | | 225 | | 727 |
| 宁　波 | 3 689 | 2 476 | | 892 | | 321 |
| 厦　门 | 58 | 58 | | | | |
| 深　圳 | 2 769 | 2 769 | | | | |
| 新疆兵团 | 175 | 175 | | | | |

# 各地区水产技术推广机构房屋条件情况(二)

单位:个

| 地区 | 培训教室数量 | | | | | |
|---|---|---|---|---|---|---|
| | 合计 | 省级站 | 市级站 | 县级站 | 区域站 | 乡镇站 |
| **全国总计** | **1 332** | **37** | **73** | **466** | **11** | **745** |
| 北京 | 6 | 3 | 3 | | | |
| 天津 | 2 | 1 | 1 | | | |
| 河北 | 20 | | 1 | 18 | 1 | |
| 山西 | 10 | | 3 | 7 | | |
| 内蒙古 | 15 | 2 | 3 | 9 | 1 | |
| 辽宁 | 8 | | 1 | 7 | | |
| 吉林 | 25 | 1 | 1 | 8 | | 15 |
| 黑龙江 | | | | | | |
| 上海 | 32 | 5 | | 6 | | 21 |
| 江苏 | 132 | 1 | 6 | 16 | | 109 |
| 浙江 | 82 | 3 | 4 | 21 | | 54 |
| 安徽 | 106 | 1 | 1 | 20 | 6 | 78 |
| 福建 | 83 | | 3 | 23 | | 57 |
| 江西 | 95 | 1 | 1 | 31 | | 62 |
| 山东 | 53 | | 4 | 34 | | 15 |
| 河南 | 39 | | 6 | 32 | 1 | |
| 湖北 | 120 | | 4 | 29 | | 87 |
| 湖南 | 124 | 1 | 5 | 50 | 1 | 67 |
| 广东 | 72 | 3 | 11 | 20 | 1 | 37 |
| 广西 | 91 | 1 | 2 | 17 | | 71 |
| 海南 | 5 | 1 | 1 | 3 | | |
| 重庆 | 34 | 1 | | 10 | | 23 |
| 四川 | 64 | 2 | 3 | 58 | | 1 |
| 贵州 | 55 | | | 7 | | 48 |
| 云南 | 8 | 1 | 3 | 4 | | |
| 陕西 | 18 | | 2 | 16 | | |
| 甘肃 | 10 | | 3 | 7 | | |
| 青海 | 2 | 1 | | 1 | | |
| 宁夏 | 4 | 1 | | 3 | | |
| 新疆 | 4 | 1 | 1 | 2 | | |
| 大连 | 2 | | | 2 | | |
| 青岛 | | | | | | |
| 宁波 | 10 | 5 | | 5 | | |
| 厦门 | | | | | | |
| 深圳 | | | | | | |
| 新疆兵团 | 1 | 1 | | | | |

# 各地区水产技术推广机构房屋条件情况(三)

单位:米$^2$

| 地　　区 | 培训教室面积 | | | | | |
|---|---|---|---|---|---|---|
| | 合　计 | 省级站 | 市级站 | 县级站 | 区域站 | 乡镇站 |
| **全国总计** | **111 206** | **4 260** | **6 701** | **41 084** | **1 042** | **58 119** |
| 北　京 | 412 | 182 | 230 | | | |
| 天　津 | 760 | 300 | 460 | | | |
| 河　北 | 864 | | 20 | 812 | 32 | |
| 山　西 | 910 | | 268 | 642 | | |
| 内蒙古 | 682 | 80 | 130 | 412 | 60 | |
| 辽　宁 | 498 | | 154 | 344 | | |
| 吉　林 | 2 435 | 40 | 150 | 545 | | 1 700 |
| 黑龙江 | | | | | | |
| 上　海 | 2 728 | 1062 | | 325 | | 1 341 |
| 江　苏 | 10 415 | 96 | 560 | 1 213 | | 8 546 |
| 浙　江 | 7 711 | 389 | 650 | 1 430 | | 5 242 |
| 安　徽 | 8 827 | 62 | 30 | 1 485 | 720 | 6 530 |
| 福　建 | 8 878 | | 300 | 2 098 | | 6 480 |
| 江　西 | 5 044 | 48 | 50 | 2 426 | | 2 520 |
| 山　东 | 4 715 | | 310 | 2 905 | | 1 500 |
| 河　南 | 3 046 | | 304 | 2 682 | 60 | |
| 湖　北 | 8 846 | | 164 | 2 152 | | 6 530 |
| 湖　南 | 16 950 | 70 | 334 | 11 392 | 110 | 5 044 |
| 广　东 | 7 644 | 300 | 1 384 | 1 634 | 60 | 4 266 |
| 广　西 | 4 723 | 270 | 53 | 1 470 | | 2 930 |
| 海　南 | 225 | 40 | 50 | 135 | | |
| 重　庆 | 2 765 | 80 | | 950 | | 1735 |
| 四　川 | 3 473 | 20 | 290 | 2 963 | | 200 |
| 贵　州 | 4 285 | | | 730 | | 3 555 |
| 云　南 | 782 | 120 | 384 | 278 | | |
| 陕　西 | 880 | | 110 | 770 | | |
| 甘　肃 | 615 | | 231 | 384 | | |
| 青　海 | 290 | 200 | | 90 | | |
| 宁　夏 | 191 | 75 | | 116 | | |
| 新　疆 | 300 | 125 | 85 | 90 | | |
| 大　连 | 70 | | | 70 | | |
| 青　岛 | | | | | | |
| 宁　波 | 1 116 | 576 | | 540 | | |
| 厦　门 | | | | | | |
| 深　圳 | | | | | | |
| 新疆兵团 | 126 | 126 | | | | |

# 各地区水产技术推广机构房屋条件情况(四)

单位:个

| 地区 | 实验室数量 | | | | | |
|---|---|---|---|---|---|---|
| | 合计 | 省级站 | 市级站 | 县级站 | 区域站 | 乡镇站 |
| **全国总计** | **1 841** | **302** | **257** | **843** | **15** | **424** |
| 北京 | 8 | 2 | 6 | | | |
| 天津 | 27 | 6 | 21 | | | |
| 河北 | 31 | 1 | 7 | 23 | | |
| 山西 | 6 | | 3 | 3 | | |
| 内蒙古 | 12 | | 2 | 9 | 1 | |
| 辽宁 | 7 | | 4 | 3 | | |
| 吉林 | 33 | 1 | 11 | 20 | 1 | |
| 黑龙江 | 22 | 1 | | 21 | | |
| 上海 | 61 | 48 | | 10 | | 3 |
| 江苏 | 214 | 2 | 14 | 58 | | 140 |
| 浙江 | 118 | 1 | 30 | 31 | | 56 |
| 安徽 | 181 | 14 | 7 | 44 | 9 | 107 |
| 福建 | 69 | 1 | 9 | 59 | | |
| 江西 | 75 | 1 | 5 | 66 | 1 | 2 |
| 山东 | 96 | | 10 | 74 | | 12 |
| 河南 | 52 | 2 | 10 | 39 | 1 | |
| 湖北 | 90 | 1 | 10 | 66 | | 13 |
| 湖南 | 53 | 1 | 16 | 36 | | |
| 广东 | 147 | 1 | 13 | 43 | 2 | 88 |
| 广西 | 85 | 17 | 20 | 45 | | 3 |
| 海南 | 19 | 1 | 12 | 6 | | |
| 重庆 | 40 | 2 | | 38 | | |
| 四川 | 41 | | 5 | 36 | | |
| 贵州 | 11 | | 4 | 7 | | |
| 云南 | 27 | 1 | 7 | 19 | | |
| 陕西 | 220 | 160 | 16 | 44 | | |
| 甘肃 | 7 | 1 | 4 | 2 | | |
| 青海 | 4 | 1 | | 3 | | |
| 宁夏 | 12 | 1 | 4 | 7 | | |
| 新疆 | 10 | 2 | 7 | 1 | | |
| 大连 | 46 | 27 | | 19 | | |
| 青岛 | 5 | | | 5 | | |
| 宁波 | 8 | 2 | | 6 | | |
| 厦门 | 2 | 2 | | | | |
| 深圳 | 1 | 1 | | | | |
| 新疆兵团 | 1 | 1 | | | | |

# 各地区水产技术推广机构房屋条件情况(五)

单位:米$^2$

| 地　　区 | 实验室面积 | | | | | |
|---|---|---|---|---|---|---|
| | 合　计 | 省级站 | 市级站 | 县级站 | 区域站 | 乡镇站 |
| **全国总计** | **165 080** | **41 190** | **27 910** | **78 309** | **755** | **16 916** |
| 北　　京 | 5 755 | 4 385 | 1 370 | | | |
| 天　　津 | 2 112 | 1 200 | 912 | | | |
| 河　　北 | 4 344 | 1 600 | 842 | 1 902 | | |
| 山　　西 | 530 | | 190 | 340 | | |
| 内 蒙 古 | 503 | | 89 | 234 | 180 | |
| 辽　　宁 | 2 267 | | 1 346 | 921 | | |
| 吉　　林 | 2 708 | 660 | 1 416 | 607 | 25 | |
| 黑 龙 江 | 943 | 628 | | 315 | | |
| 上　　海 | 1 963 | 1 272 | | 661 | | 30 |
| 江　　苏 | 16 513 | 1 200 | 2 600 | 8 569 | | 4 144 |
| 浙　　江 | 16 532 | 6 241 | 3 106 | 5 648 | | 1 538 |
| 安　　徽 | 9 240 | 1 080 | 285 | 5 006 | 270 | 2 599 |
| 福　　建 | 7 020 | 1 475 | 652 | 4 893 | | |
| 江　　西 | 6 686 | 820 | 91 | 5 559 | 200 | 16 |
| 山　　东 | 9 573 | | 2 610 | 6 623 | | 340 |
| 河　　南 | 3 935 | 1 200 | 850 | 1 860 | 25 | |
| 湖　　北 | 7 479 | 30 | 399 | 6 850 | | 200 |
| 湖　　南 | 4 633 | 700 | 727 | 3 206 | | |
| 广　　东 | 20 199 | 1 930 | 3 995 | 6 230 | 55 | 7 989 |
| 广　　西 | 6 892 | 580 | 859 | 5 393 | | 60 |
| 海　　南 | 1 695 | 1 050 | 330 | 315 | | |
| 重　　庆 | 8 481 | 6 122 | | 2 359 | | |
| 四　　川 | 4 296 | | 3 006 | 1 290 | | |
| 贵　　州 | 1 274 | | 56 | 1 218 | | |
| 云　　南 | 1 927 | 231 | 284 | 1 412 | | |
| 陕　　西 | 3 034 | 1 184 | 363 | 1 488 | | |
| 甘　　肃 | 1 045 | 572 | 230 | 243 | | |
| 青　　海 | 774 | 700 | | 74 | | |
| 宁　　夏 | 2 843 | 1 200 | 556 | 1 087 | | |
| 新　　疆 | 2 007 | 1 200 | 747 | 60 | | |
| 大　　连 | 4 061 | 1 500 | | 2 561 | | |
| 青　　岛 | 640 | | | 640 | | |
| 宁　　波 | 2 116 | 1 369 | | 747 | | |
| 厦　　门 | 510 | 510 | | | | |
| 深　　圳 | 407 | 407 | | | | |
| 新疆兵团 | 144 | 144 | | | | |

# 各地区水产技术推广机构房屋条件情况(六)

单位:万元

| 地　　区 | 实验室设备原值 | | | | | |
|---|---|---|---|---|---|---|
| | 合　计 | 省级站 | 市级站 | 县级站 | 区域站 | 乡镇站 |
| **全国总计** | **118 208.8** | **41 599.8** | **23 578.3** | **46 053.0** | **114.0** | **6 863.7** |
| 北　京 | 7 150.5 | 5 801.1 | 1 349.3 | | | |
| 天　津 | 1 003.7 | 612.0 | 391.7 | | | |
| 河　北 | 4 117.5 | 2 020.0 | 1 184.3 | 913.2 | | |
| 山　西 | 133.8 | | 15.0 | 118.8 | | |
| 内蒙古 | 158.9 | | 31.7 | 127.2 | | |
| 辽　宁 | 2 427.7 | | 2 188.7 | 239.0 | | |
| 吉　林 | 2 264.2 | 926.0 | 842.0 | 495.2 | 1.0 | |
| 黑龙江 | 818.0 | 608.0 | | 210.0 | | |
| 上　海 | 2 007.6 | 1 321.3 | | 683.9 | | 2.5 |
| 江　苏 | 12 297.3 | 3 495.0 | 1 710.2 | 6 231.4 | | 860.7 |
| 浙　江 | 12 047.9 | 6 470.0 | 1 219.2 | 3 937.0 | | 421.7 |
| 安　徽 | 3 390.7 | 700.8 | 156.9 | 1 752.6 | 45.0 | 735.5 |
| 福　建 | 5 108.5 | 570.0 | 2 272.0 | 2 266.5 | | |
| 江　西 | 4 522.9 | 1 500.0 | 30.0 | 2 946.9 | 40.0 | 6.0 |
| 山　东 | 6 719.1 | | 1 437.5 | 5 061.6 | | 220.0 |
| 河　南 | 3 218.4 | 1 500.0 | 402.1 | 1 305.3 | 11.0 | |
| 湖　北 | 3 358.2 | 20.0 | 774.1 | 2 473.6 | | 90.5 |
| 湖　南 | 3 347.2 | 720.0 | 762.5 | 1 864.7 | | |
| 广　东 | 15 041.7 | 1 000.0 | 5 097.3 | 4 417.4 | 17.0 | 4 510.0 |
| 广　西 | 3 614.0 | 165.9 | 824.9 | 2 606.6 | | 16.7 |
| 海　南 | 2 855.4 | 2 359.0 | 320.0 | 176.4 | | |
| 重　庆 | 2 586.7 | 1 367.4 | | 1 219.3 | | |
| 四　川 | 2 780.8 | | 1 583.6 | 1 197.2 | | |
| 贵　州 | 610.3 | | 31.0 | 579.3 | | |
| 云　南 | 908.1 | 65.1 | 145.8 | 697.2 | | |
| 陕　西 | 1 247.9 | | 461.0 | 786.9 | | |
| 甘　肃 | 487.0 | 427.0 | 35.0 | 25.0 | | |
| 青　海 | 1 250.4 | 1 238.4 | | 12.0 | | |
| 宁　夏 | 1 173.8 | 462.3 | 251.3 | 460.3 | | |
| 新　疆 | 1 011.6 | 850.0 | 61.6 | 100.0 | | |
| 大　连 | 3 537.2 | 1 749.0 | | 1 788.2 | | |
| 青　岛 | 1 691.5 | 1 000.0 | | 691.5 | | |
| 宁　波 | 3 718.6 | 3 049.5 | | 669.1 | | |
| 厦　门 | 500.0 | 500.0 | | | | |
| 深　圳 | 900.0 | 900.0 | | | | |
| 新疆兵团 | 202.2 | 202.2 | | | | |

# 各地区水产技术推广机构信息平台情况

| 地 区 | 网站(个) | 手机平台(户) | 电话热线(条) | 技术简报(个) |
|---|---|---|---|---|
| **全国总计** | **492** | **4 908** | **34 479** | **2 243** |
| 北 京 | | 7 | 11 | 6 |
| 天 津 | | 5 | 1 | |
| 河 北 | 11 | 57 | 81 | 15 |
| 山 西 | 1 | 36 | 536 | 18 |
| 内蒙古 | 8 | 59 | 53 | 21 |
| 辽 宁 | 1 | 10 | 902 | 17 |
| 吉 林 | 10 | 266 | 1 029 | 372 |
| 黑龙江 | | | 4 500 | |
| 上 海 | 3 | 48 | 59 | 8 |
| 江 苏 | 96 | 433 | 1 320 | 164 |
| 浙 江 | 37 | 200 | 311 | 30 |
| 安 徽 | 57 | 307 | 529 | 52 |
| 福 建 | 3 | 180 | 187 | 46 |
| 江 西 | 33 | 129 | 2 828 | 100 |
| 山 东 | 25 | 679 | 8 661 | 76 |
| 河 南 | 15 | 157 | 190 | 239 |
| 湖 北 | 16 | 299 | 4 546 | 436 |
| 湖 南 | 35 | 147 | 167 | 100 |
| 广 东 | 9 | 77 | 182 | 42 |
| 广 西 | 3 | 737 | 1 032 | 39 |
| 海 南 | 1 | 13 | 16 | 3 |
| 重 庆 | 11 | 178 | 1 224 | 117 |
| 四 川 | 17 | 288 | 1 958 | 91 |
| 贵 州 | 4 | 164 | 1 764 | 157 |
| 云 南 | 75 | 198 | 207 | 29 |
| 陕 西 | 2 | 99 | 748 | 6 |
| 甘 肃 | 1 | 28 | 41 | 4 |
| 青 海 | | 18 | 111 | 4 |
| 宁 夏 | | 36 | 34 | 14 |
| 新 疆 | | 5 | 12 | 31 |
| 大 连 | 5 | 4 | 1 204 | 2 |
| 青 岛 | 1 | 32 | 23 | |
| 宁 波 | 12 | 10 | 6 | 3 |
| 厦 门 | | | | |
| 深 圳 | | | 2 | 1 |
| 新疆兵团 | | 2 | 4 | |

# 各地区水产技术推广履职成效情况（一）

| 地　　区 | 示范关键技术（个） | 检验检测（批次） | 指导面积（公顷） | 服务对象 | | |
|---|---|---|---|---|---|---|
| | | | | 农户（户） | 企业（个） | 合作组织（个） |
| **全国总计** | **4 204** | **264 560** | **4 169 825.6** | **1 375 412** | **33 776** | **27 954** |
| 北　京 | 21 | 14 994 | 10 348.5 | 555 | 105 | 12 |
| 天　津 | 18 | 10 836 | 38 811.0 | 1 641 | 100 | 121 |
| 河　北 | 77 | 3 950 | 58 190.2 | 7 565 | 516 | 77 |
| 山　西 | 31 | 140 | 5 918.0 | 461 | 100 | 158 |
| 内蒙古 | 70 | 278 | 90 069.5 | 4 841 | 327 | 286 |
| 辽　宁 | 33 | 321 | 10 524.0 | 2 553 | 145 | 49 |
| 吉　林 | 115 | 1 608 | 152 217.4 | 5 668 | 509 | 428 |
| 黑龙江 | 129 | 323 | 298 409.5 | 8 779 | 229 | 194 |
| 上　海 | 43 | 5 346 | 12 599.1 | 4 809 | 62 | 468 |
| 江　苏 | 485 | 25 325 | 527 979.9 | 137 775 | 4 652 | 3 114 |
| 浙　江 | 300 | 15 854 | 256 786.2 | 29 128 | 1 929 | 893 |
| 安　徽 | 316 | 37 474 | 441 058.0 | 41 271 | 3 534 | 2 781 |
| 福　建 | 188 | 10 363 | 91 279.9 | 24 349 | 2 829 | 729 |
| 江　西 | 174 | 1 746 | 266 552.7 | 62 524 | 2 222 | 2 069 |
| 山　东 | 333 | 8 320 | 359 627.2 | 35 084 | 1 709 | 1 126 |
| 河　南 | 188 | 1 831 | 76 991.3 | 36 049 | 656 | 1 117 |
| 湖　北 | 395 | 13 887 | 515 826.0 | 287 725 | 1 630 | 3 524 |
| 湖　南 | 179 | 6 310 | 143 216.9 | 63 377 | 1 115 | 1 663 |
| 广　东 | 106 | 45 899 | 147 523.0 | 65 476 | 1 673 | 548 |
| 广　西 | 221 | 8 819 | 137 380.9 | 94 415 | 1 926 | 1 428 |
| 海　南 | 8 | 608 | 4 599.4 | 7 348 | 150 | 70 |
| 重　庆 | 95 | 3 602 | 59 116.0 | 32 958 | 2 045 | 797 |
| 四　川 | 157 | 18 454 | 146 044.5 | 101 588 | 1 584 | 3 805 |
| 贵　州 | 72 | 445 | 118 549.1 | 261 350 | 1 165 | 868 |
| 云　南 | 104 | 2 105 | 71 267.4 | 41 840 | 502 | 356 |
| 陕　西 | 87 | 14 022 | 33 324.0 | 6 313 | 1 017 | 521 |
| 甘　肃 | 52 | 222 | 7 504.4 | 1 563 | 481 | 329 |
| 青　海 | 8 | 164 | 2 475.8 | 84 | 39 | 54 |
| 宁　夏 | 84 | 1 538 | 34 534.2 | 1 729 | 145 | 173 |
| 新　疆 | 22 | 64 | 12 170.5 | 326 | 66 | 50 |
| 大　连 | 5 | 4 371 | 4 300.0 | 629 | 105 | 11 |
| 青　岛 | 17 | 1 347 | 10 643.0 | 1 926 | 145 | 44 |
| 宁　波 | 65 | 3 539 | 18 773.0 | 2 265 | 337 | 83 |
| 厦　门 | | 328 | 1 080.0 | 1 342 | 12 | |
| 深　圳 | | 123 | 235.0 | 16 | | 1 |
| 新疆兵团 | 6 | 4 | 3 900.0 | 90 | 15 | 7 |

# 各地区水产技术推广履职成效情况(二)

| 地　区 | 渔民技术培训 | | 推广人员培训 | | 公共信息服务 | | |
|---|---|---|---|---|---|---|---|
| | 期数(期) | 人数(人次) | 业务培训(人次) | 学历教育(人次) | 信息覆盖用户(户) | 发布公共信息(条) | 发放技术资料(份) |
| **全国总计** | **12 856** | **842 233** | **49 589** | **2 392** | **1 682 587** | **3 050 217** | **4 616 883** |
| 北　京 | 33 | 1 649 | 337 | 1 | 513 | 7 640 | 3 698 |
| 天　津 | 67 | 2 448 | 707 | | 779 | 3 850 | 9 360 |
| 河　北 | 160 | 8 011 | 958 | 90 | 4 085 | 7 235 | 28 028 |
| 山　西 | 54 | 1 832 | 74 | 3 | 600 | 595 | 26 155 |
| 内蒙古 | 137 | 4 503 | 930 | 93 | 261 663 | 100 585 | 41 274 |
| 辽　宁 | 75 | 4 939 | 420 | 13 | 3 187 | 28 912 | 12 244 |
| 吉　林 | 468 | 5 696 | 732 | 20 | 4 016 | 24 563 | 21 036 |
| 黑龙江 | 259 | 12 224 | 2 181 | 23 | 14 719 | 5 141 | 30 216 |
| 上　海 | 248 | 8 566 | 1 080 | 22 | 3 720 | 13 425 | 38 490 |
| 江　苏 | 1 760 | 127 105 | 5 842 | 186 | 162 165 | 198 025 | 511 558 |
| 浙　江 | 576 | 30 767 | 2 957 | 92 | 85 278 | 96 542 | 104 968 |
| 安　徽 | 895 | 61 057 | 2 763 | 266 | 112 099 | 221 235 | 315 320 |
| 福　建 | 326 | 13 832 | 1 917 | 21 | 85 455 | 402 724 | 158 662 |
| 江　西 | 525 | 33 045 | 1 346 | 71 | 125 425 | 62 136 | 166 999 |
| 山　东 | 567 | 39 721 | 2 892 | 96 | 97 482 | 44 895 | 206 165 |
| 河　南 | 464 | 32 196 | 1 301 | 95 | 34 736 | 113 357 | 219 045 |
| 湖　北 | 1 484 | 93 982 | 1 761 | 62 | 227 196 | 632 545 | 808 878 |
| 湖　南 | 570 | 33 244 | 3 247 | 173 | 51 827 | 140 797 | 170 641 |
| 广　东 | 452 | 77 664 | 4 086 | 504 | 63 765 | 527 391 | 120 405 |
| 广　西 | 482 | 28 036 | 5 186 | 298 | 115 338 | 80 038 | 176 795 |
| 海　南 | 60 | 3 198 | 242 | 5 | 3 463 | 1 956 | 7 490 |
| 重　庆 | 376 | 14 255 | 967 | 17 | 22 077 | 36 198 | 120 144 |
| 四　川 | 834 | 98 900 | 1 989 | 79 | 110 603 | 149 760 | 677 395 |
| 贵　州 | 733 | 46 339 | 1 305 | 36 | 56 244 | 17 084 | 167 441 |
| 云　南 | 496 | 28 146 | 1 336 | 22 | 16 083 | 65 732 | 194 386 |
| 陕　西 | 350 | 14 691 | 1 649 | 80 | 6 222 | 11 986 | 134 964 |
| 甘　肃 | 141 | 3 582 | 493 | 5 | 1 621 | 3 235 | 69 643 |
| 青　海 | 19 | 612 | 63 | 5 | 186 | 236 | 2 391 |
| 宁　夏 | 129 | 6 088 | 395 | | 1 824 | 10 794 | 49 349 |
| 新　疆 | 14 | 504 | 86 | 7 | 688 | 317 | 4 908 |
| 大　连 | 5 | 228 | 32 | 1 | 1 244 | 24 904 | 2 460 |
| 青　岛 | 21 | 1 613 | 99 | 6 | 3 100 | 8 506 | 5 286 |
| 宁　波 | 47 | 2 484 | 167 | | 4 514 | 4 756 | 5 027 |
| 厦　门 | 13 | 616 | | | 362 | 2 680 | 1 430 |
| 深　圳 | 14 | 350 | 40 | | 68 | 222 | 4 372 |
| 新疆兵团 | 2 | 110 | 9 | | 240 | 220 | 260 |

# 各地区水产技术推广机构技术成果

| 地　区 | 技术成果数量（个） | 审定新品种（个） | 获奖情况（个） | | | | 获得专利（项） | 发表论文（篇） | 制定标准/规范（个） | 出版图书（本） |
|---|---|---|---|---|---|---|---|---|---|---|
| | | | 国家级 | 省部级 | 市厅级 | 县　级 | | | | |
| **全国总计** | **203** | **12** | **12** | **94** | **108** | **52** | **328** | **1 620** | **227** | **166** |
| 北　京 | 3 | | | | | | 3 | 9 | 5 | 5 |
| 天　津 | 16 | 1 | | 4 | | | 11 | 22 | 3 | 1 |
| 河　北 | 5 | | | 2 | 4 | | 24 | 69 | 10 | |
| 山　西 | 5 | | 1 | 1 | | | | 1 | | 1 |
| 内蒙古 | 3 | 1 | 1 | | | | 1 | 11 | 4 | 1 |
| 辽　宁 | 3 | | | 1 | 2 | | 6 | 14 | 5 | 3 |
| 吉　林 | 23 | 1 | 1 | 16 | 2 | | 6 | 34 | 4 | |
| 黑龙江 | | | | | | | | 149 | 3 | |
| 上　海 | 11 | | | | 1 | 1 | 12 | 54 | 6 | 1 |
| 江　苏 | 18 | | | 2 | 10 | | 33 | 208 | 31 | 1 |
| 浙　江 | 27 | 3 | | 3 | 10 | 7 | 20 | 76 | 12 | 12 |
| 安　徽 | 1 | | 2 | 4 | 1 | 3 | 28 | 148 | 18 | 1 |
| 福　建 | 12 | | | 4 | 2 | | 10 | 69 | 20 | |
| 江　西 | 4 | | | | 7 | 11 | 14 | 31 | 6 | 1 |
| 山　东 | 6 | | | 1 | 15 | 2 | 50 | 126 | 17 | 1 |
| 河　南 | 6 | 1 | 2 | 5 | 5 | 5 | 7 | 70 | 13 | 16 |
| 湖　北 | 4 | | 3 | 2 | 3 | 1 | 6 | 46 | 13 | 4 |
| 湖　南 | 17 | 4 | 2 | 10 | 7 | 15 | 10 | 65 | 11 | 105 |
| 广　东 | 6 | | | 20 | 29 | | 25 | 97 | 15 | 2 |
| 广　西 | 22 | | | | | | 10 | 70 | 3 | |
| 海　南 | | | | | | | | 2 | | |
| 重　庆 | 2 | | | 6 | 1 | 1 | 4 | 44 | 5 | 6 |
| 四　川 | 1 | | | 1 | 1 | 1 | 2 | 5 | 5 | |
| 贵　州 | | | | 5 | 4 | | 3 | 46 | 1 | |
| 云　南 | | | | | | | 1 | 16 | 3 | |
| 陕　西 | | | | | | | 1 | 29 | 1 | 1 |
| 甘　肃 | 3 | | | 1 | 2 | 5 | 11 | 46 | 1 | |
| 青　海 | 1 | | | 1 | | | 3 | 6 | 2 | 3 |
| 宁　夏 | | | | | | | | 8 | 1 | |
| 新　疆 | 1 | | | 2 | | | 6 | 33 | 4 | 1 |
| 大　连 | | | | | | | 2 | 5 | 4 | |
| 青　岛 | | | | 1 | | | | 1 | 1 | |
| 宁　波 | 3 | 1 | | 1 | 2 | | 7 | 7 | | |
| 厦　门 | | | | | | | 5 | 1 | | |
| 深　圳 | | | | 1 | | | 7 | 2 | | |
| 新疆兵团 | | | | | | | | | | |

# 第七部分

# 灾　　害

# 各地区渔业灾情造成的经济损失(一)

单位:万元

| 地 区 | 1. 水产品损失 | | | | | |
|---|---|---|---|---|---|---|
| | 合 计 | 台风、洪涝 | 病 害 | 干 旱 | 污 染 | 其 他 |
| **全国总计** | **899 866.47** | **543 233.05** | **191 681.18** | **56 598.59** | **15 907.57** | **92 446.08** |
| 北 京 | 68.00 | | 48.00 | | | 20.00 |
| 天 津 | 1 644.40 | | 807.80 | | | 836.60 |
| 河 北 | 14 752.80 | 2 173.80 | 186.00 | | | 12 393.00 |
| 山 西 | 11 593.00 | 11 476.00 | | | | 117.00 |
| 内 蒙 古 | 1 455.82 | 1 012.00 | 70.00 | 230.00 | | 143.82 |
| 辽 宁 | 25 071.40 | 11 951.00 | 1 090.00 | | 250.00 | 11 780.40 |
| 吉 林 | 3 568.00 | 3 500.00 | 28.00 | 40.00 | | |
| 黑 龙 江 | 3 524.42 | 3 524.42 | | | | |
| 上 海 | 2 766.63 | 462.71 | 2 286.92 | | 17.00 | |
| 江 苏 | 91 329.00 | 44 243.00 | 29 258.00 | 1 032.00 | 1 013.00 | 15 783.00 |
| 浙 江 | 83 815.00 | 69 624.00 | 13 339.00 | 840.00 | 7.00 | 5.00 |
| 安 徽 | 78 526.95 | 53 963.95 | 13 973.00 | 8 645.68 | 1 567.62 | 376.70 |
| 福 建 | 9 140.00 | 4 364.00 | 4 425.00 | 3.00 | 10.00 | 338.00 |
| 江 西 | 125 281.07 | 56 004.13 | 49 985.12 | 13 459.22 | 772.00 | 5 060.60 |
| 山 东 | 54 751.00 | 32 973.80 | 8 598.40 | 2 225.00 | 10 667.00 | 286.80 |
| 河 南 | 87 355.63 | 85 963.63 | 1 140.00 | | 72.00 | 180.00 |
| 湖 北 | 62 152.00 | 38 687.00 | 19 211.00 | 1 746.00 | 192.00 | 2 316.00 |
| 湖 南 | 118 077.00 | 52 741.00 | 14 222.00 | 20 028.00 | 628.00 | 30 458.00 |
| 广 东 | 42 216.93 | 10 421.55 | 21 127.35 | 5 279.88 | 460.55 | 4 927.60 |
| 广 西 | 9 965.09 | 1 214.50 | 768.15 | 1 047.00 | 62.00 | 6 873.44 |
| 海 南 | 4 079.48 | 336.00 | 3 743.48 | | | |
| 重 庆 | 5 983.46 | 5 213.82 | 557.08 | 88.56 | 10.00 | 114.00 |
| 四 川 | 36 982.15 | 35 604.03 | 1 304.12 | 46.00 | | 28.00 |
| 贵 州 | 8 358.11 | 8 059.26 | 31.42 | 62.23 | 120.00 | 85.20 |
| 云 南 | 6 389.87 | 1 694.99 | 2 543.54 | 1 801.02 | 54.40 | 295.92 |
| 西 藏 | | | | | | |
| 陕 西 | 8 029.08 | 7 881.58 | 113.50 | 3.00 | 4.00 | 27.00 |
| 甘 肃 | 176.18 | 142.88 | 10.30 | 22.00 | 1.00 | |
| 青 海 | | | | | | |
| 宁 夏 | 114.00 | | 114.00 | | | |
| 新 疆 | 2 700.00 | | 2 700.00 | | | |

# 各地区渔业灾情造成的经济损失(二)

单位:万元

| 地　区 | 2.(台风、洪涝)损毁渔业设施 | | | | | | | |
|---|---|---|---|---|---|---|---|---|
| | 合　计 | 池　塘 | 网箱(鱼排) | 围　栏 | 沉　船 | 船　损 | 堤　坝 | 泵　站 |
| **全国总计** | **165 039.63** | **65 636.51** | **4 331.40** | **9 799.80** | **1 986.00** | **518.37** | **17 458.90** | **1 511.00** |
| 北　京 | 45.00 | | | | | | | |
| 天　津 | 3 399.00 | 20.00 | | | | | | |
| 河　北 | 14 702.90 | 656.20 | | | | | 6.00 | |
| 山　西 | 3 779.00 | 3 392.00 | 20.00 | | | 22.00 | 150.00 | 35.00 |
| 内蒙古 | 250.00 | | | 200.00 | | | 50.00 | |
| 辽　宁 | 27 133.10 | 3 040.00 | | 5.00 | | 61.10 | 1 668.00 | |
| 吉　林 | 900.00 | | | | | | 900.00 | |
| 黑龙江 | 435.60 | 435.60 | | | | | | |
| 上　海 | 68.20 | | | | | 68.20 | | |
| 江　苏 | 3 344.00 | 1 916.00 | 103.00 | 214.00 | 11.00 | | 79.00 | |
| 浙　江 | 17 869.00 | 951.00 | 1 765.00 | 8 747.00 | 1 970.00 | 183.00 | 60.00 | |
| 安　徽 | 6 439.00 | 2 864.00 | 613.00 | 12.00 | | | 1 899.00 | |
| 福　建 | 1 877.00 | 199.00 | 830.00 | | | 20.00 | 1.00 | |
| 江　西 | 13 618.16 | 10 658.86 | 120.00 | 122.00 | | 3.00 | 531.00 | |
| 山　东 | 5 758.00 | 4 211.00 | | | | 52.00 | 300.00 | |
| 河　南 | 16 589.37 | 7 748.77 | 55.00 | 204.00 | 1.00 | 64.00 | 3 658.50 | 130.00 |
| 湖　北 | 14 045.00 | 7 865.00 | 26.00 | 104.00 | | 3.00 | 3 373.00 | 810.00 |
| 湖　南 | 14 907.00 | 8 596.00 | | | 4.00 | 31.00 | 3 062.00 | 520.00 |
| 广　东 | 4 073.90 | 2 344.00 | 675.00 | 25.00 | | 10.00 | 157.40 | |
| 广　西 | 720.55 | 170.60 | 20.00 | 166.80 | | | 115.85 | |
| 海　南 | 58.00 | | | | | | | |
| 重　庆 | 902.23 | 296.70 | | | | 1.07 | 511.81 | |
| 四　川 | 6 219.62 | 5 880.62 | | | | | 236.00 | 10.00 |
| 贵　州 | 344.61 | 251.31 | | | | | 20.50 | |
| 云　南 | 96.10 | 45.10 | 20.00 | | | | 10.00 | 4.00 |
| 西　藏 | | | | | | | | |
| 陕　西 | 7 340.29 | 3 996.75 | 84.40 | | | | 642.84 | 2.00 |
| 甘　肃 | 125.00 | 98.00 | | | | | 27.00 | |
| 青　海 | | | | | | | | |
| 宁　夏 | | | | | | | | |
| 新　疆 | | | | | | | | |

# 各地区渔业灾情造成的经济损失(三)

单位:万元

| 地 区 | 2.(台风、洪涝)损毁渔业设施(续) | | | | | | | 直接经济损失合计 |
|---|---|---|---|---|---|---|---|---|
| | 涵 闸 | 码 头 | 护 岸 | 防波堤 | 工厂化养殖 | 苗种繁育场 | 其 他 | |
| **全国总计** | **907.00** | **2 493.00** | **1 287.70** | **1 376.50** | **30 090.60** | **18 403.60** | **9 239.25** | **1 064 906.10** |
| 北 京 | | | | | | 45.00 | | 113.00 |
| 天 津 | | | | | 2 188.00 | 1 191.00 | | 5 043.40 |
| 河 北 | | | | | 10 486.70 | 3 367.00 | 187.00 | 29 455.70 |
| 山 西 | | | 46.00 | 5.00 | 48.00 | | 61.00 | 15 372.00 |
| 内蒙古 | | | | | | | | 1 705.82 |
| 辽 宁 | | 55.00 | 150.00 | 366.00 | 14 014.00 | 7 761.00 | 13.00 | 52 204.50 |
| 吉 林 | | | | | | | | 4 468.00 |
| 黑龙江 | | | | | | | | 3 960.02 |
| 上 海 | | | | | | | | 2 834.83 |
| 江 苏 | | | | | 521.00 | 260.00 | 240.00 | 94 673.00 |
| 浙 江 | | 2 173.00 | 198.00 | | 340.00 | 1 014.00 | 468.00 | 101 684.00 |
| 安 徽 | 100.00 | | 100.00 | | | 804.00 | 47.00 | 84 965.95 |
| 福 建 | | | | | 75.00 | | 752.00 | 11 017.00 |
| 江 西 | | | 144.80 | 237.00 | 431.00 | 6.00 | 1 364.50 | 138 899.23 |
| 山 东 | | 202.00 | | | 113.00 | 340.00 | 540.00 | 60 509.00 |
| 河 南 | | | | | 164.00 | 2 422.00 | 2 142.10 | 103 945.00 |
| 湖 北 | 744.00 | | 120.00 | 8.00 | 9.00 | 328.00 | 655.00 | 76 197.00 |
| 湖 南 | 45.00 | 13.00 | 85.00 | 123.00 | 430.00 | 486.00 | 1 512.00 | 132 984.00 |
| 广 东 | | | 372.00 | 379.00 | 56.50 | | 55.00 | 46 290.83 |
| 广 西 | 13.00 | | 9.40 | | 6.40 | 64.00 | 154.50 | 10 685.64 |
| 海 南 | | 50.00 | 8.00 | | | | | 4 137.48 |
| 重 庆 | | | 2.50 | | | | 90.15 | 6 885.69 |
| 四 川 | | | | 53.00 | | 40.00 | | 43 201.77 |
| 贵 州 | | | | 1.00 | 10.00 | 35.60 | 26.20 | 8 702.72 |
| 云 南 | 2.00 | | | | | | 15.00 | 6 485.97 |
| 西 藏 | | | | | | | | |
| 陕 西 | 3.00 | | 52.00 | 204.50 | 1 198.00 | 240.00 | 916.80 | 15 369.37 |
| 甘 肃 | | | | | | | | 301.18 |
| 青 海 | | | | | | | | |
| 宁 夏 | | | | | | | | 114.00 |
| 新 疆 | | | | | | | | 2 700.00 |

# 各地区渔业灾情造成的数量损失(一)

| 地　　区 | 1. 受灾养殖面积(公顷) | | | | | | 2. 水产品损失(吨) | | |
|---|---|---|---|---|---|---|---|---|---|
| | 合　计 | 台风、洪涝 | 病　害 | 干　旱 | 污　染 | 其　他 | 合　计 | 台风、洪涝 | 病　害 |
| 全国总计 | **388 533** | **191 439** | **124 534** | **30 026** | **5 898** | **36 636** | **546 719** | **321 057** | **146 621** |
| 北　　京 | 46 | | 46 | | | | 37 | | 32 |
| 天　　津 | 1 642 | | 906 | | | 736 | 1 311 | | 787 |
| 河　　北 | 2 087 | 1 874 | 101 | | | 112 | 2 804 | 1 480 | 102 |
| 山　　西 | 2 391 | 2 367 | | | | 24 | 4 160 | 4 075 | |
| 内 蒙 古 | 1 609 | 1 010 | 19 | 533 | | 47 | 902 | 620 | 35 |
| 辽　　宁 | 6 143 | 639 | 55 | | 2 000 | 3 449 | 4 091 | 2 461 | 525 |
| 吉　　林 | 684 | 400 | 84 | 200 | | | 2 556 | 2 514 | 18 |
| 黑 龙 江 | 2 230 | 2 230 | | | | | 3 062 | 3 062 | |
| 上　　海 | 2 079 | 78 | 1 987 | | 14 | | 3 641 | 250 | 3 379 |
| 江　　苏 | 50 242 | 16 955 | 18 295 | 1 444 | 1 443 | 12 105 | 38 522 | 18 710 | 16 092 |
| 浙　　江 | 15 894 | 11 696 | 3 858 | 332 | 5 | 3 | 47 600 | 41 333 | 6 178 |
| 安　　徽 | 36 156 | 21 444 | 10 138 | 3 701 | 806 | 67 | 47 578 | 28 425 | 10 824 |
| 福　　建 | 1 180 | 285 | 657 | 3 | 1 | 234 | 7 026 | 2 615 | 4 184 |
| 江　　西 | 72 321 | 25 974 | 37 192 | 8 212 | 196 | 747 | 106 577 | 48 237 | 44 865 |
| 山　　东 | 19 264 | 8 475 | 8 048 | 1 151 | 892 | 698 | 37 214 | 24 469 | 3 664 |
| 河　　南 | 18 461 | 16 905 | 1 392 | | 21 | 143 | 51 756 | 50 572 | 899 |
| 湖　　北 | 52 846 | 32 903 | 16 382 | 1 409 | 85 | 2 067 | 49 071 | 31 625 | 14 899 |
| 湖　　南 | 50 450 | 20 481 | 15 676 | 8 125 | 102 | 6 066 | 56 095 | 24 719 | 15 581 |
| 广　　东 | 24 833 | 6 704 | 5 481 | 2 926 | 255 | 9 467 | 42 854 | 7 513 | 19 236 |
| 广　　西 | 2 722 | 276 | 962 | 1 054 | 43 | 387 | 5 126 | 505 | 651 |
| 海　　南 | 215 | 21 | 194 | | | | 1 268 | 140 | 1 128 |
| 重　　庆 | 1 398 | 919 | 313 | 149 | 4 | 13 | 3 429 | 2 362 | 458 |
| 四　　川 | 11 504 | 11 386 | 94 | 12 | | 12 | 18 714 | 18 061 | 623 |
| 贵　　州 | 6 909 | 6 695 | 2 | 188 | 13 | 11 | 3 343 | 3 255 | 8 |
| 云　　南 | 2 460 | 587 | 1 102 | 574 | 9 | 188 | 3 432 | 997 | 1 087 |
| 西　　藏 | | | | | | | | | |
| 陕　　西 | 1 291 | 1 129 | 87 | 8 | 8 | 59 | 3 141 | 2 994 | 37 |
| 甘　　肃 | 15 | 6 | 2 | 5 | 1 | 1 | 83 | 63 | 3 |
| 青　　海 | | | | | | | | | |
| 宁　　夏 | 91 | | 91 | | | | 96 | | 96 |
| 新　　疆 | 1 370 | | 1 370 | | | | 1 230 | | 1 230 |

# 各地区渔业灾情造成的数量损失(二)

| 地 区 | 2. 水产品损失(吨)(续) | | | 3.(台风、洪涝)损毁渔业设施 | | | | | |
|---|---|---|---|---|---|---|---|---|---|
| | 干 旱 | 污 染 | 其 他 | 池塘(公顷) | 网箱(鱼排)(箱) | 围栏(千米) | 沉船(艘) | 船损(艘) | 堤坝(米) |
| **全国总计** | **40 465** | **10 073** | **28 503** | **55 237** | **7 107** | **55 814** | **46** | **253** | **817 425** |
| 北 京 | | | 5 | | | | | | |
| 天 津 | | | 524 | 1 | | | | | |
| 河 北 | | | 1 222 | 383 | | | | | 1 500 |
| 山 西 | | | 85 | 380 | 10 | | | 11 | 760 |
| 内 蒙 古 | 153 | | 94 | | | 4 | | | 800 |
| 辽 宁 | | 500 | 605 | 149 | | 10 | | 1 | 3 147 |
| 吉 林 | 24 | | | | | | | | 132 |
| 黑 龙 江 | | | | 2 230 | | | | | |
| 上 海 | | 12 | | | | | | 3 | |
| 江 苏 | 1 332 | 720 | 1 668 | 565 | 13 | 55 007 | 28 | | 3 666 |
| 浙 江 | 81 | 5 | 3 | 632 | 287 | 3 | 9 | 83 | 652 |
| 安 徽 | 6 790 | 1 287 | 252 | 3 588 | 2 069 | 1 | | | 31 146 |
| 福 建 | 3 | 3 | 221 | 52 | 865 | | | 7 | 2 |
| 江 西 | 10 698 | 615 | 2 162 | 25 763 | 100 | 587 | | | 12 209 |
| 山 东 | 2 743 | 6 037 | 301 | 928 | | | | 25 | 980 |
| 河 南 | | 115 | 170 | 2 824 | 49 | 135 | 1 | 22 | 41 074 |
| 湖 北 | 1 207 | 140 | 1 200 | 9 269 | 2 600 | 23 | | 9 | 586 365 |
| 湖 南 | 9 288 | 27 | 6 480 | 4 478 | | | 8 | 89 | 48 442 |
| 广 东 | 5 707 | 477 | 9 921 | 601 | 863 | 5 | | 1 | 542 |
| 广 西 | 833 | 68 | 3 069 | 42 | 19 | 36 | | | 11 695 |
| 海 南 | | | | | | | | | |
| 重 庆 | 420 | 7 | 182 | 278 | | | | 2 | 67 762 |
| 四 川 | 21 | | 9 | 2 540 | | | | | 2 051 |
| 贵 州 | 13 | 24 | 43 | 130 | | | | | 99 |
| 云 南 | 1 125 | 30 | 193 | 23 | 54 | | | | 100 |
| 西 藏 | | | | | | | | | |
| 陕 西 | 11 | 5 | 94 | 378 | 178 | 3 | | | 4 141 |
| 甘 肃 | 16 | 1 | | 3 | | | | | 160 |
| 青 海 | | | | | | | | | |
| 宁 夏 | | | | | | | | | |
| 新 疆 | | | | | | | | | |

# 各地区渔业灾情造成的数量损失(三)

| 地　区 | 3.(台风、洪涝)损毁渔业设施(续) | | | | | | | 4. 人员损失(人) | | | |
|---|---|---|---|---|---|---|---|---|---|---|---|
| | 泵站(座) | 涵闸(座) | 码头(米) | 护岸(米) | 防波堤(米) | 工厂化养殖(座) | 苗种繁育场(个) | 合计 | 失踪 | 死亡 | 重伤 |
| **全国总计** | **720** | **191** | **3 293** | **51 324** | **9 846** | **627** | **492** | **2** | | **2** | |
| 北　京 | | | | | | | 3 | | | | |
| 天　津 | | | | | | 29 | 24 | | | | |
| 河　北 | | | | | | 261 | 39 | | | | |
| 山　西 | 5 | | | 2 080 | 260 | 8 | | | | | |
| 内蒙古 | | | | | | | | | | | |
| 辽　宁 | 1 | 4 | 330 | 1 250 | 2 425 | 278 | 341 | | | | |
| 吉　林 | | | | | | | | | | | |
| 黑龙江 | | | | | | | | | | | |
| 上　海 | | | | | | | | | | | |
| 江　苏 | | | | 35 | | 1 | 3 | | | | |
| 浙　江 | | | 2 591 | 199 | | 5 | 28 | 2 | | 2 | |
| 安　徽 | | 10 | | 3 000 | | | 4 | | | | |
| 福　建 | | | | | | 2 | | | | | |
| 江　西 | | | | 22 587 | 1 487 | 1 | 1 | | | | |
| 山　东 | | | 22 | 140 | | 6 | 4 | | | | |
| 河　南 | 123 | | | | | 4 | 15 | | | | |
| 湖　北 | 68 | 162 | | 14 612 | 343 | 1 | 5 | | | | |
| 湖　南 | 520 | 8 | 300 | 860 | 2 240 | 4 | 9 | | | | |
| 广　东 | | 3 | | 721 | 816 | 2 | | | | | |
| 广　西 | | 2 | | 470 | | 8 | 2 | | | | |
| 海　南 | | | 50 | 800 | | | | | | | |
| 重　庆 | | | | 1 290 | | | | | | | |
| 四　川 | 1 | | | | 1 030 | | 1 | | | | |
| 贵　州 | | | | | 245 | | 2 | | | | |
| 云　南 | 1 | 1 | | | | | | | | | |
| 西　藏 | | | | | | | | | | | |
| 陕　西 | 1 | 1 | | 3 280 | 1 000 | 17 | 11 | | | | |
| 甘　肃 | | | | | | | | | | | |
| 青　海 | | | | | | | | | | | |
| 宁　夏 | | | | | | | | | | | |
| 新　疆 | | | | | | | | | | | |

# 附　　录

## 2

# 调整后历年产量对照表(一)

单位:万吨

| 份 | 调整前 | 调整后 | 其　中 | | | | |
|---|---|---|---|---|---|---|---|
| | | | 海洋捕捞 | 远洋渔业 | 海水养殖 | 淡水捕捞 | 淡水养殖 |
| 89 | 1 332.58 | 1 332.58 | 548.33 | 10.71 | 275.73 | 80.78 | 417.03 |
| 90 | 1 427.26 | 1 427.26 | 594.40 | 17.09 | 284.22 | 85.64 | 445.91 |
| 91 | 1 572.99 | 1 572.99 | 644.35 | 32.35 | 333.31 | 100.39 | 462.59 |
| 92 | 1 824.46 | 1 824.46 | 720.84 | 46.43 | 424.31 | 99.09 | 533.79 |
| 93 | 2 152.31 | 2 152.31 | 795.53 | 56.22 | 540.23 | 112.07 | 648.26 |
| 94 | 2 515.69 | 2 515.69 | 925.61 | 68.83 | 604.80 | 126.79 | 789.66 |
| 95 | 2 953.04 | 2 953.04 | 1 054.07 | 85.68 | 721.51 | 151.02 | 940.76 |
| 96 | 3 280.72 | 3 280.72 | 1 152.99 | 92.65 | 765.89 | 175.43 | 1 093.76 |
| 97 | 3 601.78 | **3 118.59** | 1 092.73 | 103.70 | 691.66 | 163.45 | 1 067.04 |
| 98 | 3 906.65 | **3 382.66** | 1 201.25 | 91.31 | 751.99 | 197.51 | 1 140.60 |
| 99 | 4 122.43 | **3 570.15** | 1 203.46 | 89.91 | 851.89 | 197.95 | 1 226.94 |
| 00 | 4 278.99 | **3 706.23** | 1 189.43 | 86.52 | 927.96 | 193.44 | 1 308.88 |
| 01 | 4 382.09 | **3 795.92** | 1 155.64 | 88.49 | 989.38 | 186.23 | 1 376.20 |
| 02 | 4 565.18 | **3 954.86** | 1 128.34 | 109.64 | 1 060.47 | 194.71 | 1 461.69 |
| 03 | 4 706.11 | **4 077.02** | 1 121.20 | 115.77 | 1 095.86 | 213.28 | 1 530.92 |
| 04 | 4 901.77 | **4 246.57** | 1 108.08 | 145.11 | 1 151.29 | 209.60 | 1 632.49 |
| 05 | 5 101.65 | **4 419.86** | 1 111.28 | 143.81 | 1 210.81 | 220.97 | 1 733.00 |
| 06 | 5 290.40 | **4 583.60** | 1 136.40 | 109.07 | 1 264.16 | 220.38 | 1 853.59 |
| 07 | 4 747.52 | 4 747.52 | 1 136.03 | 107.52 | 1 307.34 | 225.64 | 1 970.99 |
| 08 | 4 895.59 | 4 895.59 | 1 149.63 | 108.33 | 1 340.32 | 224.82 | 2 072.49 |
| 09 | 5 116.40 | 5 116.40 | 1 178.61 | 97.72 | 1 405.22 | 218.39 | 2 216.46 |
| 10 | 5 373.00 | 5 373.00 | 1 203.59 | 111.64 | 1 482.30 | 228.94 | 2 346.53 |
| 11 | 5 603.21 | 5 603.21 | 1 241.94 | 114.78 | 1 551.33 | 223.23 | 2 471.93 |
| 12 | 5 907.68 | **5 502.14** | 1 190.02 | 124.40 | 1 575.20 | 204.02 | 2 408.51 |
| 13 | 6 172.00 | **5 744.22** | 1 191.99 | 135.70 | 1 664.65 | 204.17 | 2 547.69 |
| 14 | 6 461.52 | **6 001.92** | 1 200.18 | 203.68 | 1 732.40 | 202.49 | 2 663.17 |
| 15 | 6 699.64 | **6 210.97** | 1 216.81 | 218.93 | 1 796.56 | 199.34 | 2 779.34 |
| 16 | 6 901.25 | **6 379.48** | 1 187.20 | 198.75 | 1 915.31 | 200.33 | 2 877.89 |
| 17 | | 6 445.33 | 1 112.42 | 208.62 | 2 000.70 | 218.30 | 2 905.29 |
| 18 | | 6 457.66 | 1 044.46 | 225.75 | 2 031.22 | 196.39 | 2 959.84 |
| 19 | | 6 480.36 | 1 000.15 | 217.02 | 2 065.33 | 184.12 | 3 013.74 |
| 20 | | 6 549.02 | 947.41 | 231.66 | 2 135.31 | 145.75 | 3 088.89 |
| 21 | | 6 690.29 | 951.46 | 224.65 | 2 211.13 | 119.78 | 3 183.27 |

:根据第二次全国农业普查结果调整了 1997—2006 年产量,根据第三次全国农业普查结果调整了 2016 年产量。

# 附录 1

## 水产品产量数据调整说明

**1. 根据第二次农业普查结果调整水产品产量数据说明**

第二次全国农业普查结束后，按照国家统计局要求，原农业部对 2
进行了调整。调整以农业普查水产养殖面积调查结果为依据，以各
2006 年的养殖单产水平、养殖结构为参考依据，综合测算各省（自治区
调减比例，核定 2006 年水产品产量。并以此为基数，参考渔业统计年
调整比例，对 1997—2005 年的水产品产量数据进行了相应调整。

**2. 根据第三次农业普查结果调整水产品产量数据说明**

第三次全国农业普查结束后，农业农村部联合国家统计局对 2016
了调整。调整以农业普查结果为依据，对各省（自治区、直辖市）2016
适当核定修正，并以各省（自治区、直辖市）2016 年水产养殖面积、从业
标数据为参考依据，综合测算核定各省（自治区、直辖市）2016 年水产
数，参考渔业统计年报中各年度间的产量调整比例，对 2012—2015 年
行了相应调整。

# 调整后历年产量对照表(二)

单位:万吨

| 年份 | 调整前 | 调整后 | 海水产品 | 捕捞 | 养殖 | 淡水产品 | 捕捞 | 养殖 |
|---|---|---|---|---|---|---|---|---|
| 1989 | 1 332.58 | 1 332.58 | 834.77 | 559.04 | 275.73 | 497.81 | 80.78 | 417.03 |
| 1990 | 1 427.26 | 1 427.26 | 895.71 | 611.49 | 284.22 | 531.55 | 85.64 | 445.91 |
| 1991 | 1 572.99 | 1 572.99 | 1 010.01 | 676.70 | 333.31 | 562.98 | 100.39 | 462.59 |
| 1992 | 1 824.46 | 1 824.46 | 1 191.58 | 767.27 | 424.31 | 632.88 | 99.09 | 533.79 |
| 1993 | 2 152.31 | 2 152.31 | 1 391.98 | 851.75 | 540.23 | 760.33 | 112.07 | 648.26 |
| 1994 | 2 515.69 | 2 515.69 | 1 599.24 | 994.44 | 604.80 | 916.45 | 126.79 | 789.66 |
| 1995 | 2 953.04 | 2 953.04 | 1 861.26 | 1 139.75 | 721.51 | 1 091.78 | 151.02 | 940.76 |
| 1996 | 3 280.72 | 3 280.72 | 2 011.53 | 1 245.64 | 765.89 | 1 269.19 | 175.43 | 1 093.76 |
| 1997 | 3 601.78 | 3 118.59 | 1 888.10 | 1 196.44 | 691.66 | 1 230.50 | 163.45 | 1 067.04 |
| 1998 | 3 906.65 | 3 382.66 | 2 044.55 | 1 292.56 | 751.99 | 1 338.11 | 197.51 | 1 140.60 |
| 1999 | 4 122.43 | 3 570.15 | 2 145.26 | 1 293.37 | 851.89 | 1 424.89 | 197.95 | 1 226.94 |
| 2000 | 4 278.99 | 3 706.23 | 2 203.91 | 1 275.95 | 927.96 | 1 502.32 | 193.44 | 1 308.88 |
| 2001 | 4 382.09 | 3 795.92 | 2 233.50 | 1 244.12 | 989.38 | 1 562.42 | 186.23 | 1 376.20 |
| 2002 | 4 565.18 | 3 954.86 | 2 298.45 | 1 237.98 | 1 060.47 | 1 656.40 | 194.71 | 1 461.69 |
| 2003 | 4 706.11 | 4 077.02 | 2 332.82 | 1 236.97 | 1 095.86 | 1 744.20 | 213.28 | 1 530.92 |
| 2004 | 4 901.77 | 4 246.57 | 2 404.47 | 1 253.18 | 1 151.29 | 1 842.09 | 209.60 | 1 632.49 |
| 2005 | 5 101.65 | 4 419.86 | 2 465.89 | 1 255.08 | 1 210.81 | 1 953.97 | 220.97 | 1 733.00 |
| 2006 | 5 290.40 | 4 583.60 | 2 509.63 | 1 245.47 | 1 264.16 | 2 073.97 | 220.38 | 1 853.59 |
| 2007 | 4 747.52 | 4 747.52 | 2 550.89 | 1 243.55 | 1 307.34 | 2 196.63 | 225.64 | 1 970.99 |
| 2008 | 4 895.59 | 4 895.59 | 2 598.28 | 1 257.96 | 1 340.32 | 2 297.31 | 224.82 | 2 072.49 |
| 2009 | 5 116.40 | 5 116.40 | 2 681.55 | 1 276.33 | 1 405.22 | 2 434.85 | 218.39 | 2 216.46 |
| 2010 | 5 373.00 | 5 373.00 | 2 797.53 | 1 315.23 | 1 482.30 | 2 575.47 | 228.94 | 2 346.53 |
| 2011 | 5 603.21 | 5 603.21 | 2 908.05 | 1 356.72 | 1 551.33 | 2 695.16 | 223.23 | 2 471.93 |
| 2012 | 5 907.68 | 5 502.14 | 2 889.61 | 1 314.41 | 1 575.20 | 2 612.53 | 204.02 | 2 408.51 |
| 2013 | 6 172.00 | 5 744.22 | 2 992.35 | 1 327.70 | 1 664.65 | 2 751.87 | 204.17 | 2 547.69 |
| 2014 | 6 461.52 | 6 001.92 | 3 136.25 | 1 403.85 | 1 732.40 | 2 865.66 | 202.49 | 2 663.17 |
| 2015 | 6 699.64 | 6 210.97 | 3 232.29 | 1 435.73 | 1 796.56 | 2 978.67 | 199.34 | 2 779.34 |
| 2016 | 6 901.25 | 6 379.48 | 3 301.26 | 1 385.95 | 1 915.31 | 3 078.22 | 200.33 | 2 877.89 |
| 2017 | | 6 445.33 | 3 321.74 | 1 321.04 | 2 000.70 | 3 123.59 | 218.30 | 2 905.29 |
| 2018 | | 6 457.66 | 3 301.43 | 1 270.21 | 2 031.22 | 3 156.23 | 196.39 | 2 959.84 |
| 2019 | | 6 480.36 | 3 282.50 | 1 217.17 | 2 065.33 | 3 197.86 | 184.12 | 3 013.74 |
| 2020 | | 6 549.02 | 3 314.38 | 1 179.07 | 2 135.31 | 3 234.64 | 145.75 | 3 088.89 |
| 2021 | | 6 690.29 | 3 387.24 | 1 176.11 | 2 211.13 | 3 303.05 | 119.78 | 3 183.27 |

# 附录 3

## 渔业统计指标解释

### 第一章　水产品产量

**第 1 条　水产品特征及产量统计范围**

水产品指渔业(捕捞和养殖)生产活动的最终有效成果,它具有以下特征:

(1)它是渔业生产活动的成果。水产品既是渔业生产的劳动对象,也是渔业生产的劳动成果,它包括全部海淡水鱼类、甲壳类(虾、蟹)、贝类、头足类、藻类和其他类渔业产品。

(2)它是渔业生产活动的最终成果。渔业生产过程中的中间成果,如鱼苗、鱼种、亲鱼、转塘鱼、存塘鱼和自用作饵料的产品,不是最终成果,不能统计在水产品产量中。

(3)它是渔业生产活动的最终有效成果。水产品在上岸前已经腐烂变质,不能供人食用或加工成其他制品的,不统计在水产品产量中。

**第 2 条　产量统计年度和统计者**

(1)年水产品产量按日历年度计算。即从每年 1 月 1 日至 12 月 31 日止已从养殖水域捕捞起水或者已从天然水域捕捞并已返航卸港的水产品均统计在年产量中,有的生产渔船在外地收港卸鱼或者在海上由收购船扒载收购的,也按到港计算产量。

(2)水产品产量统计中,养殖产量按照水域所在地统计,国内捕捞产量按照渔船所属地统计,远洋渔业产量按照远洋渔业管理办法进行统计。

**第 3 条　产量计量标准**

除海蜇按三矾后的成品计量、各种藻类按干品计量外,其余各种水产品均按捕捞起水时鲜品实重(原始重量)计量。此外,供观赏的水生动物按个体计算。

**第 4 条　养殖产量与捕捞产量划分原则**

凡人工养殖并已起水的水产品数量为养殖产量,凡捕捞天然生长的水产品数量为捕捞产量。

(1)凡是人工投放苗种(不包括灌江纳苗)并进行人工饲养管理的淡水养殖水域中捕捞的水产品产量计算为淡水养殖产量,否则为淡水捕捞产量。

(2)凡是人工投放苗种或天然纳苗并进行人工饲养管理的海水养殖水域中捕捞的水产品产量计算为海水养殖产量,否则为海洋捕捞产量。

(3)稻田养殖起水的水产品,也计算为淡水养殖产量。

**第 5 条　水产品分类**

水产品分为海水产品和淡水产品两大类。

一、海水产品

海水产品包括海洋捕捞产品、海水养殖产品和远洋渔业产品。其中,海洋捕捞产品产量指国内海洋捕捞产品产量不包括远洋渔业产量。

1. 海洋捕捞产品：包括海洋捕捞鱼类、甲壳类（虾、蟹）、贝类、藻类、头足类和其他类。

（1）海洋捕捞鱼类：海鳗、鳓鱼、鳀鱼、沙丁鱼、鲱鱼、石斑鱼、鲷鱼、蓝圆鲹、白姑鱼、黄姑鱼、鮸鱼、大黄鱼、小黄鱼、梅童鱼、方头鱼、玉筋鱼、带鱼、金线鱼、梭鱼、鲐鱼、鲅鱼、金枪鱼、鲳鱼、马面鲀、竹筴鱼和鲻鱼等。

（2）海洋捕捞甲壳类：虾和蟹。虾包括毛虾、对虾、鹰爪虾、虾蛄等。蟹包括梭子蟹、青蟹和蟳等。

（3）海洋捕捞贝类：蛤、蛏、蚶和螺等。

（4）海洋捕捞藻类：江蓠、石花菜和紫菜等。

（5）海洋捕捞头足类：乌贼、鱿鱼和章鱼等。

（6）海洋捕捞其他类：海蜇等。

2. 海水养殖产品：包括海水养殖鱼类、甲壳类（虾、蟹）、贝类、藻类、其他类。

（1）海水养殖鱼类：鲈鱼、鲆鱼、大黄鱼、军曹鱼、鲫鱼、鲷鱼、美国红鱼、河鲀、石斑鱼和鲽鱼等。

（2）海水养殖甲壳类：虾和蟹。虾包括南美白对虾、斑节对虾、中国对虾和日本对虾等。蟹包括梭子蟹和青蟹等。

（3）海水养殖贝类：牡蛎、鲍、螺、蚶、贻贝、江珧、扇贝、蛤和蛏等。

（4）海水养殖藻类：海带、裙带菜、紫菜、江蓠、麒麟菜、石花菜、羊栖菜和苔菜等。

（5）海水养殖其他类：海参、海胆、海水珍珠和海蜇等。

3. 远洋渔业产品：见第 27 条。

二、淡水产品

淡水产品包括淡水养殖产品和淡水捕捞产品。

1. 淡水养殖产品：包括鱼类、甲壳类（虾、蟹）、贝类、藻类和其他类产品。

（1）淡水养殖鱼类：鲟鱼、鳗鲡、青鱼、草鱼、鲢鱼、鳙鱼、鲤鱼、鲫鱼、鳊鲂、泥鳅、鲇鱼、鮰鱼、黄颡鱼、鲑鱼、鳟鱼、河鲀、短盖巨脂鲤、长吻鮠、黄鳝、鳜鱼、鲈鱼、乌鳢和罗非鱼等。

（2）淡水养殖甲壳类：虾和河蟹，其中虾包括罗氏沼虾、青虾、克氏原螯虾和南美白对虾等。

（3）淡水养殖贝类：河蚌、螺、蚬等。

（4）淡水养殖藻类：即螺旋藻。

（5）淡水养殖其他类产品：龟、鳖、蛙和珍珠等。

（6）观赏鱼统计按“条”计量，其重量不计入淡水养殖总产量。

2. 淡水捕捞产品：包括鱼类、甲壳类（虾、蟹）、贝类、藻类和其他类。其他类中包括丰年虫等。

**第 6 条　海洋捕捞产量**（按海区、渔具分类）

1. 按捕捞海域分为渤海、黄海、东海和南海区产量。渤海、黄海、东海、南海区划分界线：

（1）渤海：东以辽宁老铁山西角经庙岛群岛至蓬莱角连线与黄海为界。

（2）黄海：南以长江口北角至韩国济州岛西南端连线与东海为界，东至朝鲜半岛与朝鲜海峡。

（3）东海：南以闽粤省界经东山岛南端至台湾省南端的鹅銮鼻灯塔连线与南海为界，东至对马海峡日本琉球群岛与我国台湾省。

(4)南海:东以巴士海峡、巴林塘海峡、菲律宾群岛与太平洋为界,南至加里曼丹,西临中南半岛及马来半岛。

2. 按捕捞渔具分为拖网、围网、刺网、张网、钓具和其他渔具产量。

(1)拖网:单拖和双拖。

(2)围网:单船围网、双船围网和多船围网。

(3)刺网:定置刺网、漂流刺网、包围刺网和拖曳刺网。

(4)张网:单桩、双桩、多桩、单锚、双锚、船张、樯张和并列张网。

(5)钓具:漂流延绳钓、定置延绳钓、曳绳钓和垂钓(如鱿钓)。

(6)其他渔具:地拉网、敷网、抄网、掩罩、陷阱、耙刺、笼壶等类型。

**第 7 条　海水养殖产量**(按养殖水域分类)

(1)海上养殖:在低潮位线以下从事海水养殖生产。

(2)滩涂养殖:在潮间带间从事海水养殖生产。

(3)其他养殖:在高潮位线以上从事海水养殖生产。

**第 8 条　淡水养殖产量**(按养殖水域分类)

按养殖水面类型不同,分为池塘、湖泊、水库、河沟、稻田及其他养殖方式。

**第 9 条　部分养殖方式分类产量**

(1)普通网箱:网箱一般由合成纤维如尼龙、聚氯乙烯等网线编织而成,装置在网箱架上。普通网箱面积均为数平方米到数十平方米。一般安置在港湾、沿岸、湖泊、水库和河沟等水域。

(2)深水网箱:深水网箱是一种大型海水网箱,主要有重力式聚乙烯网箱、浮绳式网箱和碟形网箱三种类型,具有抗风浪性能。网箱水体均为数百立方米到数千立方米。深水网箱一般安置在水深 20 米以下的海域。

(3)工厂化:工厂化养殖即按工艺过程的连续性和流水性的原则,通过机械或自动化设备,对养殖水体进行水质和水温的控制,保持最适宜于鱼类生长和发育的生态条件,使鱼类的繁殖、苗种培育、商品鱼的养殖等各个环节能相互衔接,形成一个独自的生产体系,以进行无季节性的连续生产,达到高效率、高速度的养殖目的。

## 第二章　水产养殖面积

**第 10 条　水产养殖面积**

水产养殖面积指在报告期内实际用于养殖水产品的水面面积,包括海水养殖面积和淡水养殖面积。在报告期内无论是否全部收获或尚未收获其产品,均应统计在养殖面积中。但有些水面不投放苗种或投放少量苗种,只进行一般管理的,不统计为养殖面积。养殖面积法定计量单位为公顷。

**第 11 条　海水养殖面积**

海水养殖面积指利用天然海水养殖水产品的水面面积,包括海上养殖、滩涂养殖、其他养殖。工厂化、深水网箱不计入养殖面积。

**第 12 条 淡水养殖面积**

淡水养殖面积指在淡水水域养殖水产品的水面面积，包括池塘、湖泊、水库、河沟和其他五部分。工厂化、稻田养殖不计入养殖总面积。

**第 13 条 养殖面积核算**

(1)海上、滩涂、池塘、湖泊、水库、河沟等方式养殖面积按照实际使用的水面计算，计量单位为公顷。

(2)普通网箱按照实际占用水面计算面积，计量单位为米$^2$。

(3)工厂化养殖：按照实际养殖水体的体积计算，计量单位为米$^3$。

(4)深水网箱：按照实际占用水的体积计算，计量单位为米$^3$。

(5)在江河、湖泊、水库投放苗种或灌江纳苗、增殖放流的水域不统计面积；湖泊、水库、河沟虽有专人管理，或有苗种投放，但人工养殖水产品起捕量不足 30% 的水面也不统计为养殖面积(其产量列入捕捞产量)。

## 第三章 渔业经济总产值和增加值

**第 14 条 渔业经济总产值和增加值**

渔业经济总产值和增加值指以货币表现的核算期内渔业经济活动的总产出和总成果，包括了全社会渔业、渔业工业和建筑业、渔业流通和服务业。

**第 15 条 渔业产值和增加值**

渔业产值指以货币表现的核算期内捕捞和养殖水产品及水产苗种的总产出和总成果。具体包括人工养殖的水生动物和海藻的产值、天然水生动物和天然海藻采集的产值，即包括海洋捕捞、海水养殖、淡水捕捞、淡水养殖产品以及水产苗种的产出。其计算方法：水产品及苗种的产量分别乘以其产品的现行价格。

渔业增加值指以货币表现的核算期内全社会从事渔业捕捞和养殖生产活动所创造的最终产品的价值，其计算方法：渔业总产出扣除渔业中间投入。

渔业产值和增加值的数据取自同级统计部门。

**第 16 条 渔业工业、建筑业产值和增加值**

渔业工业、建筑业产值和增加值指以货币表现的核算期内全社会从事水产品加工业、渔用机具制造业、渔用饲料工业、渔用药物制造业、渔业建筑业等的产出和成果。

水产品加工业产值等于加工产品量乘以现行价格，其增加值采用食品加工业增加值率进行推算。

渔用机具制造业产值、增加值等于渔船渔机修造业、渔用绳网制造业和其他设备制造业的产值、增加值之和；其产值计算方法主要采用“工厂法”计算，增加值的计算方法采用统计部门“规模以上工业企业总产值表”中的相应指标增加值率进行推算。

渔用饲料工业产值主要采用“工厂法”，增加值是渔用饲料工业现行总产出乘以“规模以上”饲料工业现价增加值率。

渔用药物制造业产值取同级相关部门统计年报表中的有关数据，其增加值等于渔用药物总产出乘以“规模以上”生物制药业现价增加值率。

渔业建筑业产值计算方法是从建筑产品所有方的建筑工程造价角度入手，依据投资完成额计算，其增加值采用建筑业增加值率来推算。

**第 17 条　渔业流通和服务业产值和增加值**

渔业流通和服务业包括渔业流通业，渔业（仓储）运输业，休闲渔业，渔业文化教育、科学技术和信息等产值和增加值。

渔业流通业产值以营业额来计算，其增加值等于渔业流通业产值乘以批发零售贸易业现价增加值率进行推算。

渔业（仓储）运输业产值即营业收入，其增加值计算方法与建筑业相同。

休闲渔业产值包括涉渔的一切旅游服务业产值，以营业额计算，其增加值用旅游业增加值率进行推算。

渔业文化教育、科学技术和信息等产值及其增加值根据财政部门《一般预算支出决算明细表》和有关资料进行推算。

**第 18 条　计算总产值的价格**

计算总产值的价格按当年价格计算。

当年价格就是当年出售产品时的实际价格。水产品当年价格以各地渔业生产单位初次出售的价格的平均价格为依据；工业产品以报告期内的产品出厂价格为当年价格。商业以零售价格为当年价格。

## 第四章　渔业船舶拥有量

**第 19 条　渔业船舶**

渔业船舶指从事渔业生产的船舶以及为渔业生产服务的船舶，按有无推进动力分为机动渔业船舶和非机动渔业船舶。按生产性质分为生产渔船和辅助渔船。

国内海洋捕捞渔业船舶转为远洋渔业船舶的当年，应纳入远洋渔业船舶统计范围内，在国内渔船统计范围中不再进行统计。

**第 20 条　机动渔业船舶**

机动渔业船舶指依靠本船主机动力来推进的渔业船舶，分为渔业生产船和渔业辅助船。

渔业生产船是直接从事渔业捕捞和养殖活动的船舶统称。从事捕捞业活动的渔船为捕捞船，从事养殖业活动的渔船为养殖船。捕捞船，按主机总功率分为：441 千瓦（含）以上、44.1（含）~441 千瓦、44.1 千瓦以下三类；按船长分为：24 米（含）以上、12（含）~24 米、12 米以下；按作业方式分为拖网、围网、刺网、张网、钓具、其他共 6 类，有关解释请参照第 6 条的相关内容。

渔业辅助船指从事各种加工、贮藏、运输、补给、渔业执法等渔业辅助活动的渔业船舶统称，包括水产运销船、冷藏加工船、油船、供应船、科研调查船、教学实习船、渔港工程船、拖轮、驳船和渔业行政执法船等。其中捕捞辅助船指水产运销船、冷藏加工船、油船、供应船等为渔业捕捞生产提供服务的渔业船舶。钓具、围网等作业渔船中的子船纳入捕捞辅助船统计范围。

机动渔船年末拥有量应按数量、吨位、功率分别统计，各计量单位规定如下：

（1）数量的单位为“艘”，“艘”应按船舶单元计算，子母式作业船应分别统计。

(2)吨位的单位为“总吨”,“总吨”应为丈量确定的船舶总容积,每 2.83 米$^3$为 1 总吨。

(3)功率的单位为“千瓦”,“千瓦”应按主机总功率计算。1 马力等于 0.735 千瓦。

**第 21 条 非机动渔船**

非机动渔船指无配置机器作为动力的渔船,依靠人力、风力、水力或其他船只带动的渔业船舶,包括风帆船、手摇船等。

## 第五章 渔业灾情

**第 22 条 渔业灾情**

渔业灾情指由于遭受台风(洪涝)、病害、干旱、污染和其他灾害而造成水产品产量减少、苗种损失、设施损坏、水域污染以及人员伤亡等。

水产品损失指由于灾害造成的水产品损失数量和金额。

受灾养殖面积指由于灾害造成水产品产量损失在 10% 以上的养殖面积。

渔业设施损毁指由于台风(洪涝)造成池塘、网箱(鱼排)、围栏、渔船损坏或沉没、堤坝、泵站、涵闸、码头、护岸、防波堤、工厂化养殖场及苗种繁育场等被毁,从而造成的渔业设施毁坏的数量和金额。

人员损失指由于灾害而造成人员失踪、死亡和重伤的人数。

## 第六章 渔业人口与渔业从业人员

**第 23 条 渔业乡和渔业村**

在农村中,从事渔业生产与经营的人员占全部从业人员 50% 以上或渔业产值占农业产值的比重 50% 以上的乡、村,即为渔业乡和渔业村;达不到上述标准的,但一直是以经营渔业为主,并经上级主管部门批准定为渔业乡、村的,亦可统计为渔业乡和渔业村。

**第 24 条 渔业户**(家庭)

渔业户指农(渔)村和城镇住户中主要从事渔业生产与经营的家庭。凡家庭主要劳动力或多数劳动力从事渔业生产与经营的时间占全年劳动时间 50%(6 个月)以上或渔业纯收入占家庭纯收入总额 50% 以上者均可统计为渔业户。

**第 25 条 渔业人口**

渔业人口指依靠渔业生产和相关活动维持生活的全部人口,包括实际从事渔业生产和相关活动的人口及其赡(抚)养的人口,具体如下:

(1)直接从事渔业生产和相关活动的在业人口。

(2)兼营渔业和其他非渔业劳动者中,凡从事渔业生产和相关活动的时间全年累计达到或超过 3 个月者,或者虽全年累计不足 3 个月,但渔业纯收入占纯收入总额比重超过 50% 者。

(3)由从事渔业生产和相关活动的人口赡(抚)养的人口。

(4)在既有渔业劳动者又有非渔业劳动者的家庭中,根据渔业与非渔业纯收入比例分摊的被渔业劳动者赡(抚)养的人口。

渔业人口中的传统渔民:指凡渔业乡、渔业村的渔业人口均可称为传统渔民。

**第 26 条　渔业从业人员**

渔业从业人员：全社会中 16 岁以上，有劳动能力，从事一定渔业劳动并取得劳动报酬或经营收入的人员。

渔业专业从业人员：全年从事渔业活动 6 个月以上或 50% 以上的生活来源依赖渔业活动的渔业从业人员。

渔业兼业从业人员：全年从事渔业活动 3～6 个月或 20%～50% 的生活来源依赖渔业活动的渔业从业人员。

渔业临时从业人员：全年从事渔业活动 3 个月以下或 20% 以下的生活来源依赖渔业活动的渔业从业人员。

## 第七章　远洋渔业

**第 27 条　远洋渔业产量和远洋渔船**

远洋渔业产量：由各远洋渔业企业和各生产单位按我国远洋渔业项目管理办法组织的远洋渔船（队）在非我国管辖水域（外国专属经济区水域或公海）捕捞的水产品产量。中外合资、合作渔船捕捞的水产品只统计按协议应属于中方所有的部分。

远洋渔船：按上述办法、协议，在上述水域进行常年或季节性生产的渔船。

## 第八章　水产苗种

**第 28 条　苗种**

鱼苗：卵黄囊基本消失，鱼鳔充气，能平游主动摄食的仔鱼，包括人工孵化和江河湖海港湾采捕的天然鱼苗。

鱼种：鱼苗经培育后，发育至全体鳞片，鳍条长全，外观具有成鱼基本特征的幼鱼，一般全长在 1.7～23.3 厘米，因出塘季节和培育期的不同，又俗称为夏花、冬片、春片、秋片、仔口和老口。

扣蟹：蟹苗经数次蜕皮变成外形接近蟹形的仔蟹，再经过 4～5 个月饲养培育成每千克 100～200 只性腺未成熟的幼蟹。

**第 29 条　苗种数量统计原则**

由苗种孵化或育成的单位归属统计，从他处购进或以其他方式取得苗种，不再进行统计。

## 第九章　水产加工业

**第 30 条　水产加工企业**

水产加工企业：从事水产品保鲜（保活）、保藏和加工利用的企业。

规模以上企业：年主营业务收入 500 万元以上的水产加工企业。

水产品加工能力：年加工处理水产品的总量。

**第 31 条　水产冷库**

水产冷库指主要用于水产品冻结、冷藏和制冰的场所，一般以低温冷藏库数作为冷库座数。

冷库的冻结能力、冷藏能力、制冰能力均指冷库建造设计的及后来改扩建新增的生产能力之和。

**第 32 条　水产加工品**

水产加工品指以水产品为原料，采用各种食品贮藏加工、水产综合利用技术和工艺所生产的产品，如冷冻冷藏品、腌制品、干制品、熏制品、罐头食品、各种生熟小包装食品，以及鱼油、鱼肝油、多烯脂肪酸制剂、饲料鱼粉、藻胶、碘、贝壳工艺品等。

一、水产冷冻品

水产冷冻品指为了保鲜，将水产品进行冷冻加工处理后得到的产品，包括冷冻品和冷冻加工品，但不包括商业冷藏品。

冷冻品泛指未改变其原始性状的粗加工产品，如冷冻全鱼、全虾等。

冷冻加工品指采用各种生产技术和工艺，改变其原始性状、改善其风味后制成的产品，如冻鱼片、冻虾仁、冷冻烤鳗、冻鱼籽等。

二、鱼糜制品和干腌制品

鱼糜制品指将鱼（虾、蟹、贝等）肉（或冷冻鱼糜）绞碎经配料、擂溃成为稠而富有黏性的鱼肉浆（生鱼糜），再做成一定形状后进行水煮（油炸或焙烤烘干）等加热或干燥处理而制成的食品，如鱼糜、鱼香肠、鱼丸、鱼糕、鱼饼、鱼面、模拟蟹肉等。

干腌制品指以水产品为原料，经脱水（烘干、烟熏、焙烤等）或添加腌制剂（盐、糖、酒、糟）制成具有保藏性和良好风味的产品，如烤鱼片、鱿鱼丝、鱼松、虾皮、虾米、海珍干品，以及海蜇、腌鱼、烟熏鱼、糟鱼、醉虾蟹、醉泥螺、卤甲鱼、水生动植物调味品（虾蟹酱、蚝油、鱼酱油）等。

藻类加工品指以海藻为原料，经加工处理制成具有保藏性和良好风味的方便食品，如海带结、干紫菜、调味裙带菜等。

三、水产罐制品

水产罐制品指以水产品为原料按照罐头工艺加工制成的产品，包括硬包装和软包装罐头，如鱼类罐头、虾贝类罐头等。

四、鱼粉

鱼粉指用低值水产品及水产品加工废弃物（如鱼骨、内脏、虾壳等）等为主要原料生产而成的加工品。

五、鱼油制品

鱼油制品指从鱼肉或鱼肝中提取油脂，并制成的产品，如粗鱼油、精鱼油、鱼肝油、深海鱼油等。

六、其他水产加工品

其他水产加工品指除上述加工产品之外的加工品统称，如助剂和添加剂（蛋白胨、褐藻胶、碘、甘露醇、卡拉胶、琼胶等）、珍珠加工品、贝壳工艺品、鱼酒、鱼奶等。

# 第十章　渔民家庭当年收支情况调查

**第 33 条　家庭常住人口数**

家庭常住人口数指全年经常在家或在家居住 6 个月以上，而且经济和生活与本户连成一体的人口数。外出从业人员在外居住时间虽然在 6 个月以上，但收入主要带回家中，经济与本户连为一体，仍视为家庭常住人口；在家居住，生活和本户连成一体的国家职工、退休人员也为家庭常住人口。但是现役军人、中专及以上（走读生除外）的在校学生，以及常年在外（不包括探亲、看病等）且已有稳定的职业与居住场所的外出从业人员，不应当作家庭常住人口。

**第 34 条　家庭渔业从业人员人数**

家庭渔业从业人员人数指家庭常住人口中从事渔业生产、销售、运输等活动累计 6 个月以上的人数。

**第 35 条　全年总收入**

全年总收入指调查期内被调查对象从各种来源渠道得到的收入总和。按收入的性质划分为家庭经营收入、工资性收入、财产净收入、转移性收入和政府生产补贴（惠农收入）。

**第 36 条　家庭经营收入**

家庭经营收入指以家庭为单位进行生产经营和管理而获得的收入，包括渔业（水产品及鱼苗）收入、其他家庭经营收入。

渔业收入：水产品及鱼苗用于市场交易的现金收入或自产自食的实物收入。市场交易的现金收入等于交易的水产品及鱼苗或与水产品有关的劳务活动量乘以市场价格，只要交易发生，包括现款和应收款都要计算为收入；自产自食的实物收入，按自食水产品数量乘以相应水产品成本价格计算。如某个水产品的市场平均价格为 10 元/千克，用于计算该水产品市场交易的现金收入；成本价格为 6 元/千克，用于计算自产自食的该水产品实物收入。

经营其他行业收入：渔民家庭自主经营的除渔业外的其他行业，如种植业、畜牧业、林业等第一产业，或从事第二、三产业所取得的经营收入。第一产业的收入包括现金和实物两个部分，计算方法与渔业收入类似；第二、三产业只计算现金部分。

**第 37 条　工资性收入**

工资性收入指渔民家庭中从业人员通过各种途径得到的全部劳动报酬和各种福利，包括在渔业生产劳动中获得的工资和在其他行业劳动中获得的工资。

工资的形式包含计时计件劳动报酬、奖金、津贴，以及单位代个人缴纳的养老保险、医疗保险、失业保险、房租费、水电费、托儿费、医疗费等，单位定期或不定期发放过节费、调动工作的安家费、相当于现金的通用购物卡、免费或低价提供的实物产品和服务折价、工作餐补贴折价，零星或兼职劳动中得到现金、实物补贴折价等，还包括股份制企业派发或奖励给员工的股票和期权。

工资按照收付实现制计算，只要是在调查期内实际得到的工资，无论该工资是补发还是预发，都应归为本期得到的工资收入。本调查期内应得但因拖欠等原因未得到的工资不应计入。

工资不包括因员工或员工家属大病、意外伤害、意外死亡等原因支付给员工或其遗属的抚恤金和困难补助金，应该将其列入转移性收入中的社会救济和补助收入。

**第38条　财产性净收入**

财产性净收入指渔民家庭住户或成员将其所拥有的金融资产和自然资源交由其他机构单位、住户或个人支配而获得的回报并扣除相关的费用之后得到的净收入。财产性净收入包括利息净收入、红利收入、储蓄性保险净收益和转让承包土地或水面经营权租金净收入等。

利息净收入指利息收入扣除该住户或个人付给债权方的生活性借贷款利息支出后得到的净值。利息收入指按照双方事先约定的金融契约条件，借出金融资产（存款、债券、贷款和其他应收账款）的住户或个人从债务方得到的本金之外的附加额。利息收入是应得收入，包括各类定期和活期存款利息、债券利息、个人借款利息等，银行代扣的利息所得税也包括在内。

红利收入指住户或个人作为股东将其资金交由公司支配或处置而有权获得的收益。包括股票发行公司按入股数量定期分配的股息、年终分红以及从集体财产入股或其他投资分配得到的股息和红利。股票买卖结算后获得的收益（含亏损）不包含在内。

储蓄性保险净收益指住户或个人参加储蓄性保险，扣除缴纳的保险本金及相关费用后，所获得的保险净收益，不包括保险责任人对保险人给予的保险理赔收入。

转让承包土地或水面经营权租金净收入指住户将拥有经营权或使用权的土地转让给其他机构单位或个人获得的补偿性收入扣除相关成本支出后得到的净收入，也包括从其他机构单位或个人获得的实物形式的收入。

其他财产净收入指住户所得的除上述以外的其他财产性收入扣除相关的维护成本之后得到的净收入。如通过在国外购买的土地、矿产等自然资源获得的财产净收入等。

财产性净收入不包括将非金融资产（如住房、生产经营用房、机械设备、专利、专有技术、商标商誉等）交由其他机构单位、住户或个人支配而获得的回报，应该计入“经营净收入”。财产性净收入也不包括转让资产所有权的溢价所得，这些是“非收入所得”，不包含在本调查中。

**第39条　转移性收入**

转移性收入指国家、单位、社会团体对住户的各种经常性转移支付和住户之间的经常性收入转移。它包括政府、非行政事业单位、社会团体对居民转移的养老金或退休金、社会救济和补助、惠农补贴、政策性生活补贴、救灾款、经常性捐赠和赔偿以及报销医疗费等；住户之间的赡养收入、经常性捐赠和赔偿，以及农村地区（村委会）在外（含国外）工作的本住户非常住成员寄回带回的收入等。

转移性收入不包括住户之间的实物馈赠。

养老金或离退休金指根据国家有关文件规定或合同约定，在劳动者年老或丧失劳动能力后，根据他们对社会、单位所作的贡献和所具备的享受养老保险资格或退休条件，按月以货币形式或实物产品及服务给予的待遇，主要用于保障因年老或疾病丧失劳动能力的劳动者的基本生活需要。包括离退休人员的养老金或离退休金、生活补贴，农民享有的新型农村养老保险金，城镇居民享有的社会养老保险金，国家或地方政府给予城镇无保障老人的养老金，因工致伤离退休人员的护理费，退休人员异地安家补助费、取暖补贴、医疗费、旅游补贴、书报费、困难补助以及在原工作单位所得的各种其他收入，相当于现金的购物卡券也包含在内。也包括发给的实物和购买指定物品的票证、购物卡券，应同时计入相应的实物产品和服务项目中。

社会救济和补助指国家、机关企事业单位、社会团体和个人对各类特殊家庭、人员提供的特别津贴。包括国家对享受城镇居民最低生活保障待遇的家庭发放的最低生活保障金、对农村五保户发放的五保救助金、国家和社会及机构单位对特殊困难家庭给予的困难补助、扶贫款、救灾款、国家或机构单位向由于失去工作能力或意外死亡等原因而失去工作的职工或其遗属定期发放的抚恤金等。也包括发给的实物和购买指定物品的票证、购物卡券，应同时计入相应的实物产品和服务项目中。

惠农补贴指政府为扶持农业、林业、牧业、渔业和农林牧渔服务业，以现金或实物形式发放的各种生产补贴。现金形式发放的补贴包括粮食直补、购置和更新大型农机具补贴、良种补贴、购买生产资料综合补贴、退耕还林还草补贴、畜牧业补贴等生产性补贴。实物形式发放的补贴指政府低价或免费提供的相关产品和服务，如免费或低价提供的种子、农机具服务等。包括经营渔业的生产性补贴和经营其他产业的生产性补贴。在鱼塘改造中，如果是以渔民家庭为主进行投入建设，得到了政府补贴，计入渔民得到的惠农补贴；如果是政府直接奖励或投入改造建设，则按相关市场价格计入生产性固定资产。

政策性生活补贴指根据国家的有关规定，中央财政、各级地方财政给予家庭的相关政策性生活补贴。包括家电下乡和以旧换新等家电补贴、能源补贴、给农村寄宿制中小学生的生活补贴等；也包括其他低价或免费提供的实物产品和服务，如廉租房等。

报销医疗费指参加新型农村合作医疗、城镇职工基本医疗保险、(城镇)居民基本医疗保险、城乡居民大病保险的居民在购买药品、进行门诊治疗或住院治疗之后，从社保基金或单位报销的医疗费。报销医疗费属于一种实物收入。报销医疗费包括使用社保卡进行医疗服务付费时直接扣减的、由社保基金支付的部分。从商业医疗保险获得报销的医疗费不包括在内。

外出从业人员寄回带回收入指在外(含国外)工作的本住户非常住成员寄回、带回的收入。无论是以现金、汇款、转账、银行卡共享等任何形式寄回、带回的收入，都应计入。

赡养收入指亲友因赡养和抚养义务经常性给予住户及其成员的现金和实物收入。

其他经常转移收入指住户从除上述各项转移性收入以外得到的其他经常性转移收入。如经常性捐赠收入、经常性赔偿收入、失业保险金、亲友搭伙费等。

经常性捐赠收入指住户从他人、组织、社会团体处得到的经常性捐献或赠送收入。这种捐赠收入带有义务性和经常性，不包括遗产及一次性馈赠收入、婚丧嫁娶礼金所得、压岁钱等。捐赠收入与赡养收入的区别：赠送是对本住户的成员无赡养义务的其他住户或个人给本住户及其成员的现金。本住户成员内部间的捐赠收入和捐赠支出均不必记账。

经常性赔偿收入指住户及其成员因受到财产损失、人身伤害、精神损失得到的国家、单位、个人定期支付的经常性赔偿，不包括一次性赔偿所得。

**第 40 条　全年总支出**

全年总支出指渔民家庭全年用于生产、生活和再分配的全部支出。包括：家庭经营费用支出、生产性固定资产折旧、税费支出、生活消费支出、转移性支出。

**第 41 条　家庭经营费用支出**

家庭经营费用支出指以家庭为单位从事生产经营活动而消费的商品和服务、自产自用产品。包括经营渔业费用支出和经营其他行业费用支出。

经营渔业费用支出包括燃料、水电及加冰费用、雇工费用、饲料费用、购买种苗费用，以及加工费用、修理费、承包或租用费等其他生产支出。其中燃料、水电费指用于生产的，不包括用于生活的支出；修理或改造费用等，指额度在1 000元以下的日常渔需物质支出，在此价值量之上的如渔具的大修理、鱼塘清淤、改造等较大规模投入，则按量按价计入固定资产。

经营其他行业费用支出指从事除渔业经营外的其他行业，如种植业、畜牧业、林业等第一产业，或从事第二、三产业经营的支出。其计算方法参考经营渔业支出。

**第 42 条　生产性固定资产原价及折旧**

生产性固定资产指使用年限在 2 年及以上、单位价值在1 000元以上的房屋建筑物、机器设备、器具工具、役畜、产品畜等资产，其中渔业生产性固定资产包括生产用车船、精养鱼池、大型网具、防逃设施、涵闸、泵站等。

生产性固定资产原价指固定资产当初的购进价、新建价或开始转为固定资产的价值。自繁自养的幼畜成龄转作役畜、产品畜、种畜，按市场同类牲畜的平均价格计价。国家奖励和外单位赠送的固定资产按购置同类固定资产的价格参照其新旧程度酌情计价。

渔民家庭的生产性固定资产折旧按农业生产性固定资产折旧方法处理，即 15 年的使用期限。

**第 43 条　税费支出**

税费支出指渔民家庭以现金和实物形式缴纳的从事生产经营活动的各种税赋支出，以及承包费、一事一议款、以资代劳款、乡村提留、集资摊派等费用，包括经营渔业税费支出和经营其他产业税费支出。对于无法区分家庭产业经营活动的税费支出，按一定比例分摊。

**第 44 条　转移性支出**

转移性支出指渔民家庭或成员对国家、单位、住户或个人的经常性或义务性转移支付，包括缴纳的税款、各项社会保障支出、赡养支出、经常性捐赠和赔偿支出以及其他经常转移性支出等。

个人所得税指家庭或成员被扣缴的工资薪金所得、对企事业单位的承包经营承租经营所得、个体工商户的生产经营所得、劳务报酬所得、稿酬所得、特许权使用费所得、利息股息红利所得、财产租赁所得、财产转让所得、偶然所得、经国务院财政部门确定征税的其他所得等个人所得的税款。生产税、消费税不在其内。

社会保障支出指家庭成员参加国家法律、法规规定的社会保障项目中由单位和个人共同缴纳的保障支出。包括养老保险、医疗保险、失业保险、工伤保险、生育保险以及其他社会保障支出。

赡养支出指家庭成员因赡养和抚养义务而付给亲友的经常性现金和定期的实物支出。现金赡养支出应按实际发生的金额计算，不论是从报告期收入中开支的，还是从银行存款、手存现金以及其他所得中开支的，均应包含在内。

其他经常转移支出指家庭或成员除缴纳的税款、社会保障支出、赡养支出以外的其他经常性转移支出，如经常性捐赠支出、经常性赔偿支出、各种罚款（如交通罚款）；政府部门向居民提供服务收取的服务费，如迁户口的办理费、办理身份证费，缴纳工会费、党费、团费以及学会团体组织费等。

经常性捐赠支出指家庭或成员赠予他人的经常性和带有义务性的现金支出，包括向寺庙的经常性捐款、定期资助贫困学生或贫困地区的款项、个人对公共设施建设的各类捐款，如解困基金、水利基金、防洪基金等，但不包括以商品或服务方式给予他人的价值额。婚丧嫁娶礼金支出及一次性馈赠支出如压岁钱、探望病人给予的礼金等不含在内。经常性捐赠支出应按实际发生的金额计算，不论是从报告期收入中开支的，还是从银行存款、手存现金以及其他所得中开支的，均应包括在内。

经常性赔偿支出指家庭或成员向因受到财产损失、人身伤害、精神损失的国家、单位、个人定期支付的赔偿支出，不包括一次性赔偿支出。

**第 45 条　生活消费支出**

生活消费支出指渔民家庭用于满足家庭日常生活消费需要的全部支出，包括伙食支出、烟酒支出、衣着支出、居住支出、生活用品支出、交通通信支出、教育文化娱乐支出、医疗保健支出、其他用品及服务支出。

伙食支出指渔民家庭住户购买粮、油、菜、肉、禽、蛋、奶、水产品、糖、饮料、干鲜瓜果等食品的支出，也包括在外饮食、餐馆外卖食品和其他饮食服务的支出，但不包括用于宠物食品的支出。

烟酒支出指渔民家庭住户用于烟草和酒类的支出。烟草包括卷烟、烟丝、烟叶。涵盖住户购买的所有烟草，包括在餐馆、酒吧等购买的烟草。不包括烟具。酒指用高粱、大麦、米、葡萄或其他水果发酵制成的含酒精饮料。主要有白酒、黄酒、葡萄酒、啤酒，包括低度酒精饮料或不含酒精的啤酒等。此处指买来在家喝的酒类，不包括在餐馆、旅馆、酒吧等消费的酒（在外饮食）。

衣着支出指渔民家庭住户用于穿着的支出，包括购买服装、服装材料、鞋类、其他衣类及配件，以及衣着相关加工服务的支出。

居住支出指渔民家庭住户用于居住的支出，包括房租、水、电、燃料、住房装潢、物业管理等方面的支出。

生活用品支出指渔民家庭住户购买家具和家用电器、日用杂品的支出。

家具和家用电器包括家具、家具材料、室内装饰品、家庭使用的各类大型器具和电器，小家电等，如冰箱、冷饮机、空调、洗衣机、吸尘器、干衣机、微波炉、洗碗机、消毒碗柜、炊具、炉灶、热水器、取暖器、保险柜、缝纫机、榨汁机、烤面包炉、酸奶机、熨斗、电水壶、电扇、电热毯等。

日用杂品包括床上用品、窗帘门帘和其他家用纺织品，以及洗涤及卫生用品、厨具、餐具、茶具、家用手工工具、其他日用品、护肤品、美容美发用品等。

交通通信支出指渔民家庭户在交通工具、交通费、通信器材、通信服务方面的支出。

交通工具包括家用汽车、摩托车、自行车及其他家庭交通工具。不包括经营用交通工具。

交通费包括乘坐各种交通工具（如飞机、火车、汽车、轮船等）所支付的交通费以及用于车辆使用的燃料费、停车费、维修费、车辆保险等。不包括因公出差暂由个人垫付的交通费。

通信工具包括固定电话机、移动电话机、寻呼机、传真机等。

通信服务费包括电话费、电话初装费、入网费、电信费、邮费等。

教育文化娱乐支出指渔民家庭户用于住户成员的教育活动、文化娱乐活动的支出。

教育包括职业技术培训费、学杂费、赞助费、一揽子教育服务费、教育用品支出等。文化娱乐包括用于文娱耐用消费品、其他文娱用品和文化娱乐服务。

文娱耐用消费品包括各种音像、摄影和信息处理设备，如彩色电视机、照相机、摄像机、组合音响、家用计算机，也包括中高档乐器、健身器材等，还包括文娱耐用消费品的零配件和维修。

其他文娱用品包括除教材及参考书以外的各种书报杂志及音像制品、文具纸张、体育户外用品、玩具、用于花鸟虫鱼等业余爱好的相关用品、宠物及宠物用品等其他文娱用品，也包括以上文娱用品的维修支出。

文化娱乐服务指和文化娱乐活动有关的各种服务费用。包括团体旅游、景点门票、体育健身活动、电影、话剧、演出票、有线电视费以及其他文化娱乐服务支出。

医疗保健支出指渔民家庭户购买医疗器具和药品，支付门诊和住院费方面的支出。

医疗器具和药品包括药品、滋补保健品、医疗卫生器具及用品和保健器具。

门诊和住院费指门诊和住院的医疗总费用，包括从各种医疗保险或其他医疗救助计划中获得的医药费和医疗费的报销款额；挂号费、诊疗费、注射费、手术费、透视费、镶牙费、出诊费、送药费、陪侍费、住院费、救护车费等；提供给门诊病人的药物、医疗器械和设备及其他保健产品。报销医疗费应按收付实现制记录，即仅当医疗费报销到手时才计入。

其他用品及服务指渔民家庭户在其他用品及服务方面的支出。

其他个人用品包括首饰、手表和其他杂项用品。

其他服务包括旅馆住宿费、美容美发洗浴、其他杂项服务。无法归入七大类服务支出的其他各项服务支出，如迷信、丧葬费、诉讼费、公证费、房地产中介服务费等也包含在内。

**第 46 条　全年纯收入和渔业纯收入**

全年纯收入指渔民家庭当年从各种来源得到的总收入相应地扣除所发生的费用后的收入总和。全年纯收入主要用于再生产投入和当年生活消费支出，也可用于储蓄和各种非义务性支出。渔民人均纯收入是按人口平均的纯收入水平，反映的是一个地区或一个渔民家庭的居民平均收入水平。计算方法：

全年纯收入=全年总收入-家庭经营费用支出-生产性固定资产折旧-税费支出

渔业纯收入=出售水产品收入+从事渔业所获得的工资性收入-经营渔业支出-渔业固定资产折旧-渔业税费支出

**第 47 条　可支配收入**

可支配收入指渔民家庭户可用于最终消费支出和储蓄的总和，即可以用来自由支配的收入。可支配收入既包括现金，又包括实物收入。本调查按照收入的来源，可支配收入包含四项，分别为：工资性收入、经营净收入、财产净收入、转移净收入。计算公式为：

可支配收入=工资性收入+经营净收入+财产净收入+转移净收入

其中：

经营净收入=经营收入-经营费用-生产性固定资产折旧-税费支出

转移净收入=转移性收入-转移性支出

**第 48 条　渔民家庭收支调查台账首页及问卷**

渔民家庭收支调查台账首页是用于采集渔民家庭收支情况基础数据的方法。在调查户中建立台账首页，按一定时间将发生收支情况通过问卷访问进行记录，由县级渔业统计人员按时间要求，直接通过村干部或村农业技术员收集或调查。本台账首页及问卷为参考表样，各地可根据实际情况自行设计，方便渔民理解。在台账首页中需要一次性填写的内容包括样本户地址及代码、居住房屋面积和估价、拥有大型网具价值、养殖面积、机动渔船数量、功率和吨位等。

样本户地址及代码指渔民家庭收支调查样本户的居住地址，按省、地、县、乡、村的行政地址填写，代码是国家统计局公布的标准代码(12 位)。村内的样本户按自然顺序编码。样本户所在的行政区划名称发生改变，但尚未获得国家标准名称和代码的，原地址和代码不变，可在备注中说明。

居住房屋面积指住宅用于生活居住的建筑面积，应扣除住宅中非生活居住(出租、生产或商用)的建筑面积。

建筑面积以房屋产权证或租赁证为准，也可按使用面积乘以 1.333 计算得出。如果没有相应证明，则由调查员根据本住宅或类似住宅判断填写。建筑面积应填写整数，不为整数时应四舍五入。

居住房屋的估价指居住房屋建筑本身的市场估值，仅包含建筑物本身的价值，不包含宅基地的价值。市场估值主要由调查员辅助住户进行填报。按农村地区的住宅市场估值方法进行估价，调查员预先了解本地区目前平均的房屋建造成本，并将这些信息提供给调查户。针对某个具体住宅，首先估计目前如果要建造同类住房所需要的成本，然后按照 30 年折旧的期限，根据住宅的建筑年份对剩余的价值进行折算。例如，农村的一栋两层小楼，于 1997 年建成，已经使用了 15 年。目前建造同类住房的成本约为 20 万元，则按照 30 年的折旧期限，目前该住宅的价值为 10 万元。如果住宅的使用年限已经超过 30 年，则根据住宅目前的实际情况酌情进行估价。对于竹草土坯房，原则上住宅的市场估值不超过5 000元。

**图书在版编目(CIP)数据**

2022中国渔业统计年鉴 / 农业农村部渔业渔政管理局，全国水产技术推广总站，中国水产学会编制．—北京：中国农业出版社，2022.7
ISBN 978-7-109-29586-5

Ⅰ.①2… Ⅱ.①农… ②全… ③中… Ⅲ.①渔业经济-统计资料-中国-2022-年鉴 Ⅳ.①F326.4-66

中国版本图书馆CIP数据核字(2022)第105698号

**2022中国渔业统计年鉴**
**2022 ZHONGGUO YUYE TONGJI NIANJIAN**

---

中国农业出版社出版
地址:北京市朝阳区麦子店街18号楼
邮编:100125
责任编辑:陈 瑨
责任校对:刘丽香
印刷:中农印务有限公司
版次:2022年7月第1版
印次:2022年7月北京第1次印刷
发行:新华书店北京发行所
开本:787mm×1092mm 1/16
印张:10.25 插页:8
字数:300千字
定价:200.00元

---